Englisch

Basiswortschatz · Phonetik · Grammatik

bearbeitet
von
Manfred Glück

Wortschatz
Ernst Klett Verlag

PONS Wortschatz

bearbeitet von
Manfred Glück
auf der Basis des
Grundwortschatzes Englisch
von E. Weis

CIP-Titelaufnahme der Deutschen Bibliothek
Pons-Wortschatz. — Stuttgart : Klett
Englisch : Basiswortschatz, Phonetik, Grammatik / bearb. von
Manfred Glück.
1. Aufl., Nachdr. — 1988
ISBN 3-12-517010-9
NE: Glück, Manfred [Mitverf.]

ISBN 3-12-517010-9

1. Auflage 1984 — Nachdruck 1988
© Ernst Klett Verlag GmbH u. Co. KG, Stuttgart 1984
Alle Rechte vorbehalten
Umschlaggestaltung: Erwin Poell, Heidelberg
Druck: M. Dörler, Aichwald 1
Printed in Germany

Inhalt

Vorwort

Grund- oder Mindestwortschätze wurden in den Anfängen nach dem Kriterium der Häufigkeit zusammengestellt, mittlerweile haben Untersuchungen der Lernbedürfnisse von Fremdsprachenlernern den situativen Alltagswortschatz mehr in den Vordergrund gerückt. Der PONS Wortschatz ist ein Basiswortschatz, der Häufigkeits- und Situationsvokabular miteinander kombiniert. Er beschränkt sich nicht auf Einzelwortgleichungen, sondern es werden zu vielen Wörtern Anwendungsbeispiele gegeben in Form von idiomatischen Wendungen oder auch ganzen Sätzen. Gerade Wörter mit einer hohen Frequenz haben einen großen Bedeutungsumfang, der durch die Anwendungsbeispiele erst sichtbar wird.

Alle Stichwörter und Anwendungsbeispiele sind phonetisch umschrieben nach dem API-System (Association phonétique internationale). Dies ist besonders wichtig dort, wo Wörter im Satzzusammenhang anders ausgesprochen oder betont werden als das Einzelwort (Satzphonetik). Eine ausführliche Darstellung am Anfang („Aussprache") erschließt die phonetischen Symbole, die nach dem Grundsatz 1 Laut = 1 Zeichen entwickelt wurden. Umgekehrt läßt sich mit Hilfe der Tabellen die Aussprache von der Schreibung her erschließen — eine wichtige Hilfe, um zu lernen, Geschriebenes auch ohne phonetische Umschrift richtig auszusprechen.

Zur richtigen Anwendung tragen auch die grammatikalischen Angaben nach den Einträgen im Wortschatzteil bei — Stammformen der Verben, unregelmäßige Plurale etc. Die Kurzgrammatik im Anhang gibt einen generellen Überblick über den Aufbau der Sprache und über ihre Regelmäßigkeiten.

Der PONS Wortschatz eignet sich für alle, die ihr Sprachwissen wiederauffrischen und systematisieren wollen. Natürlich soll er nicht mechanisch von A bis Z durchgearbeitet werden. Für ein aktives Lernen ist es wichtig, daß das gelernt wird, wo gerade Lücken bestehen. Dazu kann man z. B. die erarbeiteten Stichwörter mit einem Leuchtstift markieren und sie nach einiger Zeit zur Kontrolle wiederholen. Eine andere Möglichkeit ist die, selbständig eine Vokabelkartei anzulegen und aktiv mit ihr zu arbeiten. Auf diese Weise erwirbt der Lernende eine solide Grundlage für ein sprachliches Basiswissen.

Das englische Alphabet

Buchstabe	Lautwert	Beispiel	
A a [eɪ]	[eɪ] [æ] [ɑ:] [ɔ:] [ə]	able apple pass all about	[eɪbl] [æpl] [pɑ:s] [ɔ:l] [ə'baʊt]
B b [bi:]	[b] —	baby lamb	['beɪbɪ] [læm]
C c [si:]	[k] [s]	cap city	[kæp] ['sɪtɪ]
D d [di:]	[d]	dog	[dɒg]
E e [i:]	[e] [i:] [ɪ] [ə] —	egg even express cinema apple	[eg] ['i:vən] [ɪk'spres] ['sɪnəmə] [æpl]
F f [ef]	[f]	full	[fʊl]
G g [dʒi:]	[g] [dʒ] —	get general gnaw	[get] ['dʒenərəl] [nɔ:]
H h [eɪtʃ]	[h] —	horse hour	[hɔ:s] ['aʊə]
I i [aɪ]	[aɪ] [ɪ] [ə] —	ice ill levity evil	[aɪs] [ɪl] ['levətɪ] [i:vl]
J j [dʒeɪ]	[dʒ]	job	[dʒɒb]
K k [keɪ]	[k] —	keep know	[ki:p] [nəʊ]
L l [el]	[l]	learn	[lɜ:n]
M m [em]	[m]	mail	[meɪl]
N n [en]	[n]	not	[nɒt]

Buchstabe	Lautwert	Beispiel	
O o [əʊ]	[əʊ]	**o**ld	[əʊld]
	[ɒ]	**o**ff	[ɒf]
	[ʌ]	**o**ther	['ʌðə]
	[wʌ]	**o**nce	[wʌns]
	[ə]	**o**bserve	[əb'zɜːv]
P p [piː]	[p]	**p**ot	[pɒt]
	—	**p**sychology	[saɪ'kɒlədʒɪ]
Q q [kjuː]	[k]	**q**uality	['kwɒlɪtɪ]
R r [ɑː]	[r]	**r**ead	[riːd]
	—	teach**e**r	['tiːtʃə]
S s [es]	[s]	**s**un	[sʌn]
	[z]	trou**s**ers	['traʊzəz]
	[ʒ]	u**s**ual	['juːʒʊəl]
T t [tiː]	[t]	**t**ake	[teɪk]
	—	wres**t**le	[resl]
U u [juː]	[ʌ]	**u**ncle	[ʌŋkl]
	[uː]	t**u**na	['tuːnə]
	[juː]	**u**se	[juːs]
	[ə]	**u**pon	[ə'pɒn]
V v [viː]	[v]	**v**ery	['verɪ]
W w ['dʌbljuː]	[w]	**w**ater	['wɔːtə]
	—	**w**rong	[rɒŋ]
X x [eks]	[ks]	mi**x**ture	['mɪkstʃə]
	[gz]	e**x**aminate	[ɪg'zæmɪneɪt]
Y y [waɪ]	[j]	**y**oung	[jʌŋ]
	[aɪ]	wh**y**	[waɪ]
	[ɪ]	briefl**y**	['briːflɪ]
Z z [zed]	[z]	**z**oo	[zuː]

Die wichtigsten Buchstabenverbindungen

Buchstaben-verbindung	Laut-wert	Beispiel	
ae	[eə]	**ae**roplane	['eərəuplein]
age	[ɪdʒ]	cour**age**	['kʌrɪdʒ]
ai	[eɪ]	r**ai**n	[reɪn]
air	[eə]	p**air**	[peə]
ar	[ɒ:]	b**ar**n	[bɑ:n]
are	[eə]	c**are**	[keə]
au	[ɔ:]	c**au**se	[kɔ:z]
augh	[ɔ:]	c**augh**t	[kɔ:t]
	[ɑ:f]	l**augh**	[lɑ:f]
aw	[ɔ:]	r**aw**	[rɔ:]
ay	[eɪ]	w**ay**	[weɪ]
	[i:]	qu**ay**	[ki:]
ch	[k]	**ch**aracter	['kærɪktə]
	[tʃ]	**ch**ain	[tʃeɪn]
cial	[ʃəl]	finan**cial**	[faɪ'næʃəl]
ea	[i:]	b**ea**n	[bi:n]
	[e]	br**ea**d	[bred]
ear	[ɜ:]	l**ear**n	[lɜ:n]
	[ɪə]	f**ear**	[fɪə]
	[eə]	b**ear**	[beə]
ee	[i:]	k**ee**p	[ki:p]
eer	[ɪə]	b**eer**	[bɪə]
ei	[i:]	rec**ei**ve	[rɪ'si:v]
eig	[eɪ]	r**eig**n	[reɪn]
eigh	[aɪ]	h**eigh**t	[haɪt]
	[eɪ]	w**eigh**t	[weɪt]
er	[ɜ:]	G**er**man	['dʒɜ:mən]
	[ə]	teach**er**	['ti:tʃə]
ere	[ɪə]	h**ere**	[hɪə]
	[eə]	th**ere**	[ðeə]

Buchstaben-verbindung	Laut-wert	Beispiel	
eu	[juː]	**feu**dal	[ˈfjuːdəl]
ew	[uː]	cr**ew**	[kruː]
	[juː]	f**ew**	[fjuː]
ey	[iː]	k**ey**	[kiː]
	[ɪ]	hon**ey**	[ˈhʌnɪ]
	[aɪ]	**ey**e	[aɪ]
gh	[g]	**gh**ost	[gəʊst]
	s. auch augh, eigh, igh, ough		
gn	[n]	**gn**aw	[nɔː]
ie	[iː]	br**ie**f	[briːf]
	[aɪ]	l**ie**	[laɪ]
igh	[aɪ]	n**igh**t	[naɪt]
kn	[n]	**kn**ife	[naɪf]
oa	[əʊ]	r**oa**d	[rəʊd]
	[ɔː]	br**oa**d	[brɔːd]
oar	[ɔː]	b**oar**d	[bɔːd]
oe	[əʊ]	f**oe**	[fəʊ]
	[iː]	f**oe**tus	[ˈfiːtəs]
oi	[ɔɪ]	ch**oi**ce	[tʃɔɪs]
oo	[uː]	s**oo**n	[suːn]
	[ʊ]	f**oo**t	[fʊt]
oor	[ʊə]	p**oor**	[pʊə]
or	[ɔː]	b**or**n	[bɔːn]
ore	[ɔː]	sc**ore**	[skɔː]
ou	[aʊ]	h**ou**se	[haʊs]
	[əʊ]	m**ou**ld	[məʊld]
	[ʌ]	y**ou**ng	[jʌŋ]
	[uː]	s**ou**p	[suːp]
ough	[ɔː]	b**ough**t	[bɔːt]
	[əʊ]	th**ough**	[ðəʊ]
	[ʌf]	r**ough**	[rʌf]
	[ɒf]	c**ough**	[kɒf]

Buchstaben-verbindung	Laut-wert	Beispiel	
our	[ɔ:]	f**our**	[fɔ:]
	[aʊə]	s**our**	['saʊə]
ow	[aʊ]	n**ow**	[naʊ]
	[əʊ]	kn**ow**	[nəʊ]
oy	[ɔɪ]	b**oy**	[bɔɪ]
ps	[ps]	perha**ps**	[pə'hæps]
	[s]	**ps**ychology	[saɪ'kɒlədʒɪ]
sc	[s]	**sc**ene	[si:n]
	[sk]	**sc**are	[skeə]
sch	[sk]	**sch**eme	[ski:m]
sh	[ʃ]	**sh**ine	[ʃaɪn]
sion	[ʒn]	vi**sion**	[vɪʒn]
	[ʃn]	ten**sion**	[tenʃn]
st	[st]	we**st**	[west]
	[s]	wre**st**le	[resl]
sure	[ʒə]	plea**sure**	['pleʒə]
tion	[ʃn]	na**tion**	[neɪʃn]
ture	[tʃə]	na**ture**	['neɪtʃə]
ue	[u:]	tr**ue**	[tru:]
	[ju:]	purs**ue**	[pə'sju:]
ui	[u:]	s**ui**t	[su:t]
	[ju:]	n**ui**sance	['nju:səns]
	[wi:]	s**ui**te	[swi:t]
ur	[ɜ:]	b**ur**n	[bɜ:n]
	[ə]	p**ur**sue	[pə'sju:]
ure	[ʊə]	s**ure**	[ʃʊə]
	[jʊə]	sec**ure**	[sɪ'kjʊə]
	[ə]	plea**sure**	['pleʒə]
uy	[aɪ]	b**uy**	[baɪ]
wr	[r]	**wr**ong	[rɒŋ]

Aussprache

Vokale

Laut	ge-schrie-ben:	Beschreibung	Beispiel	
[iː]	ay e ea ee ei ey ie oe	wie in Miete	quay evil bean keep receive key brief foetus	[kiː] [iːvl] [biːn] [kiːp] [rɪˈsiːv] [kiː] [briːf] [ˈfiːtəs]
[ɪ]	e ey i y	wie in Kind	explain honey ill baby	[ɪkˈspleɪn] [ˈhʌnɪ] [ɪl] [ˈbeɪbɪ]
[e]	e ea u	wie in fett	red read bury	[red] [red] [ˈberɪ]
[æ]	a	ä-Laut, etwa zwischen Bäcker und backen	happy ham	[ˈhæpɪ] [hæm]
[ʌ]	o ou u	wie in Stadt	other young sun	[ˈʌðə] [jʌŋ] [sʌn]
[ɑː]	a ar	etwa wie in Bahn	pass barn	[pɑːs] [bɑːn]
[ɜː]	er ear ir ur	etwa wie in fördern, aber lang, die Lippen nicht gerundet	German learn bird burn	[ˈdʒɜːmən] [lɜːn] [bɜːd] [bɜːn]
[ə]	a e er i o u	wie in bezahlen	about cinema teacher levity observe upon	[əˈbaʊt] [ˈsɪnəmə] [ˈtiːtʃə] [ˈlevətɪ] [əbˈzɜːv] [əˈpɒn]

Laut	ge-schrie-ben:	Beschreibung	Beispiel	
[u:]	ew oo ou ue ui	wie in H**uh**n	**crew** **soon** **soup** **true** **suit**	[kru:] [su:n] [su:p] [tru:] [su:t]
[ʊ]	oo oul u	wie in B**u**tter	**foot** **could** **put**	[fʊt] [kʊd] [pʊt]
[ɔ:]	a au augh aw oa oar or ore ough our	etwa wie in H**or**n, aber lang	**water** **cause** **caught** **raw** **broad** **board** **horse** **score** **ought** **four**	['wɔ:tə] [kɔ:z] [kɔ:t] [rɔ:] [brɔ:d] [bɔ:d] [hɔ:s] [skɔ:] [ɔ:t] [fɔ:]
[ɒ]	a o	offener als in K**o**pf	**quality** **dog**	['kwɒlɪtɪ] [dɒg]

Diphthonge

[ɪə]	ear eer ere	etwa wie in h**ier**	**fear** **peer** **here**	[fɪə] [pɪə] [hɪə]
[eɪ]	a ai ay eig eigh	nicht wie in klein, son-dern von [e] zu [ɪ] glei-ten	**baby** **mail** **way** **reign** **freight**	['beɪbɪ] [meɪl] [weɪ] [reɪn] [freɪt]
[eə]	ae air are ear ere	von einem ä-Laut zu einem [ə] gleiten	**aeroplane** **pair** **care** **bear** **there**	['eərəupleɪn] [peə] [keə] [beə] [ðeə]

Laut	ge-schrie-ben:	Beschreibung	Beispiel	
[aɪ]	eigh ey i ie igh uy y	etwas gedehnter als in **Mai**	**heigh**t **ey**e wr**i**te l**ie** r**igh**t b**uy** sk**y**	[haɪt] [aɪ] [raɪt] [laɪ] [raɪt] [baɪ] [skaɪ]
[aʊ]	ou ow	etwas gedehnter als in **Haus**	h**ou**se n**ow**	[haʊs] [naʊ]
[əʊ]	o oa oe ou ough ow	von einem [ə] zu einem [ʊ] gleiten	**o**ld r**oa**d f**oe** m**ou**ld th**ough** kn**ow**	[əʊld] [rəʊd] [fəʊ] [məʊld] [ðəʊ] [nəʊ]
[ʊə]	oor ure	von einem [ʊ] zu einem [ə] gleiten	p**oor** s**ure**	[pʊə] [ʃʊə]
[ɔɪ]	oi .oy	etwas gedehnter als in **heute**	ch**oi**ce b**oy**	[tʃɔɪs] [bɔɪ]
[ju:]	eu ew u ue ui	von einem [j] zu einem [u:] übergehen	f**eu**dal f**ew** **u**se purs**ue** n**ui**sance	[fju:dl] [fju:] [ju:s] [pə'sju:] [nju:səns]

Konsonanten

[b]	b bb	wie in **B**ohne, auch am Wortende	**b**aby jo**b** bu**bb**le	['beɪbɪ] [dʒɒb] [bʌbl]
[d]	d dd	wie in **D**elle, auch am Wortende	**d**og ol**d** o**dd**	[dɒg] [əʊld] [ɒd]
[g]	g gg gh	wie in **G**ans, auch am Wortende	**g**et do**g** e**gg** **gh**ost	[get] [dɒg] [eg] [gəʊst]

Laut	ge-schrie-ben:	Beschreibung	Beispiel	
[p]	p pp	wie in **P**ol	**p**ot kee**p** a**pp**le	[pɒt] [ki:p] [æpl]
[t]	t tt	wie in **T**eller	**t**ell no**t** bo**tt**le	[tel] [nɒt] [bɒtl]
[k]	c ch ck k q	wie in **K**ahn	**c**ap **ch**aracter kno**ck** **k**eep **q**uality	[kæp] ['kæriktə] [nɒk] [ki:p] ['kwɒlɪtɪ]
[v]	v	wie in **V**ioline, auch am Wortende	**v**ery gi**v**e	['verɪ] [gɪv]
[f]	f ff ph	wie in **F**all	**f**ull o**ff** **ph**rase	[fʊl] [ɒf] [freɪz]
[ð]	th	gesprochen mit der Zungenspitze zwischen den Zähnen; stimmhaft	**th**ere clo**th**e	[ðeə] [kləʊð]
[θ]	th	gesprochen mit der Zungenspitze zwischen den Zähnen; stimmlos	**th**ing bo**th**	[θɪŋ] [bəʊθ]
[z]	s z	wie in **S**ee, auch am Wortende	ob**s**erve trou**s**ers **z**oo	[əb'zɜ:v] ['traʊzəz] [zu:]
[s]	c ps s sc ss st	wie in rei**ß**en	**c**ity **ps**ychology **s**een **sc**ene pa**ss** wre**st**le	['sɪtɪ] [saɪ'kɒlədʒɪ] [si:n] [si:n] [pɑ:s] [resl]
[j]	y	wie in **j**agen	**y**oung	[jʌŋ]

Laut	ge-schrie-ben:	Beschreibung	Beispiel	
[h]	h wh	wie in **H**aus	**h**ouse **wh**o	[haʊs] [huː]
[w]	w wh	mit vorgestülpten Lippen ein [ʊ] bilden, dann sofort zum folgenden Laut übergehen	**w**ater **wh**y	[ˈwɔːtə] [waɪ]
[l]	l ll	wie in **L**uft mit angehobenem Zungenrücken	**l**earn fu**ll**	[lɜːn] [fʊl]
[r]	r rr wr	Zunge zum Gaumen und leicht zurückbiegen	**r**ead ba**rr**el **wr**ite	[riːd] [ˈbærəl] [raɪt]
[m]	m mm	wie in **M**ut	**m**ail ha**mm**er	[meɪl] [ˈhæmə]
[n]	gn kn n nn	wie in **N**ase	**gn**aw **kn**ow **n**ose fu**nn**y	[nɔː] [nəʊ] [nəʊz] [ˈfʌnɪ]
[ŋ]	n ng	wie in la**ng**	u**n**cle fi**ng**er you**ng** si**ng**er	[ʌŋkl] [ˈfɪŋgə] [jʌŋ] [ˈsɪŋə]

'	vor einer Silbe bedeutet, daß die nachfolgende Silbe betont ist. Bei einer Hauptbetonung steht das Zeichen oben vor der Silbe, z. B. [bɪˈheɪvjə], bei einer Nebenbetonung unten, z. B. [ˈtelɪˌvɪʒn].
ə	Vokale und Konsonanten, die in der normalen Umgangssprache entfallen können, sind kursiv gedruckt, z. B. [ˈæksɪdənt].
:	bedeutet, daß der vorhergehende Laut lang zu sprechen ist.
‿	zwischen zwei Wörtern bedeutet, daß man den letzten Laut des ersten Wortes zum nächsten Wort hinüberzieht: ðɪs‿ɪz.

Liste der Abkürzungen

a.	auch	also
Am	amerikanisch	American
dat	Dativ	dative
etw	etwas	something
f	Femininum	feminine
fam	umgangssprachlich	colloquial
fig	übertragen	figurative
gen	Genitiv	genitive
itr	intransitiv	intransitive
jdm	jemandem	to someone
jdn	jemanden	someone
jur	juristisch	jurisprudence
m	Maskulinum	masculine
med	Medizin	medicine
mil	Militär	military term
n	Neutrum	neuter
pl	Plural	plural
pol	Politik	politics
pret	Präteritum	past tense
ptp	Partizip der Vergangenheit	past participle
s.o.	jemand	someone
s.th.	etwas	something
theat	Theater	theatre
tr	transitiv	transitive

Wortschatz Englisch — Deutsch

A

a, an [eɪ, ə; æn, ən]   ein, eine
  a car [ə kɑ:]   ein Auto
  an egg [ən'eg]   ein Ei
  a hundred pounds   hundert Pfund
  [ə 'hʌndred paʊndz]
  the apples are ten pence a   die Äpfel kosten zehn Pence
  pound   das Pfund
  [ðɪ: 'æplz ɑ: 'ten pens ə'paʊnd]
  he's a doctor [hi:z ə 'dɒktə]   er ist Arzt
  he's a Frenchman   er ist Franzose
  [hi:z ə 'frentʃmən]
ability [ə'bɪlətɪ]   Fähigkeit *f*; Begabung *f*
able ['eɪbl]   fähig; tüchtig; klug
  to be able [tʊ bi: 'eɪbl]   können, imstande sein
aboard [ə'bɔ:d]   an Bord; *Am* im Zug, im Bus
  all aboard! [ɔ:l ə'bɔ:d]   *Am* alles einsteigen!
about [ə'baʊt]   etwa, ungefähr, gegen;
    um … herum; umher, herum
  to be about to   im Begriff sein zu
  [tʊ bi: ə'baʊt tʊ]
  what about breakfast?   wie wär's mit dem Frühstück?
  ['wɒt ə'baʊt 'brekfəst]
  he had no money about him   er hatte kein Geld bei sich
  [hi: hæd 'nəʊ 'mʌnɪ ə'baʊt hɪm]
above [ə'bʌv]   oben; über; obig
  see page six, above   siehe oben Seite 6
  [si: 'peɪdʒ 'sɪks ə'bʌv]
  above all [ə'bʌv ɔ:l]   vor allem
abroad [ə'brɔ:d]   im/ins Ausland
  at home and abroad   im In- und Ausland
  [ət 'həʊm ənd ə'brɔ:d]
  to go abroad [tʊ ˌgəʊ ə'brɔ:d]   ins Ausland gehen

absence (of) ['æbsəns əv] — Abwesenheit *f*; Fehlen *n*; Mangel *m* (an)
absent ['æbsənt] — abwesend; fehlend
  to be absent [tʊ biː 'æbsənt] — fehlen
absolute ['æbsəluːt] — völlig; unumschränkt; absolut
  that's the absolute truth [ðæts ðɪ 'æbsəluːt 'truːθ] — das ist die reine Wahrheit
  you're absolutely right [jʊə 'æbsəluːtlɪ 'raɪt] — du hast vollkommen recht
accept [ək'sept] — an-/hinnehmen; auf sich nehmen
acceptable [ək'septəbl] — annehmbar, akzeptabel
accident ['æksɪdənt] — Unfall *m*; Zufall *m*
  by accident [baɪ 'æksɪdənt] — zufällig; aus/durch Zufall
  accidentally [ˌæksɪ'dentəlɪ] — zufällig, aus Versehen
accompany [ə'kʌmpənɪ] — begleiten
according to [ə'kɔːdɪŋ tʊ] — entsprechend, gemäß, nach
  accordingly [ə'kɔːdɪŋlɪ] — demgemäß, dementsprechend, danach
account [ə'kaʊnt] — Bericht *m*; Konto *n*; Rechnung *f*; Ursache *f*
  to account for [tʊ ə'kaʊnt fə] — *itr* Rechenschaft ablegen über; (sich) erklären; *tr* ansehen als
  on account of [ɒn ə'kaʊnt əv] — wegen
  on no account [ɒn 'nəʊ ə'kaʊnt] — unter keinen Umständen
  to give an account of [tʊ 'gɪv ən ə'kaʊnt əv] — Rechenschaft ablegen über
  to take into account [tʊ teɪk 'ɪntʊ ə'kaʊnt] — berücksichtigen
accustom (to) [ə'kʌstəm tʊ] — gewöhnen (an)
  to get accustomed to [tʊ 'get ə'kʌstəmd tʊ] — sich gewöhnen an
ache [eɪk] — Schmerz *m*; weh tun, schmerzen
acquaint [ə'kweɪnt] — bekannt machen
  to be acquainted with [tʊ ˌbiː ə'kweɪntɪd wɪð] — bekannt sein mit
acquaintance [ə'kweɪntəns] — Bekanntschaft *f*; Bekannte(r) *f(m)*
acquire [ə'kwaɪə] — erwerben, erlangen, in den Besitz kommen *(e-r Sache)*
across [ə'krɒs] — quer durch/über; hin-/herüber

to swim across a river [tʊ 'swɪm ə'krɒs ə 'rɪvə]	durch einen Fluß schwimmen
act ['ækt]	Tat *f; theat* Akt *m; pol* Gesetz *n;* handeln; *theat* aufführen
to act on/as [tʊ 'ækt ɒn/æz]	einwirken auf/tätig sein als
I'll act on your advice [aɪl 'ækt ɒn 'jʊər‿əd'vaɪs]	ich werde Ihren Rat befolgen
in the (very) act [ɪn ðə ˌverɪ 'ækt]	auf frischer Tat
action ['ækʃn]	Tat *f;* Wirkung *f; jur* Prozeß *m*
killed in action ['kɪld ɪn 'ækʃn]	*mil* gefallen
active ['æktɪv]	rege, tätig; wirksam
activity [æk'tɪvətɪ]	Tätigkeit *f;* Betätigung *f*
actor ['æktə]	Schauspieler *m*
actress ['æktrɪs]	Schauspielerin *f*
actual ['æktʃʊəl]	tatsächlich; wirklich
add (to) ['æd tʊ]	hinzufügen; beitragen (zu)
to add up figures [tʊ 'æd ʌp 'fɪgəz]	Zahlen zusammenzählen/ addieren
addition [ə'dɪʃn]	Addition *f*
in addition [ɪn ə'dɪʃn]	außerdem, obendrein
address (to) [ə'dres]	Anschrift *f;* Ansprache *f;* Anrede *f;* Gewandtheit *f;* adressieren (an)
to address as [tʊ ə'dres æz]	anreden als
admiration [ˌædmə'reɪʃn]	Bewunderung *f*
admire [əd'maɪə]	bewundern
admission [əd'mɪʃn]	Zu-/Eintritt *m*
admission free! [əd'mɪʃn fri:]	Eintritt frei!
admit [əd'mɪt]	zugegeben, eingestehen
to admit into/to [tʊ əd'mɪt 'ɪntʊ]	zulassen zu/hereinlassen, auf- nehmen in
adult ['ædʌlt]	Erwachsener *m,* Erwachsene *f*
advance [əd'vɑ:ns]	Fortschritt *m;* *mil* Vormarsch *m;* *itr* vorrücken; *tr* (be)fördern
in advance [ɪn əd'vɑ:ns]	im voraus
advantage [əd'vɑ:ntɪdʒ]	Vorteil *m*
to take advantage of s.o./s.th. [tʊ 'teɪk əd'vɑ:ntɪdʒ əv]	jdn/etw ausnutzen
adventure [əd'ventʃə]	Abenteuer *n*
advertise ['ædvətaɪz]	annoncieren, anzeigen
advertisement [əd'vɜ:tɪsmənt]	Anzeige *f;* Reklame *f*
advertising ['ædvətaɪzɪŋ]	Werbung *f,* Reklame *f*

advice [əd'vaɪs]
  to ask s.o.'s advice
  [tʊ 'ɑːsk ˌsʌmwʌnz əd'vaɪs]

Rat *m*
sich bei jdm Rat holen

advise [əd'vaɪz]
  he advised against it
  [hiː əd'vaɪzd ə'genst ɪt]

raten
er riet davon ab

(aero)plane ['eərəʊˌpleɪn]

Flugzeug *n*

affair [ə'feə]
  that's my affair
  [ðæts maɪ ə'feə]

Angelegenheit *f*; Geschäft *n*
das ist meine Sache

afford s.th. [ə'fɔːd]
  I can't afford it
  [aɪ 'kɑːnt ə'fɔːd ɪt]

sich etw leisten
ich kann es mir nicht leisten

afraid [ə'freɪd]
  to be afraid of [tʊ biː ə'freɪd əv]

ängstlich, bange, besorgt
Angst haben vor

after ['ɑːftə]

nach; gemäß; nachdem; nachher

  after all ['ɑːftər ˌ'ɔːl]

nach allem; schließlich

afternoon [ˌɑːftə'nuːn]
  in the afternoon
  [ɪn ðiː 'ɑːftənuːn]
  this afternoon [ðɪs 'ɑːftənuːn]

Nachmittag *m*
am Nachmittag

heute nachmittag

afterward(s) ['ɑːftəwəd(z)]

danach, darauf, nachher

again [ə'gen]
  time and again
  ['taɪm ænd ə'gen]
  never/once again
  ['nevər ə'gen/'wʌns ə'gen]

wieder, abermals; ferner
immer wieder

nie wieder/noch einmal

against [ə'genst]
  to lean against the wall
  [tʊ 'liːn ə'genst ðə wɔːl]

gegen, wider
an die Wand lehnen

age [eɪdʒ]
  at the age of [æt ðiː 'eɪdʒ əv]
  what's his age? [wɒts ɪz 'eɪdʒ]
  to be under age/of age
  [tʊ biː 'ʌndər eɪdʒ/əv 'eɪdʒ]

Lebensalter *n*
im Alter von
wie alt ist er?
minderjährig/volljährig sein

aged ['eɪdʒɪd]

im Alter von, -jährig

ago [ə'gəʊ]
  a long time ago
  [ə lɒŋ taɪm ə'gəʊ]
  some time ago [sʌm taɪm ə'gəʊ]

vor(her)
vor langer Zeit

vor einiger Zeit

agree (with) [ə'griː wɪð]
  to agree on [tʊ ə'griː ɒn]
  to agree to [tʊ ə'griː tʊ]

übereinstimmen (mit)
sich einigen über
einverstanden sein mit

we don't always agree wir sind nicht immer derselben
[wi: 'dəʊnt 'ɔ:lweɪz ə'gri:] Meinung
agreement [ə'gri:mənt] Übereinkunft *f*; Überein-
 stimmung *f*

to make an agreement ein Abkommen treffen
[tʊ 'meɪk ən ə'gri:mənt]
ahead [ə'hed] voraus, vorwärts, voran
who's ahead? [hu:z ə'hed] wer ist an der Spitze?
aim (at) [eɪm æt] Ziel *n*; Zweck *m*; zielen (auf)
air ['eə] Luft *f*; Aussehen *n*; Lied *n*;
 lüften

change of air ['tʃeɪndʒ əv 'eə] Luftveränderung *f*
to travel by air mit dem Flugzeug reisen
[tʊ trævl baɪ 'eə]
airport ['eəpɔ:t] Flughafen *m*
alcohol ['ælkəhɒl] Alkohol *m*
alike [ə'laɪk] gleich; ähnlich;
 ebenso, ohne Unterschied
alive [ə'laɪv] lebend, lebendig
to be alive with wimmeln von
[tʊ bi: ə'laɪv wɪð]
to keep alive [tʊ ki:p ə'laɪv] am Leben bleiben
all [ɔ:l] all; ganz; jede(r, s)
not at all ['nɒt ət 'ɔ:l] überhaupt nicht
for all I know [fər 'ɔ:l aɪ nəʊ] soviel ich weiß
all at once [ɔ:l ət 'wʌns] ganz plötzlich
all right [ɔ:l 'raɪt] ganz recht; in Ordnung
all day long [ɔ:l 'deɪ 'lɒŋ] den ganzen Tag
allow [ə'laʊ] erlauben; gewähren
almost ['ɔ:lməʊst] beinahe; fast
alone [ə'ləʊn] allein, einsam
to let/leave alone in Ruhe lassen
[tʊ 'let/'li:v ə'ləʊn]
along [ə'lɒŋ] längs; der Länge nach;
 weiter, fort

go along with him geh mit ihm
[ˌgəʊ ə'lɒŋ wɪð hɪm]
along the road [ə'lɒŋ ðə 'rəʊd] die Straße entlang
aloud [ə'laʊd] laut
already [ɔ:l'redi] schon, bereits
also ['ɔ:lsəʊ] auch; ferner, außerdem
although [ɔ:l'ðəʊ] obgleich
altogether ['ɔ:ltə'geðə] ganz und gar; zusammen
always ['ɔ:lweɪz] immer, stets

ambulance ['æmbjʊləns] — Krankenwagen

American [ə'merɪkən] — Amerikaner(in) *m(f)*; amerikanisch

among [ə'mʌŋ] — unter, zwischen

among other things [ə'mʌŋ ʌðə 'θɪŋz] — unter anderem

he spent the day among friends [hɪ 'spent ðə deɪ ə'mʌŋ 'frendz] — er verbrachte den Tag mit Freunden

amount [ə'maʊnt] — Betrag *m*

what's the whole amount? ['wɒts ðə 'həʊl əmaʊnt] — wie hoch ist der Betrag?

to amount to [tʊ ə'maʊnt tʊ] — sich belaufen auf, betragen

amuse [ə'mju:z] — unterhalten, belustigen

amusement [ə'mju:zmənt] — Vergnügen *n*; Belustigung *f*

ancient ['eɪnʃənt] — alt; ehemalig

and [ænd/ənd] — und

and so on [ənd səʊ 'ɒn] — und so weiter

anger ['æŋgə] — Ärger, Zorn

angry ['æŋgrɪ] — zornig, böse

to be angry with s.o./at s.th. [tʊ bi: 'æŋgrɪ wɪð 'sʌmwʌn] — auf jdn/etw böse sein

animal ['ænɪml] — Tier *n*

another [ə'nʌðə] — ein anderer, ein anderes, eine andere

another piece of meat [ə'nʌðə 'pi:s əv 'mi:t] — noch ein Stück Fleisch

to walk behind one another [tʊ 'wɔ:k bɪ'haɪnd wʌn ə'nʌðə] — hintereinander (drein)gehen

answer ['ɑ:nsə] — Antwort *f*; (be)antworten; *(e-m Zweck)* entsprechen

to answer for [tʊ 'ɑ:nsə fə] — bürgen für

the answer to this problem [ði: 'ɑ:nsə tʊ ðɪs 'prɒbləm] — die Lösung des Rätsels

anxiety [æŋ'zaɪətɪ] — Angst *f*, Besorgnis *f*; Bemühen *n*

anxious (about, for) ['æŋkʃəs] — ängstlich; besorgt (um)

to be anxious to [tʊ bi: 'æŋkʃəs tʊ] — gespannt darauf sein zu

any ['enɪ] — (irgend)eine(r), jede(r); irgend etwas

I don't care any more [aɪ 'dəʊnt 'keər_enɪ mɔ:] — es liegt mir nichts mehr daran

do you have any money with you?
[du: ju: hæv 'enɪ 'mʌnɪ wɪð ju:]
haben Sie Geld bei sich?

at any rate [ət 'enɪ reɪt]
auf jeden Fall

at any price [ət 'enɪ praɪs]
um jeden Preis

anybody/one
['enɪˌbɒdɪ/'enɪˌwʌn]
(irgend) jemand, jeder (beliebige)

anyhow ['enɪhaʊ]
trotzdem; dennoch; irgendwie

what's the use anyhow!
['wɒts ðə 'ju:s 'enɪhaʊ]
was nützt das schon!

anything ['enɪθɪŋ]
(irgend) etwas; alles; nichts

would you like anything else?
[wʊd ju 'laɪk 'enɪθɪŋ 'els]
wünschen Sie noch etwas?

anything else, madam?
['enɪθɪŋ 'els 'mædəm]
noch etwas, bitte?

not for anything
['nɒt fər ˌ'enɪθɪŋ]
um keinen Preis

I don't know anything about it
[aɪ 'dəʊnt 'nəʊ 'enɪθɪŋ
ə'baʊt ɪt]
ich weiß nichts davon

anyway ['enɪweɪ]
jedenfalls, trotzdem

anywhere ['enɪweə]
irgendwohin; überall

he'll never get anywhere
[hi:l 'nevə get 'enɪweə]
er wird es nie zu etwas bringen

apart [ə'pɑ:t]
abseits; abgesondert

apart from [ə'pɑ:t frəm]
abgesehen von

apartment [ə'pɑ:tmənt]
Wohnung

appear [ə'pɪə]
scheinen; erscheinen

he appears to be very sick
[hɪ: ə'pɪəz tə bi: 'verɪ' sɪk]
er scheint sehr krank zu sein

appearance [ə'pɪərəns]
Anschein *m*; Äußere(s) *n*;
Erscheinung *f*

to keep up appearances
[tʊ 'ki:p ʌp ə'pɪərənsɪz]
den Schein wahren

appearances are deceiving
[ə'pɪərənsɪz ˌɑ: dɪ'si:vɪŋ]
der Schein trügt

apple ['æpl]
Apfel *m*

application ['æplɪ'keɪʃn]
Anwendung *f*; Fleiß *m*; Bewerbung *f*

apply (to) [ə'plaɪ tu:]
anwenden (auf); auf-/anlegen

this does not apply to you
[ðɪs 'dʌz nɒt ə'plaɪ tu 'ju:]
das gilt nicht für dich

he applied for the job
[hɪ: ə'plaɪd fə ðə 'dʒɒb]
er bewarb sich um die Stelle

appoint [əˈpɔɪnt] festsetzen, bestimmen; ernennen

he was appointed manager er wurde zum Direktor ernannt
[hiː wɒz əˈpɔɪntɪd ˈmænɪdʒə]

appointment [əˈpɔɪntmənt] Ernennung *f*; Anordnung *f*; Verabredung *f*

appreciate [əˈpriːʃɪeɪt] sich bewußt sein, schätzen

approach [əˈprəʊtʃ] Zutritt *m*, Zugang *m*; sich nähern; herantreten an

approve of s.th. etw billigen
[əˈpruːv əv ˈsʌmθɪŋ]

April [ˈeɪprəl] April *m*

area [ˈeərɪə] Fläche *f*, Gebiet *n*, Gegend *f*

argue [ˈɑːgjuː] *tr* behaupten; bestreiten, *itr* Einwendungen machen

I won't argue that point das will ich nicht bestreiten
[aɪ ˈwəʊnt ˈɑːgjuː ðæt ˈpɔɪnt]

argument [ˈɑːgjʊmənt] Diskussion *f*, Auseinandersetzung *f*; Argument *n*

arise (arose, arisen) aufstehen, aufsteigen; entstehen
[əˈraɪz, əˈrəʊz, əˈrɪzn]
the opportunity arises die Gelegenheit bietet sich
[ðiː ɒpəˈtjuːnɪtɪ əˈraɪsɪz]

arm [ɑːm] Arm *m*; Abzweigung *f*; Armlehne *f*

to welcome s.o. with open jdn mit offenen Armen empfangen
arms [tʊ ˈwelkəm ˈsʌmwʌn wɪð ˌəʊpən ˈɑːmz]

armchair [ˈɑːmtʃeə] Sessel *m*, Lehnstuhl *m*

arms [ˈɑːmz] *pl* Waffen *f pl*
to be under arms in Waffen stehen
[tʊ biː ˌʌndərˈɑːmz]

army [ˈɑːmɪ] Heer *n*, Armee *f*

around [əˈraʊnd] ringsherum; *Am* ungefähr; um ... herum

is there anybody around? ist jemand in der Nähe?
[ɪz ðeərˈenɪbɒdɪ əˈraʊnd]

arrange [əˈreɪndʒ] (an)ordnen; einrichten; übereinkommen, abmachen

to arrange a meeting ein Treffen veranstalten
[tʊ əˈreɪndʒ ə ˈmiːtɪŋ]
I arranged it in advance ich habe es im voraus ausgemacht
[aɪ əˈreɪndʒd ɪt ɪn ədˈvɑːns]

arrangement [əˈreɪndʒmənt] Anordnung *f*; Abmachung *f*

to make arrangements [tʊ meɪk əˈreɪndʒmənts]	Vorkehrungen treffen
arrest [əˈrest]	verhaften; auf-/anhalten
to arrest attention [tʊ əˈrest əˈtenʃn]	Aufmerksamkeit erregen
arrival [əˈraɪvl]	Ankunft *f*
arrive [əˈraɪv]	ankommen
to arrive at a decision [tʊ əˈraɪv ət ə dɪˈsɪʒn]	zu einer Entscheidung gelangen
art [ɑːt]	Kunst *f*; List *f*
work of art [ˈwɜːk əv ˈɑːt]	Kunstwerk *n*
article [ˈɑːtɪkl]	Artikel *m*; Gegenstand *m*; Paragraph *m*
artist [ˈɑːtɪst]	Künstler(in) *m(f)*; Könner *m*
artificial [ˌɑːtɪˈfɪʃl]	künstlich; gekünstelt
as [æz, əz]	als, wie; so; da, weil; während; obgleich
as far as [əz ˈfɑːr‿əz]	so weit wie
we have to go as well [ˈwiː ˈhæv tʊ ˈgəʊ əz ˈwel]	wir müssen auch/ebenfalls gehen
as for me [æz fəˈmiː]	was mich betrifft
so as to [səʊ æz tʊ]	um … zu
ashamed [əˈʃeɪmd]	beschämt
to be/feel ashamed of s.th. [tʊ biːfiːl əˈʃeɪmd əv ˈsʌmθɪŋ]	sich einer Sache schämen
ashes [ˈæʃɪz] *pl*	Asche *f*
aside [əˈsaɪd]	beiseite
aside from [əˈsaɪd frɒm]	*Am* außerdem
to put aside [tʊ pʊt əˈsaɪd]	beiseite-/zurücklegen
step aside [step əˈsaɪd]	geh zur Seite
ask (for) [ˈɑːsk fə]	bitten (um); fragen (nach); fordern
to ask a favour [tʊ ɑːsk ə ˈfeɪvə]	um einen Gefallen bitten
to ask a question [tʊ ɑːsk ə ˈkwestʃən]	eine Frage stellen
I asked his advice [aɪ ɑːskd hɪz əˈdvaɪs]	ich habe ihn um Rat gefragt
ask him in [ˈɑːsk hɪm ˈɪn]	bitten Sie ihn hereinzukommen
to ask about [tʊ ˈɑːsk əˈbaʊt]	sich erkundigen nach
asleep [əˈsliːp]	schlafend
he fell asleep [hiː fel əˈsliːp]	er schlief ein
assistant [əˈsɪstənt]	Assistent(in) *m(f)*; Verkäufer(in) *m(f)*

association [əˌsəʊsɪˈeɪʃn]	Vereinigung f; Gesellschaft f; Verband m
astonish [əˈstɒnɪʃ]	erstaunen, in Erstaunen setzen
at [æt, ət]	an; auf; in; über; um; zu
at my cost [ət ˈmaɪ ˌkɒst]	auf meine Kosten
at all costs [ət ˈɔːl kɒsts]	um jeden Preis
at all events [ət ˈɔːl ɪˈvents]	auf alle Fälle/jeden Fall
at hand [ət hænd]	bei der Hand
at last/least [ət lɑːst/liːst]	zuletzt/wenigstens
at night [ət naɪt]	nachts
at once [ət ˈwʌns]	sofort; auf einmal, gleichzeitig
at school/table [ət ˈskuːl/ˈteɪbl]	in der Schule/bei Tisch
at will [ət ˈwɪl]	nach Belieben
atom [ˈætəm]	Atom n
atomic [əˈtɒmik]	atomar, Atom-
attach (to) [əˈtætʃ tuː]	befestigen (an)
to be attached to [tʊ ˌbiː əˈtætʃt tuː]	hängen an, sich anschließen an
to attach importance [tʊ əˈtætʃ ɪmˈpɔːtns]	Bedeutung beilegen
attack [əˈtæk]	Angriff m; med Anfall m; angreifen
attempt [əˈtempt]	Versuch m; versuchen
attend [əˈtend]	besuchen; beiwohnen; behandeln
to attend on s.o./to [tʊ əˈtend ɒn ˈsʌmwʌn/tʊ]	jdm aufwarten/sich kümmern um
they attend the meeting [ðeɪ əˈtend ðə ˈmiːtɪŋ]	sie besuchen die Versammlung
which doctor attended you? [ˈwɪtʃ ˈdɒktə əˈtendɪd juː]	welcher Arzt hat Sie behandelt?
attention [əˈtenʃn]	Aufmerksamkeit f
to call/pay attention to [tʊ ˈkɔːl/ˈpeɪ əˈtenʃn tuː]	aufmerksam machen/achten auf
attract [əˈtrækt]	anziehen, fesseln
without attracting attention [wɪðˈaʊt əˈtræktɪŋ əˈtenʃn]	unauffällig
attraction [əˈtrækʃn]	Anziehungskraft f; Attraktion f
attractive [əˈtræktɪv]	ansprechend, reizvoll
August [ˈɔːgəst]	August m
aunt [ɑːnt]	Tante f
automatic [ˌɔːtəˈmætɪk]	automatisch
autumn [ˈɔːtəm]	Herbst m

available [ə'veɪləbl] — verfügbar
 to be available [tʊ biː ə'veɪləbl] — erhältlich/zugänglich sein
average ['ævərɪdʒ] — Durchschnitt *m*
 above/below average — über/unter dem Durchschnitt
 [ə'bʌv/bɪləʊ 'ævərɪdʒ]
 on an/on the average — durchschnittlich
 [ɒn ən 'ævərɪdʒ/ɒn ðɪ 'ævərɪdʒ]
avoid [ə'vɔɪd] — (ver)meiden
awake [ə'weɪk] — wach
aware [ə'weə] — bewußt, gewahr
away [ə'weɪ] — weg, fort; entfernt; abwesend
 to put/to throw away — weglegen/wegwerfen
 [tʊ 'pʊt/tʊ θrəʊ ə'weɪ]
 it's far away [ɪts fɑːr ə'weɪ] — es ist weit entfernt
 he slept away the day — er verschlief den Tag
 [hiː slept ə'weɪ ðə 'deɪ]
 right away [raɪt ə'weɪ] — auf der Stelle
awful ['ɔːfʊl] — schrecklich, furchtbar
 I'm awfully sorry — es tut mir furchtbar leid
 [aɪm 'ɔːfʊlɪ 'sɒrɪ]

B

baby ['beɪbɪ] — Säugling *m*, Baby *n*
back [bæk] — Rücken *m*, Rückseite *f*;
 — zurück; unterstützen
 at the back of the house — hinter dem Haus
 [æt ðə 'bæk əv ðə 'haʊs]
 back and forth [bæk ənd fɔːθ] — auf und ab; hin und her
 back up a little [bæk 'ʌp ə 'lɪtl] — fahren Sie etwas nach rück-
 — wärts
backward(s) ['bækwəd(z)] — rückwärts, nach hinten
 you've got that sweater on — du hast den Sweater verkehrt
 backwards [juːv 'gɒt ðæt — an
 'swetər_ɒn 'bækwədz]
bad (worse, worst) — schlecht; schlimm; übel
 [bæd, wɜːs, wɜːst]
 I'm badly off [aɪm 'bædlɪ 'ɒf] — ich bin schlecht dran
 that's not bad [ðæts nɒt 'bæd] — das ist nicht übel/ganz gut
 he feels very bad about it — es tut ihm sehr leid
 [hiː fiːlz 'verɪ 'bæd ə'baʊt ɪt]
bag [bæg] — Tasche *f*; Tüte *f*; Sack *m*

baggage ['bægɪdʒ] *Am*	Reisegepäck *n*
bake [beɪk]	backen; *(Ziegel)* brennen
baker ['beɪkə]	Bäcker *m*
balance ['bæləns]	Waage *f*; Gleichgewicht *n*; Bilanz *f*; sich ausgleichen; (ab)wägen
to keep o.'s balance [tʊ 'ki:p ˌwʌnz 'bæləns]	seine Ruhe bewahren
balcony ['bælkənɪ]	Balcon *m*; *theat* Galerie *f*
ball [bɔ:l]	Ball *m*; Knäuel *m*; Kugel *f*
to play ball [tʊ ˌpleɪ 'bɔ:l]	Ball spielen
ball pen ['bɔ:l pen]	Kugelschreiber *m*
band [bænd]	Band *n*; Schar *f*; Musikkapelle *f*
bank [bæŋk]	Bank *f*; Ufer *n*; Böschung *f*
to keep money in the bank [tʊ ˌki:p 'mʌnɪ ɪn ðə 'bæŋk]	Geld auf der Bank haben
to bank on [tʊ 'bæŋk ɒn]	bauen/sich verlassen auf
banknote ['bæŋknəʊt]	Banknote *f*
bar [bɑ:]	Stange *f*; Riegel *m*; Theke *f*; Bar *f*
bare [beə]	nackt, bloß
bare-footed/-headed ['beəˌfʊtɪd/hedɪd]	barfuß/-häuptig
bargain ['bɑ:gɪn]	(Gelegenheits-)Kauf *m*; Abmachung *f*; handeln, feilschen
it's a bargain! [ɪts ə 'bɑ:gɪn]	abgemacht!
to make a good bargain [tʊ ˌmeɪk ə ˌgʊd 'bɑ:gɪn]	billig einkaufen
into the bargain [ɪntʊ ðə 'bɑ:gɪn]	noch dazu, obendrein
barrel ['bærəl]	Faß *n*
base [beɪs]	Sockel *m*; Basis *f*; gemein
basement ['beɪsment]	Untergeschoß *n*
basin ['beɪsɪn]	Becken *n*; Schale *f*
basket ['bɑ:skɪt]	Korb *m*
bath [bɑ:θ, *pl* -ðz]	Bad *n*
to take a bath [tʊ 'teɪk ə 'bɑ:θ]	ein (Wannen-)Bad nehmen
bathe [beɪð]	baden, schwimmen
bathroom ['bɑ:θrʊm]	Bad *n*, Badezimmer *n*
battle [bætl]	Schlacht *f*

bay [beɪ] — Bucht *f*

be [biː] — sein

I am to go tomorrow — ich soll morgen gehen
[ˌaɪm tə ˈgəʊ təˈmɒrəʊ]

how are you? [haʊ‿ˈɑː‿ˈjuː] — wie geht's? guten Tag!

there you are! [ðeə‿ˈjuː‿ˈɑː] — da sind Sie ja! da haben Sie es!

it's all right with me — mir ist's recht
[ɪts ɔːl ˈraɪt wɪð ˈmiː]

is there such a thing? — gibt es so etwas?
[ɪz ðeə ˈsʌtʃ ə ˈθɪŋ]

what's it about? — worum handelt es sich?
[ˈwɒts‿ɪt əˈbaʊt]

beach [biːtʃ] — Strand *m*

bean [biːn] — Bohne *f*

bear (bore, borne) — (er)tragen, aushalten; hervor-bringen
[beə, bɔː, bɔːn]

to bear company — Gesellschaft leisten
[tʊ beə ˈkʌmpənɪ]

to bear in mind — im Gedächtnis behalten
[tʊ beər‿ɪn ˈmaɪnd]

I cannot bear him — ich kann ihn nicht ausstehen/ leiden
[aɪ ˈkænɒt ˈbeə hɪm]

bear [beə] — Bär *m*

beard [bɪəd] — Bart *m*

beast [biːst] — Tier *n*

beat (beat, beaten) — schlagen; (aus)klopfen; besiegen
[biːt, biːt, biːtn]

my heart beats fast — mein Herz schlägt schnell
[maɪ ˈhɑːt ˈbiːts fɑːst]

that beats everything! — da hört sich alles auf!
[ðæt ˈbiːts ˈevrɪθɪŋ]

beautiful [ˈbjuːtəfʊl] — schön

beauty [ˈbjuːtɪ] — Schönheit *f*

what a beauty! [wɒt ə ˈbjuːtɪ] — was für ein Prachtexemplar!

because (of) [bəˈkɒz] — weil; wegen

because of him — seinetwegen
[bəˈkɒz əv ˈhɪm]

become (became, become) — werden; stehen, kleiden
[bɪˈkʌm, bɪˈkeɪm, bɪˈkʌm]

what has become of it? — was ist daraus geworden?
[wɒt ˌhæz bɪˈkʌm əv‿ɪt]

it's very becoming to you — es steht Ihnen sehr gut
[ɪts ˈverɪ bɪˈkʌmɪŋ tə ˈjuː] *Am*

bed [bed] — Bett *n*

to go to bed [tʊ ˌɡəʊ tə ˈbed]	zu Bett gehen
to put to bed [tʊ ˌpʊt tə ˈbed]	ins Bett bringen
to stay in bed [tʊ ˌsteɪ ɪn ˈbed]	das Bett hüten
bedroom [ˈbedrʊm/ˈbedruːm]	Schlafzimmer *n*
bee [biː]	Biene *f*
beef [biːf]	Rindfleisch *n*
beer [bɪə]	Bier *n*
beetle [biːtl]	Käfer *m*
before [bɪˈfɔː]	bevor, ehe; vor
before long [bɪˈfɔː ˈlɒŋ]	in kurzem
long before the war [ˈlɒŋ bɪˈfɔː ðə ˈwɔː]	lange vor dem Krieg
the day before [ðə ˈdeɪ bɪˈfɔː]	tags zuvor
beg (for) [ˈbeg fə]	bitten (um); betteln
I beg your pardon! [aɪ ˈbeg jɔː ˈpɑːdn]	entschuldigen Sie, bitte!
I beg your pardon? [aɪ ˌbeg jɔː ˈpɑːdn]	wie bitte?
beggar [ˈbegə]	Bettler *m*
begin (began, begun) [bɪˈgɪn, bɪˈgæn, bɪˈgʌn]	anfangen, beginnen
to begin with he's too old [tə bɪˈgɪn wɪð hiːz ˈtuː ˈəʊld]	erstens ist er zu alt
begin reading! [bɪˈgɪn ˈriːdɪŋ]	fang an zu lesen!
beginning [bɪˈgɪnɪŋ]	Anfang *m*, Beginn *m*
in/at the beginning [ət ðə bɪˈgɪnɪŋ]	am Anfang
behave [bɪˈheɪv]	sich benehmen
behave yourself! [bɪˈheɪv jɔːˈself]	benimm dich! sei anständig!
behaviour [bɪˈheɪvjə]	Benehmen *n*, Betragen *n*, Verhalten *n*
behind [bɪˈhaɪnd]	hinter; hinten, dahinter
to fall/leave/stay behind [tʊ ˈfɔːl/liːv/steɪ bɪˈhaɪnd]	zurückbleiben/-lassen/bleiben
being [ˈbiːɪŋ]	Wesen *n*; Dasein *n*; Sein *n*
to come into being [tʊ ˈkʌm ɪntə ˈbiːɪŋ]	entstehen
belief (in) [bɪˈliːf]	Glaube *m* (an); Überzeugung *f*
believe (in) [bɪˈliːv ɪn]	glauben (an)
I don't believe a word of it [aɪ dəʊnt bɪˈliːv ə wɜːd]	ich glaube kein Wort davon
bell [bel]	Glocke *f*, Klingel *f*
belong (to) [bɪˈlɒŋ tʊ]	gehören *dat*

below [bɪˈləʊ] — unten; unter(halb)

belt [belt] — Gürtel *m*; Treibriemen *m*

bench [bentʃ] — (Sitz-)Bank *f*

bend (bent, bent) — Kurve *f*;
[bend, bent, bent] — (sich) biegen; verbiegen
  to bend down [tʊ bend ˈdaʊn] — sich bücken
  to be bent on [tʊ biː ˈbent ɒn] — erpicht sein auf

beneath [bɪˈniːθ] — unten; unter
  that's beneath him — das ist unter seiner Würde
  [ðæts bɪˈniːθ hɪm]

berry [ˈberɪ] — Beere *f*

beside [bɪˈsaɪd] — neben; außer
  he's beside himself with rage — er ist außer sich vor Wut
  [hiːz bɪˈsaɪd (h)ɪmˈself wɪð
  ˈreɪdʒ]
  that's beside the point — das gehört nicht zur Sache
  [ðæts bɪˈsaɪd ðə ˈpɔɪnt]

besides [bɪˈsaɪdz] — außerdem; außer; neben

best [best] — beste; am besten
  he did his best — er tat sein möglichstes/bestes
  [hiː ˈdɪd hɪz ˈbest]
  at best [æt best] — im günstigsten Fall
  to make the best of s.th. — sich mit etw abfinden
  [tʊ ˌmeɪk ðə ˈbest ɒv ˈsʌmθɪŋ]

bet [bet] — Wette *f*; wetten
  I bet he'll come — wetten, daß er kommt!
  [aɪ ˈbet ˌhiːl ˌkʌm]

better [ˈbetə] — besser;
  (ver)bessern; besser werden
  so much the better — um so beser
  [ˌsəʊ ˌmʌtʃ ðə ˈbetə]
  you had better go now — es wäre besser, wenn du jetzt
  [ju: (hæ)d ˈbetə ˈgəʊ ˌnaʊ] — gingest
  they are better off than we — es geht ihnen besser als uns
  [ðeɪ ɑ: ˈbetər ˌɒf ðæn ˈwiː]
  to get the better of s.o. — jdn überwinden; *Am* jdn übers
  [tʊ ˌget ðə ˈbetər ɒv ˈsʌmwʌn] — Ohr hauen

between [bɪˈtwiːn] — dazwischen; unter, zwischen
  between you and me — unter uns gesagt
  [bɪˈtwiːn ˈjuː ænd ˈmiː]

beyond [bɪˈjɒnd] — jenseits; über; darüber hinaus
  beyond doubt [bɪˈjɒnd ˈdaʊt] — zweifellos
  he's beyond help — ihm ist nicht mehr zu helfen
  [hiːz bɪˈjɒnd ˈhelp]

bicycle ['baisikl] Fahrrad n
big [bɪg] groß
  he talks big er redet große Töne
  [hi: tɔ:ks 'bɪg] *fam*
bill [bɪl] Rechnung f; Am (Geld-)
    Schein m; Gesetzentwurf m;
    Schnabel m

  post no bills! ['pəʊst nəʊ 'bɪlz] Ankleben verboten!
bind (bound, bound) binden; verpflichten
  [baɪnd, baʊnd, baʊnd]
  I'm bound to say ich muß sagen
  [aɪm 'baʊnd tə 'seɪ]
bird [bɜ:d] Vogel m
birth [bɜ:θ] Geburt f; Ursprung m
  by birth [baɪ 'bɜ:θ] von Geburt
birthday ['bɜ:θdeɪ] Geburtstag m
bit [bɪt] Gebiß n; Bissen m; Bißchen n
  bit by bit ['bit baɪ bɪt] nach und nach
  a bit [ə 'bit] ein bißchen
  to smash to bits kurz und klein schlagen
  [tu 'smæʃ tə bɪts]
bite (bit, bitten) [baɪt, bɪt, bɪtn] beißen;
    Biß m; Bissen m

  biting cold ['baɪtɪŋ 'kəʊld] beißend kalt
bitter ['bɪtə] bitter
black [blæk] schwarz; schwärzen;
    (Schuhe) wichsen

  he has a black eye er hat ein blaues Auge
  [hi: hæz ə 'blæk 'aɪ]
blackboard ['blækbɔ:d] Tafel f
blame [bleɪm] Tadel m; Schuld f;
    tadeln; vorwerfen

  to be to blame for schuld sein an
  [tu bi: tə 'bleɪm fə]
  don't put the blame on me schieb die Schuld nicht auf
  ['dəʊnt 'pʊt ðə 'bleɪm ən 'mi:]   mich
blanket ['blæŋkɪt] Decke f
blast [blɑ:st] Explosion f; Windstoß m
bleed [bli:d] bluten
bless [bles] segnen
blind [blaɪnd] blind
  to go blind [tu gəʊ 'blaɪnd] erblinden
  blind man/woman Blinde(r) m/Blinde f
  [blaɪnd 'mæn/'wʊmən]

blind alley [blaɪnd 'ælɪ]	Sackgasse *f*
block [blɒk]	Block *m*; Klotz *m*; (ab-, ver-)sperren
blood [blʌd]	Blut *n*
to shed blood [tʊ ˌʃed 'blʌd]	Blut vergießen
in cold blood [ɪn ˌkəʊld 'blʌd]	kaltblütig
bloom, blossom [bluːm, 'blɒsəm]	Blüte *f*
blouse [blaʊz]	Bluse *f*
blow (blew, blown) [bləʊ, bluː, bləʊn]	Schlag *m*, Hieb *m*; blasen, wehen
to blow out [tʊː bləʊ 'aʊt]	ausblasen/-löschen
to blow o.'s nose [tʊ 'bləʊ ˌwʌnz 'nəʊz]	sich die Nase putzen
to blow a whistle [tʊ 'bləʊ ə '(h)wɪsl]	pfeifen
at a single blow [æt ə 'sɪŋl 'bləʊ]	auf einmal
blue [bluː]	blau
to arrive out of the blue [tʊ ə'raɪv 'aʊt ɒv ðə 'bluː]	plötzlich hereingeschneit kommen
a bolt from the blue [ə 'bəʊlt frɒm ðə 'bluː]	ein Blitz aus heiterem Himmel
board [bɔːd]	Brett *n*; Tafel *f*; Tisch *m*
board and lodging ['bɔːd ənd 'lɒdʒɪŋ]	Unterkunft und Verpflegung
boast (of, about) ['bəʊst əv, ə'baʊt]	prahlen (mit)
boat [bəʊt]	Boot *n*
body ['bɒdɪ]	Körper *m*; Leiche *f*; Karosserie *f*
in a body [ɪn ə 'bɒdɪ]	alle zusammen
boil [bɔɪl]	kochen; sieden
to boil with rage [tʊ 'bɔɪl wɪð 'reɪdʒ]	vor Wut kochen
bold [bəʊld]	kühn, keck, dreist
bomb [bɒm]	Bombe *f*
bone [bəʊn]	Knochen *m*; Gräte *f*
book [bʊk]	Buch *n*; Heft *n*
to keep books [tʊ kiːp 'bʊks]	Buch führen
border ['bɔːdə]	Grenze *f*; Rand *m*; Saum *m*; einfassen
to border on [tʊ 'bɔːdə ɒn]	grenzen an
born [bɔːn]	geboren

where were you born? [weə wɜː jʊ 'bɔːn]	wo sind Sie geboren?
borrow (from, of) ['bɒrəʊ frəm/əv]	borgen, entleihen (von)
boss [bɒs]	Chef *m*, Boss *m*
both [bəʊθ]	beide
both of us ['bəʊθ əv‿ʌs]	wir beide
both ... and ['bəʊθ ... ænd]	sowohl ... als auch
bother ['bɒðə]	Mühe *f*, Plage *f*; belästigen, stören, ärgern
I can't be bothered [aɪ 'kɑːnt biː 'bɒðəd]	ich habe keine Lust
bottle [bɒtl]	Flasche *f*
bottom ['bɒtəm]	Boden *m*; Grund *m*
at the bottom of (a page) [æt ðə 'bɒtəm əv ə 'peɪdʒ]	unten an/auf *(einer Seite)*
bow [bəʊ]	Bogen *m*; Schleife *f*; Masche *f*
bow (to) [baʊ tʊ]	Verbeugung *f* (vor); sich bücken
bowl [bəʊl]	Schüssel *f*, Schale *f*; Kugel *f*
box [bɒks]	Schachtel *f*; (Brief-)Kasten *m*; boxen
boy [bɔɪ]	Junge *m*, Knabe *m*
brain [breɪn]	Gehirn *n*; *pl* Verstand *m*
he has brains [hiː hæz 'breɪnz]	er hat Köpfchen
to rack o.'s brains [tʊ 'ræk wʌnz 'breɪnz]	sich den Kopf zerbrechen
branch [brɑːntʃ]	Zweig *m*, Ast *m*; Zweigstelle *f*, -geschäft *n*
to branch off [tʊ 'brɑːntʃ 'ɒf]	abzweigen
brave [breɪv]	tapfer; tüchtig
bread [bred]	Brot *n*
(slice of) bread and butter [(slaɪs əv)'bred ənd 'bʌtə]	Butterbrot *n*
a loaf of bread [ə 'ləʊf əv 'bred]	ein Laib Brot
break (broke, broken) [breɪk, brəʊk, 'brəʊkən]	brechen; zerbrechen, zerschlagen; hervorbrechen; ausschalten
to break o.'s word [tʊ 'breɪk ˌwʌnz 'wɜːd]	sein Wort brechen
to break an engagement [tʊ 'breɪk ən ɪn'geɪdʒmənt]	eine Verlobung lösen
to break the news to s.o. [tʊ 'breɪk ðə 'njuːz tʊ 'sʌmwʌn]	jdm die Nachricht beibringen

to break away from [tʊ 'breɪk ə'weɪ frɒm]	sich losreißen von
to break down [tʊ ˌbreɪk 'daʊn]	zusammenbrechen; versagen
to break in on s.o. [tʊ ˌbreɪk 'ɪn ɒn 'sʌmwʌn]	jdn überraschen; unter- brechen
to break off [tʊ ˌbreɪk 'ɒf]	abbrechen; aufhören
to break up [tʊ ˌbreɪk 'ʌp]	*tr* beenden; *(Versammlung)* auf- lösen; *itr* zerbrechen
to be broken [tʊ biː 'brəʊkən]	ganz erledigt/kaputt sein
breakfast ['brekfəst]	Frühstück *n*
at breakfast [ət 'brekfəst]	beim Frühstück
breast [brest]	Brust *f*
breath [breθ]	Atem *m*; Hauch *m*
out of breath [aʊt əv 'breθ]	außer Atem, atemlos
to catch o.'s breath [tʊ 'kætʃ wʌnz 'breθ]	Luft holen
breathe [briːð]	atmen
to breathe again [tʊ 'briːð ə'gen]	aufatmen
brick [brɪk]	Ziegelstein *m*
bridge [brɪdʒ]	Brücke *f*; überbrücken
bright [braɪt]	hell, klar; heiter; aufgeweckt
bring (brought, brought) [brɪŋ, brɔːt, brɔːt]	(mit-, her)bringen
to bring about [tʊ ˌbrɪŋ ə'baʊt]	zustande bringen
to bring down [tʊ ˌbrɪŋ 'daʊn]	herunterbringen; abschießen
to bring in/out [tʊ ˌbrɪŋ 'ɪn/aʊt]	ein-/herausbringen
to bring to [tʊ 'brɪŋ tuː]	veranlassen zu
to bring up [tʊ ˌbrɪŋ 'ʌp]	aufziehen; vorbringen; herauf- bringen
Britain [brɪtn]	Großbritannien, Britannien
British ['brɪtɪʃ]	britisch
broad [brɔːd]	breit; weit
to take a broad view [tʊ 'teɪk ə 'brɔːd vjuː]	eine großzügige Auffassung vertreten
in broad daylight [ɪn 'brɔːd 'deɪlaɪt]	mitten am Tage
broadcast ['brɔːdkɑːst]	Rundfunk *m*; durch Rundfunk verbreiten
broken ['brəʊkən]	*(ptp* of break) kaputt, gebro- chen, zerbrochen
brother ['brʌðə]	Bruder *m*
brothers and sisters ['brʌðəz ənd 'sɪstəz]	Geschwister *pl*

brown [braʊn] braun
brown bread ['braʊn bred] Schwarzbrot *n*
brush [brʌʃ] Bürste *f*; (aus)bürsten
to brush aside [tʊ 'brʌʃ ə'saɪd] beiseite schieben
to brush off [tʊ 'brʌʃ 'ɒf] abbürsten
to brush up on s.th. etw wieder auffrischen
[tʊ 'brʌʃ 'ʌp ən 'sʌmθɪŋ]
to brush o.'s teeth sich die Zähne putzen
[tʊ 'brʌʃ wʌnz 'tiːθ]
build (built, built) [bɪld, bɪlt, bɪlt] bauen
to build up [tʊ ˌbɪld 'ʌp] aufbauen
building ['bɪldɪŋ] Gebäude *n*, Bauwerk *n*
bunch [bʌntʃ] Bündel *n*, Bund *m*; Strauß *m*
burn (burnt, burnt) (ver)brennen
[bɜːn, bɜːnt, bɜːnt]
to burn down [tʊ ˌbɜːn 'daʊn] abbrennen
I've burnt my fingers ich habe mir die Finger ver-
[aɪv 'bɜːnt maɪ 'fɪŋgəz] brannt *fig*
burst (burst, burst) platzen, bersten; brechen;
[bɜːst, bɜːst, bɜːst]
to burst in [tʊ bɜːst 'ɪn] hereinplatzen
to burst into tears in Tränen ausbrechen
[tʊ 'bɜːst ɪntʊ 'tɪəz]
I'm bursting with curiosity ich platze vor Neugierde
[aɪm 'bɜːstɪŋ wɪð ˌkjʊərɪ'ɒsətɪ]
bury ['berɪ] be-/vergraben
bus [bʌs] Omnibus *m*
to go by bus [tʊ ˌgəʊ baɪ 'bʌs] mit dem Bus fahren
there's a bus every ten der Bus kommt alle zehn
minutes Minuten
['ðeəz ə 'bʌs 'evrɪ ten 'mɪnɪts]
bush [bʊʃ] Busch *m*
to beat about the bush wie die Katze um den heißen
[tʊ biːt ə'baʊt ðə 'bʊʃ] Brei gehen
business ['bɪznɪs] Geschäft *n*; Angelegenheit *f*
on business [ɒn 'bɪznɪs] geschäftlich, in Geschäften
to come to business zur Sache kommen
[tʊ kʌm tʊ 'bɪznɪs]
to go into business for o.s. sich selbständig machen
[tʊ 'gəʊ 'ɪntʊ 'bɪznɪs fə 'wʌnself]
she means business sie meint es ernst
[ʃi 'miːnz 'bɪznɪs]
that's none of your business! das geht dich nichts an!
[ðæts 'nʌn əv jɔː 'bɪznɪs]

busy [ˈbɪzɪ]   geschäftig, fleißig; beschäftigt; belebt

it's a busy street   es ist eine verkehrsreiche Straße
[ɪts ə ˈbɪzɪ ˈstriːt]

the line is busy   die Leitung ist besetzt
[ðə ˈlaɪn‿z ˈbɪzɪ]

but [bʌt]   aber; sondern

but for all that   aber; trotz alledem
[bʌt fər‿ˈɔːl ˈðæt]

nothing but lies   nichts als (lauter) Lügen
[ˈnʌθɪŋ ˈbʌt laɪz]

nobody was there but me   außer mir war niemand da
[ˈnəʊbɒdɪ wəz ˈðeə bʌt ˈmiː]

butcher [ˈbʊtʃə]   Fleischer *m*, Metzger *m*, Schlächter *m*

butter [ˈbʌtə]   Butter *f*

button [bʌtn]   Knopf *m*

to press the button   auf den Knopf drücken
[tʊ ˈpres ðə ˈbʌtn]

buy (from) (bought, bought)   kaufen (von)
[ˈbaɪ frɒm, bɔːt, bɔːt]

to buy a ticket [tʊ ˌbaɪ ə ˈtɪkɪt]   eine (Fahr-)Karte lösen

by [baɪ]   durch; von; an; bei

by and by [ˈbaɪ‿ənd ˈbaɪ]   nach und nach; mit der Zeit

by and large [ˈbaɪ‿ənd ˈlɑːdʒ]   im großen ganzen

to travel by car/air   mit dem Auto fahren/fliegen
[tʊ ˈtrævl baɪ ˈkɑː/eə]

he came by himself   er kam allein
[hiː ˈkeɪm baɪ hɪmˈself]

by the dozen/pound   dutzend-/pfundweise
[baɪ ðə ˈdʌzn]

by sight [baɪ ˈsaɪt]   vom Sehen

bye [baɪ]   tschüs

C

café [ˈkæfeɪ]   Café *n*

cake [keɪk]   Kuchen *m*

a cake of soap   ein Stück Seife
[ə ˈkeɪk əv ˈsəʊp]

calculate [ˈkælkjʊleɪt]   rechnen

calculator [ˈkælkjʊleɪtə] Rechner

calf (*pl* calves) [kɑ:f, kɑ:vz] Kalb *n*; Wade *f*

call [kɔ:l] Ruf; Anruf *m*; Aufruf; rufen; holen

to be called for [tʊ bi: ˈcɔ:ld fə] postlagernd

to call attention to aufmerksam machen auf
[tʊ ˈkɔ:l əˈtenʃn]

to call for help um Hilfe rufen
[tʊ ˈkɔ:l fə ˈhelp]

to call in [tʊ ˈkɔ:l ˈɪn] hereinrufen; *(Arzt)* zuziehen

to call off [tʊ ˈkɔ:l ˈɒf] absagen

to call on s.o. bei jdm vorsprechen, jdn besu-
[tʊ ˈkɔ:l ɒn ˈsʌmwʌn] chen

give me a call [ˌgɪv mi: ə ˈkɔ:l] rufen Sie mich an

calm [kɑ:m] ruhig, still; beruhigen

to keep calm [tʊ ˌki:p ˈkɑ:m] die Ruhe bewahren

camera [ˈkæmərə] Fotoapparat *m*

camp [kæmp] Lager *n*; zelten, lagern

camping [ˈkæmpɪŋ] Zelten, Camping

can: *he can speak English* er kann Englisch
[kæn/hi: kæn ˌspi:k ˈɪŋglɪʃ]

can it be true? kann es wahr sein?
[ˈkæn ɪt bi: ˈtru:]

can [kæn] Kanne *f*; *Am* Konservenbüchse *f*;
in Büchsen einlegen, kon-
servieren

cap [kæp] Mütze *f*, Kappe *f*; Deckel *m*

capital [ˈkæpɪtl] Hauptstadt *f*; Kapital *n*

captain [ˈkæptɪn] Kapitän *m*; Hauptmann *m*

car [kɑ:] Auto *n*, Wagen *m*; *Am* Eisen-
bahnwagen *m*

card [kɑ:d] Karte *f*

to put o.'s cards on the table seine Karten aufdecken
[tʊ ˌpʊt wʌnz ˈkɑ:dz ɒn ðə ˈteɪbl]

care [keə] Sorgfalt *f*; Behandlung *f*;
Pflege *f*

to take care [tʊ ˌteɪk ˈkeə] sich hüten; vorsichtig um-
gehen

to take care of sorgen für; achtgeben auf;
[tʊ ˌteɪk ˈkeər ˌəv] erledigen

glass – with care! Vorsicht! Glas!
[ˈglɑ:s – wɪð ˈkeə]

care (for, about) [keə fə/əˈbaʊt] sorgen (für), s. kümmern (um)

would you care for a cup of coffee?	möchten Sie gerne eine Tasse Kaffee?
[ˌwʊd ju ˈkeə frˍə ˈkʌp əv ˈkɒfi]	
careful/careless	vorsichtig; besorgt/leichtsinnig; nachlässig, sorglos
[ˈkeəfʊl, ˈkeəlɪs]	
carpet [ˈkɑːpɪt]	Teppich *m*
carriage [ˈkærɪdʒ]	Transport *m*, Beförderung *f*; Wagen *m*
carry [ˈkærɪ]	tragen; befördern
to carry away/on	mitreißen/weiterführen
[tʊ ˈkærɪ əˈweɪ/ˈɒn]	
to carry interest	Zins tragen
[tʊ ˈkærɪ ˈɪntrɪst]	
to carry out a plan	einen Plan ausführen
[tʊ ˈkærɪ ˈaʊt ə ˈplæn]	
to carry a motion	einen Antrag annehmen
[tʊ ˈkærɪ ə ˈməʊʃn]	
do you carry gloves?	führen Sie Handschuhe?
[dʊ ju ˈkærɪ ˈglʌvz]	
case [keɪs]	Fall *m*; Sache *f*; Prozeß *m*
in case it should rain	falls es regnen sollte
[ɪn ˈkeɪs ɪt ʃʊd ˈreɪn]	
in any/no case	auf jeden/keinen Fall
[ɪn ˈænɪ ˈkeɪs/nəʊ ˈkeɪs]	
in case of need	notfalls
[ɪn ˈkeɪs əv ˈniːd]	
cassette [kæˈset]	Kassette *f*
cassette recorder	Kassettenrekorder *m*
[kæˈset rɪˈkɔːdə]	
cast (cast, cast)	Wurf *m*, Guß *m*; werfen; gießen
[kɑːst, kɑːst, kɑːst]	
to cast a ballot	eine Stimme abgeben
[tʊ ˈkɑːst ə ˈbælət]	
castle [ˈkɑːsl]	Schloß *n*
cat [kæt]	Katze *f*
catch (caught, caught)	(auf)fangen; fassen; erwischen
[kætʃ, kɔːt, kɔːt]	
to catch (a) cold	sich erkälten
[tʊ ˈkætʃ ə ˈkəʊld]	
to catch fire [tʊ ˈkætʃ ˈfaɪə]	in Brand geraten
to catch sight of s.th.	etw zu Gesicht bekommen
[tʊ ˌkætʃ ˈsaɪt əv ˈsʌmθɪŋ]	
he'll catch up with you	er holt Sie ein
[hiːl ˈkætʃ ˈʌp wɪð ˌjuː]	

I didn't catch the word [ai 'dɪdnt 'kætʃ ðə 'wɜ:d] — ich habe das Wort nicht verstanden

cattle [kætl] — (Rind-)Vieh *n*

cause [kɔ:z] — Ursache *f*, Grund *m*; Sache *f*; verursachen, hervorrufen

to cause surprise [tʊ 'kɔ:z sə'praɪz] — Staunen erregen

cellar ['selə] — Keller *m*

cent [sent] — Cent *m*

per cent (*Am* percent) [pə'sent] — Prozent *n*

centimetre ['sentɪˌmi:tə] — Zentimeter *m*

centre ['sentə] — Mittelpunkt *m*; Mitte *f*

central ['sentrəl] — zentral

century ['sentʃərɪ] — Jahrhundert *n*

certain [sɜ:tn] — sicher; gewiß

he's certain to come [hi:z 'sɜ:tn tə 'kʌm] — er kommt sicherlich

why certainly! [waɪ 'sɜ:tənlɪ] — aber selbstverständlich!

chain [tʃeɪn] — Kette *f*; anketten

chair [tʃeə] — Stuhl *m*

to take the chair [tʊ 'teɪk ðə 'tʃeə] — den Vorsitz übernehmen

chalk [tʃɔ:k] — Kreide *f*

chance [tʃɑ:ns] — Gelegenheit *f*; Möglichkeit *f*; Zufall *m*; zufällig gesehen

by chance [baɪ 'tʃɑ:ns] — zufällig

he'll take the chance [hi:l 'teɪk ðə 'tʃɑ:ns] — er läßt es darauf ankommen

I chanced to hear it [aɪ 'tʃɑ:nst tə 'hɪər‿ɪt] — ich hörte es zufällig

change [tʃeɪndʒ] — (Ver-)Änderung *f*; Abwechslung *f*; wechseln; (sich) ändern; umsteigen

for a change [fər‿ə 'tʃeɪndʒ] — zur Abwechslung

to change clothes [tʊ tʃeɪndʒ 'kləʊðz] — sich umziehen

to change o.'s mind [tʊ 'tʃeɪndʒ wʌnz 'maɪnd] — seine Meinung ändern

have you any change? ['hæv jʊ 'enɪ 'tʃeɪndʒ] — haben Sie Kleingeld?

character ['kærɪktə] — Charakter *m*; Person *f*; Beschaffenheit *f*

charge [tʃɒːdʒ]
Ladung *f*; Amt *n*; Anklage *f*;
Angriff *m*;
berechnen; belasten

free of charge ['fri: əv 'tʃɑ:dʒ]
kostenlos

to be in charge of s.th.
etw leiten, in Obhut haben
[tʊ bi: ɪn 'tʃɑ:dʒ əv 'sʌmθɪŋ]

to charge with a crime
eines Verbrechens beschul-
[tʊ 'tʃɑ:dʒ wɪð ə 'kraɪm]
digen

charm [tʃɑ:m]
Anmut *f*; Zauber *m*;
bezaubern

charming ['tʃɑ:mɪŋ]
reizend, entzückend

chat(ter) [tʃæt/'tʃætə]
schwatzen, plaudern

cheap [tʃi:p]
billig; minderwertig

a cheap trick [ə ˌtʃi:p 'trɪk]
ein übler Streich

cheat [tʃi:t]
betrügen

check [tʃek]
Schach *n*; Hindernis *n*;
Am Scheck *m*;
nachprüfen; hemmen;
Am zur Aufbewahrung
geben

to keep in check
in Schach halten
[tʊ ki:p ɪn 'tʃek]

to check in [tʊ ˌtʃek 'ɪn]
sich bei der Abfertigung/
Rezeption melden

to check off [tʊ ˌtʃek 'ɒf]
abhaken

to check out [tʊ ˌtʃek 'aʊt]
sich abmelden, abreisen

please check the oil
bitte, sehen Sie das Öl nach
['pli:z ˌtʃek ðɪ 'ɔɪl]

cheek [tʃi:k]
Wange *f*, Backe *f*

cheer [tʃɪə]
Hochruf *m*;
jubeln, jauchzen; aufmun-
tern

cheers! [tʃɪəz]
Prost!

cheerful ['tʃɪəfəl]
fröhlich, aufgeräumt, heiter

cheese [tʃi:z]
Käse *m*

chemist ['kemɪst]
Chemiker *m*, Drogist *m*

cheque [tʃek]
Scheck *m*

cherry ['tʃerɪ]
Kirsche *f*

chest [tʃest]
Kasten *m*, Kiste *f*;
Brust(korb *m*) *f*

chicken ['tʃɪkɪn]
Huhn *n*

chief [tʃi:f]
Chef *m*; Anführer *m*;
hauptsächlich, Haupt …

chiefly ['tʃi:flɪ]
hauptsächlich, in erster Linie

child (*pl* children)   Kind *n*
[tʃaɪld, 'tʃɪldrən]
that's mere child's play   das ist ein reines Kinderspiel
[ðæts 'mɪə 'tʃaɪldz pleɪ]
childhood ['tʃaɪldhʊd]   Kindheit *f*
chimney ['tʃɪmnɪ]   Kamin *m*
chin [tʃɪn]   Kinn *n*
chocolate ['tʃɒkələt]   Schokolade *f*
choice [tʃɔɪs]   Wahl *f*, Auswahl *f*;
     auserlesen
to take o.'s choice   seine Wahl treffen
[tʊ ˌteɪk wʌnz 'tʃɔɪs]
choose (chose, chosen)   (aus)wählen; vorziehen
[tʃuːz, tʃəʊz, tʃəʊzn]
Christian ['krɪstjən/'krɪstʃən]   christlich
Christmas ['krɪsməs]   Weihnachten *n*
church [tʃɜːtʃ]   Kirche *f*
to go to church   in die Kirche gehen
[tʊ ˌgəʊ tə 'tʃɜːtʃ]
cigarette [sɪgə'ret]   Zigarette *f*
cinema ['sinimə]   Kino *n*, Lichtspielhaus *n*
circle [sɜːkl]   Kreis *m*
circular ['sɜːkjʊlə]   Rundschreiben *n*; kreisförmig
citizen ['sɪtɪzn]   Bürger *m*
city ['sɪtɪ]   (große) Stadt *f*; Stadtzentrum *n*
civil ['sɪvl]   bürgerlich; zivil
civilization [ˌsɪvɪlaɪ'zeɪʃn]   Kultur *f*, Zivilisation *f*
claim [kleɪm]   Anspruch *m*;
     beanspruchen, fordern
to lay claim to s.th.   etw beanspruchen
[tʊ ˌleɪ 'kleɪm tə 'sʌmθɪŋ]
he claims to know you   er behauptet, Sie zu kennen
[hiː 'kleɪmz tə 'nəʊ ˌjuː]
class [klɑːs]   Klasse *f*; Stand *m*;
     einordnen
first-class ['fɜːst klɑːs]   erstklassig
classroom ['klɑːsrʊm]   Klassenzimmer *n*
clean [kliːn]   sauber; rein;
     putzen, reinmachen, säubern;
to clean up [tʊ ˌkliːn 'ʌp]   aufräumen; *Am* sich zurechtmachen
to have o.'s clothes cleaned   seine Kleider reinigen lassen
[tʊ 'hæv wʌnz 'kləʊðz 'kliːnd]

clear [klɪə] klar; hell; heiter; frei;
    klären; aufräumen; -hellen
  to clear away/off weg-/abräumen
  [tʊ ˈklɪər‿ə ˌweɪ/ɒf]
clerk [klɑːk, *Am* klɜːk] (Büro-)Angestellte(r) *f(m)*,
    Sekretär(in) *m(f)*
clever [ˈklevə] klug; geschickt
climb [klaɪm] klettern; (be)steigen
  to climb a ladder auf eine Leiter steigen
  [tʊ ˈklaɪm ə ˈlædə]
clock [klɒk] Uhr *f*
  five o'clock [ˈfaɪv ə ˈklɒk] fünf Uhr
close (to, by) [kləʊs tʊ/baɪ] nahe, dicht (an)
  pay close attention! passen Sie gut auf!
  [peɪ ˈkləʊs əˈtenʃn]
  the weather is very close das Wetter ist sehr drückend
  [ðə ˈweðə ɪz ˈveri ˈkləʊs]
  he won by a close vote er gewann mit knapper Mehr-
  [hiː ˈwʌn baɪ ə ˈkləʊs ˈvəʊt]   heit
close [kləʊz] Schluß *m*;
    zumachen, (ab)schließen
  road closed! [ˈrəʊd ˈkləʊzd] Straße gesperrt!
cloth [klɒθ] Stoff *m*; Tuch *n*; Tischtuch *n*
clothes [kləʊðz] *pl* Kleider *pl*, Kleidung *f*; Wäsche *f*
  he takes his clothes off er zieht sich aus
  [hiː ˈteɪks hɪz ˈkləʊðz ˌɒf]
cloud [klaʊd] Wolke *f*; sich bewölken
cloudy [ˈklaʊdɪ] wolkig, bewölkt
club [klʌb] Verein *m*; Knüppel *m*; Keule *f*
coal [kəʊl] (Stein-)Kohle *f*
coast [kəʊst] Küste *f*
coat [kəʊt] Mantel *m*
cock [kɒk] Hahn *m*
coffee [ˈkɒfɪ] Kaffee *m*
coin [kɔɪn] Münze *f*; münzen, prägen
cold [kəʊld] kalt, frostig;
    Kälte *f*; Schnupfen *m*
  to have a bad cold eine schlimme Erkältung
  [tʊ ˌhæv ə ˈbæd ˈkəʊld]   haben
  I'm cold [aɪm ˈkəʊld] ich friere
collar [ˈkɒlə] Kragen *m*; Halsband *n*
collect [kəˈlekt] (ein)sammeln; abholen
collection [kəˈlekʃn] Sammlung *f*
college [ˈkɒlɪdʒ] College; Universität

colony ['kɒlənɪ] Kolonie *f*

colour ['kʌlə] Farbe *f*;
färben; *fig* beschönigen

what colour is it? welche Farbe hat es?
[wɒt 'kʌlə ɪz_ɪt]

you have to show your Sie müssen Farbe bekennen
colours
[ˌju: hæv tʊ 'ʃəʊ jɔ: 'kʌləz]

comb [kəʊm] Kamm *m*; kämmen

combine [kɒm'baɪn] verbinden; vereinen

come (came, come) kommen
[kʌm, keɪm, kʌm]

to come about [tʊ ˌkʌm ə'baʊt] sich ereignen, geschehen

to come for s.o. jdn abholen
[tʊ 'kʌm fə 'sʌmwʌn]

to come home [tʊ ˌkʌm 'həʊm] heimkommen

to come on [tʊ ˌkʌm 'ɒn] nachkommen

to come true [tʊ ˌkʌm 'tru:] sich bewahrheiten

come to see me some time besuche mich einmal
[ˌkʌm tə 'si: mɪ 'sʌm taɪm]

come in! [kʌm 'ɪn] herein!

come on, let's go los, wir wollen gehen
[kʌm 'ɒn, lets 'gəʊ]

where do you come from? wo kommen Sie her?
['weə də jʊ 'kʌm frəm]

this button came off dieser Knopf ist abgegangen
[ðɪs 'bʌtən keɪm 'ɒf]

the question came up die Frage erhob sich
[ðə 'kwestʃn ˌkeɪm 'ʌp]

comfort ['kʌmfət] Bequemlichkeit *f*; Trost *m*;
trösten; ermutigen

that's no comfort to me das ist kein Trost für mich
[ðæts 'nəʊ 'kʌmfət tə 'mi:]

comfortable ['kʌmfətəbl] bequem, behaglich; tröstlich

make yourself comfortable machen Sie es sich bequem
['meɪk jɔ:'self 'kʌmfətəbl]

comma ['kɒmə] Komma *n*

command [kə'mɑ:nd] befehlen, kommandieren;
Befehl *m*; Gebot *n*; Kom-
mando *n*

commerce ['kɒmɜ:s] Handel *m*; Umgang *m*,
Verkehr *m*

commercial [kɒ'mɜ:ʃl] kaufmännisch

committee [kɒ'mɪtɪ] Ausschuß *m*

to be on a committee [tʊ biː ən ə kɒˈmɪtɪ]	in einem Ausschuß sein
common [ˈkɒmən]	allgemein
in common [ɪn ˈkɒmən]	gemeinsam
to make common cause with s.o. [tʊ meɪk ˈkɒmən kɔːz wɪð ˈsʌmwʌn]	mit jdm gemeinsame Sache machen
common sense [ˈkɒmən ˈsens]	gesunde(r) Menschenverstand *m*
the Commons [ðə ˈkɒmənz]	Unterhaus
companion [kəmˈpænjən]	Gefährte *m*, Begleiter *m*, Genosse *m*
company [ˈkʌmpənɪ]	Gesellschaft *f*; Kompanie *f*
to keep company with s.o. [tʊ kiːp ˈkʌmpənɪ wɪð ˈsʌmwʌn]	jdm Gesellschaft leisten
compare (with, to) [kəmˈpeə wɪð/tʊ]	(sich) vergleichen (mit)
he cannot compare with you [hiː ˈkænɒt kəmˈpeə wɪð ˌjuː]	er kann sich mit Ihnen nicht vergleichen
comparison [kəmˈpærɪsn]	Vergleich *m*
in comparison with [ɪn kəmˈpærɪsn wɪð]	im Vergleich zu
without/past comparison [wɪðˈəʊt/ˈpɑːst kəmˈpærɪsn]	unvergleichlich
complain (of, about) [kəmˈpleɪn əv/əˈbaʊt]	(sich be)klagen (über)
complaint [kəmˈpleɪnt]	Beschwerde *f*, Klage *f*; Krankheit *f*
to make a complaint [tʊ ˌmeɪk ə kəmˈpleɪnt]	eine Beschwerde vorbringen
complete [kəmˈpliːt]	vollständig, völlig; vollenden; vervollständigen, ergänzen
compose [kəmˈpəʊz]	zusammensetzen; komponieren; beruhigen
to compose o.s. [tʊ kəmˈpəʊz wʌnˈself]	sich fassen
to be composed of [tʊ biː kəmˈpəʊzd əv]	bestehen aus
composition [kɒmpəˈzɪʃn]	Zusammensetzung *f*; Aufsatz *m*; Komposition *f*
conceal (from) [kənˈsiːl frəm]	verbergen (vor)
conceive [kənˈsiːv]	begreifen; ausdenken, ersinnen

concern [kən'sɜːn] Sache *f*; Unruhe *f*; Sorge *f*;
Wichtigkeit *f*; Firma *f*;
betreffen

to be concerned about/with besorgt sein um/zu tun haben
[tʊ biː kən'sɜːnd ə'baʊt/wɪð] mit

this concerns you das geht Sie an
[ðɪs kən'sɜːnz 'juː]

that's no concern of mine das geht mich nichts an
[ðæts 'nəʊ kən'sɜːn əv 'maɪn]

concerning [kən'sɜːnɪŋ] wegen; in bezug auf

concert ['kɒnsət] Konzert *n*

condition [kən'dɪʃn] Bedingung *f*; Zustand *m*;
Stellung *f*

on one/that condition unter einer/dieser Bedingung
[ɒn 'wʌn kən'dɪʃn]

to be in good/bad condition gut/schlecht erhalten sein
[tʊ biː ɪn ˌgʊd/bæd kən'dɪʃn]

to keep in good/bad condi- gut/schlecht instand halten
tion
[tʊ kiːp ɪn gʊd/bæd kən'dɪʃn]

confess [kən'fes] bekennen; gestehen; beichten

confidence ['kɒnfɪdəns] Vertrauen *n*
to have confidence in s.o. zu jdm Vertrauen haben
[tʊ hæv 'kɒnfɪdəns ɪn 'sʌmwʌn]

confident ['kɒnfɪdənt] überzeugt, zuversichtlich
to be confident of zuversichtlich sein
[tʊ biː 'kɒnfɪdənt əv]

confuse [kən'fjuːz] verwirren; verwechseln

confusion [kən'fjuːʒn] Verwirrung *f*, Durcheinander *n*; Bestürzung *f*

congratulations Glückwünsche *m*;
[kənˌgrætjʊ'leɪʃnz] gratuliere!

connect (to) [kə'nekt tʊ] verbinden (mit)
to be connected with in Verbindung stehen mit
[tʊ biː kə'nektɪd wɪð]

connection [kə'nekʃn] Zusammenhang *m*; Verbindung *f*; Anschluß *m*

in what connection? in welchem Zusammenhang?
[ɪn wɒt kə'nekʃn]

conquer ['kɒŋkə] erobern; besiegen

conscience ['kɒnʃəns] Gewissen *n*
do it with a clear conscience tun Sie es ruhigen Gewissens
[duː ɪt wɪð ə 'klɪə 'kɒnʃəns]

conscious (of) ['kɒnʃəs əv] bewußt *gen*; bei Bewußtsein

consider [kən'sɪdə] — erwägen, überlegen; berücksichtigen

consideration [kən‚sɪdə'reɪʃn] — Überlegung *f*; Rücksicht *f*
in consideration of [ɪn kən‚sɪdə'reɪʃn əv] — in Anbetracht *gen*
to be under consideration [tʊ biː ʌndə kən‚sɪdə'reɪʃn] — zur Diskussion stehen
to take into consideration [tʊ ‚teɪk 'ɪntʊ kən‚sɪdə'reɪʃn] — in Erwägung ziehen

considerable [kən'sɪdərəbl] — beträchtlich, ansehnlich
consist (of) [kən'sɪst əv] — bestehen (aus)
contain [kən'teɪn] — enthalten, umfassen
container [kən'teɪnə] — Behälter *m*; Gefäß *n*
content [kən'tent] — zufriedenstellen
contents ['kɒntents] *pl* — Inhalt *m*
continent ['kɒntɪnənt] — Erdteil *m*; maßvoll, beherrscht

continue [kən'tɪnjuː] — *tr* fortfahren, fortsetzen; *itr* fortdauern

to be continued [tʊ biː kən'tɪnjuːd] — Fortsetzung folgt

contrary to ['kɒntrərɪ tʊ] — (ent)gegen, zuwider
on the contrary [ɒn ðə 'kɒntrərɪ] — im Gegenteil

control [kən'trəʊl] — Kontrolle *f*; Beherrschung *f*; kontrollieren, beherrschen
to control o.s./o.'s feelings [tʊ kən'trəʊl wʌnz fiːlɪŋz] — sich beherrschen
he lost control over [hiː lɒst kən'trəʊl əʊvə] — er verlor die Herrschaft über sich

convenient [kən'viːnjənt] — bequem, passend
conversation [‚kɒnvə'seɪʃn] — Unterhaltung *f*, Gespräch *n*
convince (of) [kən'vɪns əv] — überzeugen (von)
cook [kʊk] — Koch *m*, Köchin *f*; kochen

cool [kuːl] — kühl; frisch
to keep cool [tʊ kiːp kuːl] — Ruhe/kaltes Blut bewahren
copy ['kɒpɪ] — Abschrift *f*; Exemplar *n*; abschreiben; nachahmen
rough/fair copy [rʌf/feə kɒpɪ] — Rohentwurf *m*/Reinschrift *f*
make three copies [‚meɪk 'θriː 'kɒpɪz] — machen Sie drei Durchschläge
corn [kɔːn] — Korn *n*; Getreide *n*; *Am* Mais *m*
corner ['kɔːnə] — Ecke *f*, Winkel *m*

round the corner
['raʊnd ðə 'kɔːnə]
um die Ecke

correct [kə'rekt]
richtig;
    verbessern, berichtigen

correction [kə'rekʃn]
Korrektur *f*, Berichtigung *f*

cost (cost, cost)
[kɒst, kɒst, kɒst]
(Einkaufs-)Preis *m*; Kosten *pl*;
    kosten

at all costs/at any cost
[æt 'ɔːl 'kɒsts/æt 'ænɪ 'kɒst]
um jeden Preis

cost of living ['kɒst əv 'lɪvɪŋ]
Lebenshaltungskosten *pl*

cottage ['kɒtɪdʒ]
Häuschen *n*; Hütte *f*

cotton [kɒtn]
Baumwolle *f*

cough [kɒf]
Husten *m*; husten

could [kʊd]
pret von can

count (on) [kaʊnt ɒn]
zählen; rechnen (mit)

countless ['kaʊntlɪs]
zahllos, unzählig

country ['kʌntrɪ]
Land *n*; Gegend *f*; Heimat *f*

in the country [ɪn ðə 'kʌntrɪ]
auf dem Land

courage ['kʌrɪdʒ]
Mut *m*

don't lose courage
['dəʊnt 'luːz 'kʌrɪdʒ]
verlieren Sie den Mut nicht

course [kɔːs]
Lauf *m*; Kurs *m*; Richtung *f*;
    Rennbahn *f*

as a matter of course
[æz ə 'mætər əv 'kɔːs]
selbstverständlich

of course [əv 'kɔːs]
natürlich, gewiß

court [kɔːt]
Hof *m*; Gericht *n*; Spielplatz *m*;
    den Hof machen

cousin [kʌzn]
Vetter *m*; Base *f*

cover ['kʌvə]
(be)decken; umfassen;
    Decke *f*; Deckel *m*;
    Überzug *m*

that covers everything
[ðæt 'kʌvəz 'evrɪðɪŋ]
das schließt alles ein

to cover a distance
[tʊ 'kʌvər ə 'dɪstəns]
eine Entfernung zurücklegen

cow [kaʊ]
Kuh *f*

coward ['kaʊəd]
Feigling *m*

crack [kræk]
Riß *m*; Sprung *m*; Knall *m*;
    zerbrechen; platzen; knallen

to crack nuts [tʊ kræk 'nʌts]
Nüsse knacken

to crack jokes
[tʊ kræk 'dʒəʊks]
Witze reißen

cracker ['krækə]
Kräcker; Knallkörper

crash [kræʃ]
Krach *m*; Absturz *m*;
itr krachen; tr zerschmettern

cream [kri:m]
Rahm *m*; Sahne *f*; Creme *f*
the cream of the crop
[ðə 'kri:m əv ðə 'krɒp]
das Beste vom Besten

creature ['kri:tʃə]
Geschöpf *n*, Kreatur *f*

creep (crept, crept)
[kri:p, krept, krept]
kriechen; schleichen

crime [kraɪm]
Verbrechen *n*

criminal ['krɪmɪnl]
Verbrecher *m*;
verbrecherisch

critic ['krɪtɪk]
Kritiker *m*

critical ['krɪtɪkl]
kritisch

criticism ['krɪtɪsɪzəm]
Kritik

crop [krɒp]
Ernte *f*; Getreide *n*;
(Haar-)Schnitt *m*

cross [krɒs]
Kreuz *n*;
kreuzen; durchqueren;
quer, schief; ärgerlich,
zuwider

to cross the road
[tʊ krɒs ðə rəʊd]
die Straße überqueren

I'll keep my fingers crossed
[aɪl 'ki:p maɪ 'fɪŋgəz 'krɒst]
ich werde Ihnen den Daumen
halten

crossing ['krɒsɪŋ]
Kreuzung *f*; Überfahrt *f*

crowd [kraʊd]
(Menschen-)Menge *f*;
Gedränge *n*;
sich drängen

crowded ['kraʊdɪd]
überfüllt, voll

crown [kraʊn]
Krone *f*;
krönen

cruel (to) ['kru:əl tʊ]
grausam (gegen)

cruelty ['kru:əltɪ]
Grausamkeit *f*

crush [krʌʃ]
zerquetschen, aus-/zer-
drücken; vernichten

cry (for) [kraɪ fə]
rufen, schreien (nach);
weinen;
Schrei *m*, Ruf *m*

cultivate ['kʌltɪveɪt]
anbauen, kultivieren; ausbilden

cup [kʌp]
Tasse *f*; Becher *m*; Pokal *m*

cupboard ['kʌbəd]
Schrank *m*

cure [kjʊə]
Heilung *f*; Heilmittel *n*; Kur *f*;
heilen

curiosity ['kjʊərɪ'ɒsətɪ]   Neugier(de) *f*; Merkwürdig-
    keit *f*
curious ['kjʊərɪəs]   neugierig; sonderbar, merk-
    würdig
  I'm curious about it   ich bin darauf gespannt
  [aɪm 'kjʊərɪəs ə'baʊt ɪt]
curl [kɜːl]   Locke *f*; sich locken/kräuseln
current ['kʌrənt]   Strömung *f*; Strom *m*; Lauf *m*;
    laufend; geläufig
curse [kɜːs]   Fluch *m*; (ver)fluchen
curtain [kɜːtn]   Vorhang *m*, Gardine *f*
  the iron curtain [ðɪ 'aɪən 'kɜːtn]   der eiserne Vorhang
curve [kɜːv]   Kurve *f*; Krümmung *f*;
    krümmen, biegen
cushion [kʊʃn]   Kissen *n*, Polster *n*; polstern
custom ['kʌstəm]   Sitte *f*, Gewohnheit *f*, Brauch *m*
  to pay customs   Zoll bezahlen
  [tʊ 'peɪ 'kʌstəmz]
  customs inspection   Zollkontrolle *f*
  ['kʌstəmz ɪn'spekʃn]
customer ['kʌstəmə]   Kunde *m*, Kundin *f*
cut (cut, cut) [kʌt, kʌt, kʌt]   Schnitt *m*, Schnittwunde *f*;
    schneiden; kürzen; mähen
  to cut down [tʊ kʌt 'daʊn]   *(Baum)* fällen; *(Ausgaben)* ein-
    schränken; *(Preis)* herab-
    setzen
  to cut off [tʊ kʌt 'ɒf]   abschneiden
  to cut short [tʊ kʌt 'ʃɔːt]   abkürzen
  he had his hair cut   er ließ sich die Haare schnei-
  [hi: hæd hɪz 'heə 'kʌt]   den
  he cut his finger   er hat sich in den Finger
  [hi: 'kʌt hɪz 'fɪŋgə]   geschnitten
  his salary was cut   sein Gehalt wurde gekürzt
  [hɪz 'sælərɪ wɒz 'kʌt]

D

daily ['deɪlɪ]   täglich; Tageszeitung *f*
damage ['dæmɪdʒ]   Schaden *m*; beschädigen
  to pay damages   Schadensersatz zahlen
  [tʊ 'peɪ 'dæmɪdʒɪz]
dance [dɑːns]   Tanz *m*; tanzen

may I have the next dance?   darf ich um den nächsten Tanz
['meɪ aɪ 'hæv ðə 'nekst dɑ:ns]   bitten?
danger ['deɪndʒə]   Gefahr *f*
dangerous ['deɪndʒərəs]   gefährlich
dare [deə]   wagen; dürfen
I dare say [aɪ 'deə 'seɪ]   ich darf wohl sagen
dark [dɑ:k]   dunkel; finster;
   Dunkelheit *f*

he's in the dark   er tappt im dunkeln
[ˌhi:z ɪn ðə 'dɑ:k]
darkness ['dɑ:knɪs]   Dunkelheit *f*
date [deɪt]   Datum *n*;
   datieren; sich verabreden
   mit

up-to-date ['ʌp‿tə‿'deɪt]   modern; auf dem laufenden
daughter ['dɔ:tə]   Tochter *f*
day [deɪ]   Tag *m*
the other day [ðɪ‿ˌʌðə 'deɪ]   neulich
he has a day off   er hat dienstfrei
[hi: hæz‿ə 'deɪ 'ɔ:f]
dead [ded]   tot; öde; Tote(r) *f(m)*
he's dead tired   er ist todmüde
[hi:z ˌded 'taɪəd]
at dead of night   mitten in der Nacht
[æt 'ded əv 'naɪt]
deal (dealt, dealt)   austeilen, geben;
[di:l, delt, delt]   *(Schlag)* versetzen;
   Handel *m*, Geschäft *n*; Teil *m*

to deal with [tʊ 'di:l wɪð]   zu tun haben mit
a good/great deal   ziemlich viel/sehr viel
[ə 'gʊd/greɪt 'di:l]
to give a square deal   anständig behandeln
[tʊ ˌgɪv ə skweə 'di:l]
deal with him kindly   geh mit ihm freundlich um
['di:l wɪð 'hɪm 'kaɪndlɪ]
dear [dɪə]   teuer; lieb
dear me! ['dɪə 'mi:]   ach, du liebe Zeit!
death [deθ]   Tod *m; pl* Todesfälle *m pl*
to work o.s. to death   sich zu Tode arbeiten
[tʊ 'wɜ:k wʌn'self tə 'deθ]
debt [det]   Schuld *f; fig* Verpflichtung *f*
to run into debt   in Schulden geraten
[tʊ 'rʌn ɪntʊ 'det]
deceive [dɪ'si:v]   täuschen, betrügen

December [dɪˈsembə]
Dezember *m*

decide (on) [dɪˈsaɪd ɒn]
(sich) entscheiden (über); sich entschließen

decision [dɪˈsɪʒn]
Entschluß *m*; Entscheidung *f*

to come to a decision
[tʊ ˈkʌm tʊ ə dɪˈsɪʒn]
eine Entscheidung treffen

declaration [deklə'reɪʃn]
Erklärung *f*

declare [dɪˈkleər]
erklären, verkündigen; deklarieren, anmelden

deed [diːd]
Tat *f*; Urkunde *f*

deep [diːp]
tief; unergründlich, dunkel

that's too deep for me
[ðæts ˈtuː ˈdiːp fə ˌmiː]
das geht über meinen Horizont

defeat [dɪˈfiːt]
Niederlage *f*; besiegen; vereiteln; *(Antrag)* ablehnen

defend (against, from)
[dɪˈfend əˈgenst/frɒm]
verteidigen gegen/schützen vor

defence, *Am* **defense** [dɪˈfens]
Verteidigung *f*

to come to s.o.'s defence
[tʊ ˈkʌm tə ˈsʌmwʌnz dɪˈfens]
jdn in Schutz nehmen

degree [dɪˈgriː]
Grad *m*; Stufe *f*; Rang *m*

by degrees [baɪ dɪˈgriːz]
nach und nach, allmählich

in some degree
[ɪn ˌsʌm dɪˈgriː]
in gewissem Maß

to a certain degree
[tʊ ə ˈsɜːtn dɪˈgriː]
bis zu einem gewissen Grad

delay [dɪˈleɪ]
Aufschub *m*; verzögern, aufschieben; hinhalten

do it without delay
[ˈduː ɪt wɪðˈaʊt dɪˈleɪ]
tu es sofort

he was delayed
[hiː wɒz dɪˈleɪd]
er wurde aufgehalten

delicate [ˈdelɪkɪt]
zart; heikel *(Frage)*; feinfühlig; wählerisch

delight [dɪˈlaɪt]
Vergnügen *n*; Entzücken *n*

to take delight in
[tʊ ˈteɪk dɪˈlaɪt ɪn]
Vergnügen finden an

delightful [dɪˈlaɪtfəl]
entzückend; sehr angenehm

deliver (from) [dɪˈlɪvə frɒm]
befreien (von); liefern; übergeben; *(Schlag)* versetzen

to deliver letters
[tʊ dɪˈlɪvə ˈletəz]
Briefe austragen

to deliver a speech [tʊ dɪˈlɪvər‿ə ˈspiːʃ]	eine Rede halten
demand [dɪˈmaːnd]	Nachfrage f; Bedarf m; Anspruch m; verlangen, fordern
on demand [ɒn dɪˈmaːnd]	auf Verlangen
to be in demand [tʊ biː ɪn dɪˈmaːnd]	gesucht sein
denomination [dɪˌnɒmɪˈneɪʃən]	Konfession
dentist [ˈdentɪst]	Zahnarzt m, Zahnärztin f
deny [dɪˈnaɪ]	abstreiten, ableugnen
to deny a request [tʊ dɪˈnaɪ ə rɪˈkwest]	eine Bitte abschlagen
department [dɪˈpaːtmənt]	Abteilung f, Fachbereich m
departure [dɪˈpaːtʃə]	Abreise f, Abfahrt f
depend (on) [dɪˈpend ən]	abhängen (von); sich verlassen (auf)
that depends! [ðæt dɪˈpendz]	das kommt darauf an!
depth [depθ]	Tiefe f
describe [dɪˈskraɪb]	beschreiben
description [dɪˈskrɪpʃən]	Beschreibung f; Art f
desert [ˈdezət]	Wüste f; öde, wüst
desert [dɪˈzɜːt]	im Stich lassen
deserve [dɪˈzɜːv]	verdienen
desire (for) [dɪˈzaɪə fə]	Wunsch m; Verlangen n (nach); wünschen; begehren
desk [desk]	Schreibtisch m; Empfang m
information desk [ɪnfəˈmeɪʃn desk]	Informationsschalter m
despair (of) [dɪsˈpeər əv]	Verzweiflung f; verzweifeln (an)
dessert [dɪˈzɜːt]	Nachtisch m, Dessert n
destroy [dɪˈstrɔɪ]	zerstören, vernichten
destruction [dɪˈstrʌkʃən]	Zerstörung f; Verwüstung f; Vernichtung f
detail [ˈdiːteɪl]	Einzelheit f
in detail; detailed [ɪn ˈdiːteɪl, ˈdiːteɪld]	ausführlich, in allen Einzelheiten
to go into details [tʊ ˈgəʊ ɪntʊ ˈdiːteɪlz]	ins einzelne gehen
determine [dɪˈtɜːmɪn]	bestimmen; beschließen
determined [dɪˈtɜːmɪnd]	(fest) entschlossen
determination [dɪˌtɜːmɪˈneɪʃn]	Entschlossenheit f; Entschluß m

develop [dɪ'veləp] — (sich) entwickeln, (sich) entfalten

development [dɪ'veləpmənt] — Entwicklung *f*, Entfaltung *f*

devil [devl] — Teufel *m*

dictate [dɪk'teɪt] — diktieren

dictation [dɪk'teɪʃn] — Diktat *n*

dictionary ['dɪkʃənərɪ] — Wörterbuch *n*

die (of, from) (died, died) [daɪ əv/frəm, daɪd, daɪd] — sterben (an)

to die of laughter [tʊ 'daɪ əv 'lɑ:ftə] — sich totlachen

difference ['dɪfrəns] — Unterschied *m*; Verschiedenheit *f*

what's the difference! [wɒts ðə 'dɪfrəns] — was macht das schon aus!

different (from) ['dɪfrənt frɒm] — verschieden (von)

difficult ['dɪfɪkəlt] — schwer, schwierig

difficulty ['dɪfɪkəltɪ] — Schwierigkeit *f*

dig (dug, dug) [dɪg, dʌg, dʌg] — graben

dining room ['daɪnɪŋ rʊm] — Eßzimmer *n*, Speiseraum *m*

dinner ['dɪnə] — Mittag-, Abendessen *n*

dinner is served ['dɪnər‿ɪz 'sɜ:vd] — bitte, zu Tisch; es ist angerichtet

direct (to, towards, at) [daɪ'rekt tʊ/twɔ:dz/æt] — gerade, direkt; richten (nach, auf); regeln, anweisen; adressieren

to direct a business [tʊ daɪ'rekt ə 'bɪznɪs] — ein Geschäft leiten

direction [dɪ'rekʃn] [daɪ'rekʃn] — Richtung *f*; Anweisung *f*; Leitung *f*

follow the directions ['fɒləʊ ðə daɪ'rekʃnz] — befolgen Sie die Gebrauchsanweisung

director [dɪ'rektə] — Direktor *m*

dirt [dɜ:t] — Schmutz *m*, Unrat *m*

dirty ['dɜ:tɪ] — schmutzig

disadvantage ['dɪsəd'vɑ:ntɪdʒ] — Nachteil *m*, Schaden *m*

disagree ['dɪsəgri:] — nicht übereinstimmen

disappear [ˌdɪsə'pɪə] — verschwinden

disappoint [ˌdɪsə'pɔɪnt] — enttäuschen

disappointed [ˌdɪsə'pɔɪntɪd] — enttäuscht

disappointment [ˌdɪsə'pɔɪntmənt] — Enttäuschung *f*

discomfort [ˌdɪs'kʌmfət] — Beschwerden *pl f*

discourage [ˌdɪs'kʌrɪdʒ] — entmutigen

discover [dɪs'kʌvə]	entdecken
discovery [dɪs'kʌvərɪ]	Entdeckung *f*
discuss [dɪs'kʌs]	erörtern, besprechen
discussion [dɪs'kʌʃn]	Diskussion *f*
disease [dɪ'zi:z]	Krankheit *f*
dish [dɪʃ]	Schüssel *f*; Gericht *n*
to wash, fam to do the dishes [tʊ 'wɒʃ/tʊ 'du: ðə 'dɪʃɪz]	das Geschirr spülen
dismiss [dɪs'mɪs]	entlassen; aufgeben
display [dɪs'pleɪ]	Auslage *f*; Aufwand *m*
to be on display [tʊ bi: ɒn dɪs'pleɪ]	ausgestellt sein
dispose of [dɪs'pəʊz əv]	verfügen über
distance ['dɪstəns]	Entfernung *f*
at a distance of [æt ə 'dɪstəns əv]	in einer Entfernung von
from a distance [frɒm ə 'dɪstəns]	von weitem
in the distance [ɪn ðə 'dɪstəns]	in der Ferne
distant ['dɪstənt]	fern, entfernt
distinct (from) [dɪs'tɪŋkt frɒm]	verschieden (von); deutlich
distinguish (from) [dɪs'tɪŋgwɪʃ frɒm]	unterscheiden (von)
to distinguish o.s. [tʊ dɪs'tɪŋgwɪʃ ˌwʌn'self]	sich auszeichnen
distribute (among) [dɪs'trɪbju:t ə'mʌŋ]	verteilen (unter); verbreiten
district ['dɪstrɪkt]	Bezirk *m*, Kreis *m*; Landstrich *m*
disturb [dɪs'tɜ:b]	stören; durcheinanderbringen
divide (into) [dɪ'vaɪd 'ɪntʊ]	*tr* (ein-/auf)teilen (in); dividieren; *itr* sich trennen
division [dɪ'vɪʒn]	Abteilung *f*; Trennung *f*, Spaltung *f*
divorced [dɪ'vɔ:st]	geschieden
do (did, done) [du:, dɪd, dʌn]	tun
to do with [tʊ 'du: wɪð]	zu tun haben mit
to do without [tʊ du: wɪð'aʊt]	entbehren (können)
she is doing well [ʃi:z 'du:ɪŋ 'wel]	es geht ihr gut
it will do [ɪt wɪl 'du:]	es genügt
what can I do for you? ['wɒt ˌkæn aɪ 'du: fə 'ju:]	womit kann ich Ihnen dienen?
do come! ['du: kʌm]	komm doch!

what's to be done with it?   was soll damit geschehen?
[ˌwɒts tu biː ˈdʌn wɪð ɪt]

doctor [ˈdɒktə]   Arzt *m*, Doktor *m*

dog [dɒg]   Hund *m*

doll [dɒl]   Puppe *f*

dollar [ˈdɒlə]   Dollar *m*

door [dɔː]   Tür *f*; Tor *n*

next door (to) [nekst dɔː tuː]   nebenan

to knock at the door   an die Tür klopfen
[tu ˈnɒk æt ðə ˈdɔː]

double [dʌbl]   doppelt; verdoppeln; Doppelgänger *m*

I'm double your age   ich bin zweimal so alt wie Sie
[aɪm ˈdʌbl jɔː ˈeɪdʒ]

doubt (of, about)   Zweifel *m*;
[daʊt əv, əˈbaʊt]   zweifeln (an)

without doubt [wɪˈðaʊt ˈdaʊt]   zweifelsohne, ohne Zweifel

I'm in doubt about it   ich zweifle daran
[aɪm ɪn ˈdaʊt əˈbaʊt ɪt]

there's no doubt about it   darüber besteht kein Zweifel
[ðeəz ˈnəʊ ˈdaʊt əˈbaʊt ɪt]

doubtful [ˈdaʊtfʊl]   unsicher, zweifelhaft

doubtless [ˈdaʊtlɪs]   zweifelsohne

down [daʊn]   nieder; her-, hinunter; unten; herab, hinab; abwärts

up and down [ʌp ənd daʊn]   auf und ab

to go down [tu gəʊ ˈdaʊn]   hinuntergehen

to write down [tu ˈraɪt daʊn]   niederschreiben

down with influenza   an Grippe erkrankt
[ˌdaʊn wɪð ˌɪnfluˈenzə]

down to the present day   bis zum heutigen Tag
[ˈdaʊn tu ðə ˈpresnt ˈdeɪ]

downstairs [ˈdaʊnˌsteəz]   nach unten, unten

draw (drew, drawn)   ziehen; zeichnen; anlocken;
[drɔː, druː, drɔːn]   *(Geld)* abheben

to draw up [tu ˈdrɔː ʌp]   entwerfen

to draw conclusions   Schlüsse ziehen
[tu ˌdrɔː kənˈkluːʒnz]

draw a deep breath   holen Sie tief Atem!
[drɔː ə ˈdiːp ˈbreθ]

the game was/ended in a draw   das Spiel ging unentschieden aus
[ðə ˈgeɪm wɒz/ˈendɪd ɪn ə ˈdrɔː]

drawer [ˈdrɔːə]   Schublade *f*

dream [dri:m] — Traum *m*; träumen

dress [dres] — Kleid *n*;
anziehen; *(Speisen)* zubereiten; *(Wunden)* verbinden

drink (drank, drunk) [drɪŋk, dræŋk, drʌŋk] — trinken;
Getränk *n*, Trank *m*

he gets drunk on two pints [hi: ˌgets 'drʌŋk ɒn 'tu: paɪnts] — er wird von zwei Halben betrunken

drive (drove, driven) [draɪv, drəʊv, drɪvn] — treiben; lenken; fahren;
(Nagel) einschlagen;
Fahrt *f*; Fahrweg *m*

he took lessons in driving [hi: ˌtʊk 'lesnz ɪn 'draɪvɪŋ] — er nahm Fahrstunden

what are you driving at? [wɒt 'ɒ: ju: 'draɪvɪŋ æt] — worauf wollen Sie hinaus?

to drive away [tʊ 'draɪv ə'weɪ] — wegjagen

to drive s.o. crazy [tʊ ˌdraɪv ˌsʌmwʌn 'kreɪzɪ] — jdn zum Wahnsinn treiben

drop [drɒp] — Tropfen *m*;
tropfen; fallen (lassen);
zusammenbrechen

drop me at the corner ['drɒp mi: æt ðə 'kɔ:nə] — laß mich an der Ecke aussteigen

let's drop the subject [lets 'drɒp ðə 'sʌbdʒekt] — lassen wir das Thema fallen

drop me a line ['drɒp mi: ə 'laɪn] — schreib mir ein paar Zeilen

he dropped in [hi: 'drɒpd 'ɪn] — er kam auf einen Sprung herein

drown [draʊn] — ertrinken

dry [draɪ] — trocken;
(ab)trocknen; dörren

duck [dʌk] — Ente *f*

due [dju:] — fällig; schuldig, gebührend

due to ['dju: tʊ] — infolge

in due time [ɪn 'dju: 'taɪm] — zur rechten Zeit

the train is already due [ðə 'treɪn ɪz 'ɔ:lredɪ 'dju:] — der Zug müßte schon da sein

he's due to arrive at ten [hi:z 'dju: tʊ ə'raɪv æt 'ten] — er soll um 10 Uhr ankommen

dull [dʌl] — stumpf; dumpf; schwerfällig; matt

during ['djʊərɪŋ] — während

dust [dʌst] — Staub *m*; abstauben

duty (to, towards)   Pflicht *f* (gegen)
['dju:tɪ tʊ/twɔ:dz]
to be off duty [tʊ bi: ɒf 'dju:tɪ]   dienstfrei sein
to be on duty [tʊ bi: ɒn 'dju:tɪ]   Dienst haben

E

each [i:tʃ]   jede(r, s)
each other ['i:tʃ ʌðə]   einander, sich
eager (after, for)   begierig (auf, nach); eifrig
['i:ˌgə 'ɒ:ftə/fɔ:]
ear [ɪə]   Ohr *n*; Gehör *n*; Ähre *f*
early ['ɜ:lɪ]   früh; baldig
at an early hour   zu früher Stunde
[æt ən 'ɜ:lɪ 'aʊə]
earn [ɜ:n]   verdienen
to earn o.'s living   seinen Lebensunterhalt ver-
[tʊ 'ɜ:n ˌwʌnz 'lɪvɪŋ]   dienen
earth [ɜ:θ]   Erde *f*; Welt *f*
nothing on earth   keine Macht der Welt
['nʌθɪŋ ɒn 'ɜ:θ]
what on earth [wɒt ɒn 'ɜ:θ]   was in aller Welt
ease [i:z]   Leichtigkeit *f*; Ruhe *f*, Behag-
    lichkeit *f*;
    lindern; erleichtern
at ease [ət 'i:z]   ungezwungen
to ease up [tʊ 'i:z ʌp]   nachlassen
east [i:st]   Osten *m*; östlich
Easter ['i:stə]   Ostern *pl*
eastern ['i:stən]   Ost-, östlich; orientalisch
easy ['i:zɪ]   leicht; bequem; ungezwungen
on easy terms [ɒn 'i:zɪ 'tɜ:mz]   zu günstigen Bedingungen
take it easy! ['teɪk ɪt 'i:zɪ]   immer mit der Ruhe!
eat (ate, eaten) [i:t, et, i:tn]   essen; fressen
echo ['ekəʊ]   Echo *n*; widerhallen
economical [i:kə'nɒmɪkəl]   sparsam; wirtschaftlich
edge [edʒ]   Kante *f*; Schneide *f*; Rand *m*
to edge (o.'s way) through   sich durchzwängen
[tʊ 'edʒ ˌwʌnz 'weɪ 'θru:]
educate ['edju:keɪt]   erziehen, ausbilden
educated ['edju:keɪtɪd]   gebildet
education [edju:'keɪʃən]   Erziehung *f*, Bildung *f*

effect [ɪ'fekt]   Wirkung *f*; Eindruck *m*;
     Ergebnis *n*;
     durch-, ausführen; bewirken

to be in effect [tʊ ˌbi: ɪn ɪ'fekt]   gültig/in Kraft sein
to come/to put into effect   in Kraft treten/setzen
[tʊ 'kʌm/tʊ 'pʊt 'ɪntu: ɪ'fekt]
to take effect [tʊ teɪk ɪ'fekt]   wirken
without effect [wɪð'aʊt ɪ'fekt]   wirkungslos
efficiency [ɪ'fɪʃənsɪ]   Tüchtigkeit *f*
effort ['efət]   Anstrengung *f*, Mühe *f*
to make an effort   sich anstrengen
[tʊ ˌmeɪk ən 'efət]

egg [eg]   Ei *n*
either ['aɪðə, *Am* 'i:ðə]   eine(r, s) von beiden; beides
take either road   nimm eine der beiden Straßen
[teɪk 'aɪðə 'rəʊd]
either ... or [aɪðə ... ɔ:]   entweder ... oder
not ... either [nɒt ... aɪðə]   auch nicht
elbow ['elbəʊ]   Ell(en)bogen *m; tech* Knie *n*,
     Winkel *m*

elect [ɪ'lekt]   (aus-/er)wählen zu
election [ɪ'lekʃn]   Wahl *f*
electric(al) [ɪ'lektrɪkl]   elektrisch
electricity [ˌɪlek'trɪsɪtɪ]   Elektrizität *f*
else [els]   sonst (noch); anders
everything else ['evrɪθɪŋ 'els]   alles andere
or else [ɔ: 'els]   andernfalls, sonst
elsewhere ['elsweə]   anderswo
embarassed [ɪm'bærəst]   verlegen
employ [ɪm'plɔɪ]   beschäftigen; verwenden
employer [ɪm'plɔɪə]   Arbeitgeber *m*
employment [ɪm'plɔɪmənt]   Anstellung *f*, Arbeit *f*
empty ['emptɪ]   leer; leeren
enclose [ɪn'kləʊz]   einschließen; beilegen
encourage [in'kʌrɪdʒ]   ermutigen; fördern
end [end]   Ende *n*; Zweck *m*, Ziel *n*;
     beenden

at the end [æt ðɪ: 'end]   am Ende
to put an end to   ein Ende machen
[tʊ 'pʊt ən 'end tu:]
odds and ends   Krimskrams *m*, Reste *m pl*
['ɒdz ənd 'endz]
enemy ['enəmɪ]   Feind(in) *m(f)*
energy ['enədʒɪ]   Energie *f*; Tatkraft *f*

engage [ɪn'geɪdʒ] — *itr* sich verpflichten; sich befassen; *tr* verpflichten, anstellen; mieten

to be engaged [tʊ biː ɪn'geɪdʒd] — verlobt sein

the line is engaged [ðə 'laɪn ɪz ɪn'geɪdʒd] — die Leitung ist besetzt

engine ['endʒɪn] — Maschine *f*, Motor *m*

engineer ['endʒɪnɪə] — Ingenieur *m*, Techniker *m*

engineering ['endʒɪ'nɪərɪŋ] — Technik *f*, Maschinenbau *m*

England ['ɪŋglənd] — England

English ['ɪŋglɪʃ] — englisch

enjoy [ɪn'dʒɔɪ] — genießen; Gefallen finden an

to enjoy o.s. [tʊ ɪn'dʒɔɪ wʌn'self] — sich gut unterhalten

enough [ɪ'nʌf] — genug

sure enough [ʃʊər‿ɪ'nʌf] — freilich, gewiß

would you be kind enough to [ˌwʊd juː biː 'kaɪnd ɪ'nʌf tuː] — wären Sie so freundlich und

enter ['entə] — be-/eintreten; einschreiben; buchen

to enter names on a list [tʊ 'entə 'neɪmz ɒn ə 'lɪst] — Namen in eine Liste eintragen

entertain [ˌentə'teɪn] — unterhalten; bewirten

entire [ɪn'taɪə] — ganz, vollständig

entirely [ɪn'taɪəlɪ] — völlig, gänzlich

entrance ['entrəns] — Eingang *m*; Eintritt *m*

envelope ['envələʊp] — Umschlag *m*

equal ['iːkwəl] — gleich; gleichkommen

to be equal to s.th. [tʊ biː 'iːkwəl] — einer Sache gewachsen sein

equality [ɪ'kwɒlɪtɪ] — Gleichheit *f*; Gleichförmigkeit *f*

error ['erə] — Fehler *m*

escape [ɪ'skeɪp] — Flucht *f*; entfliehen; entgehen

to have a narrow escape [tʊ hæv ə 'nærəʊ ɪ'skeɪp] — mit knapper Not davonkommen

especially [ɪs'peʃəlɪ] — besonders; namentlich

essential [ɪ'senʃəl] — wesentlich, notwendig; Hauptsache *f*

establish [ɪ'stæblɪʃ] — gründen; einrichten; festsetzen

to establish a record [tʊ ɪ'stæblɪʃ ə 'rekɔːd] — einen Rekord aufstellen

estimate [ˈestɪmeɪt]	(ab)schätzen; veranschlagen
even [ˈiːvən]	eben, gerade; gleichmäßig; sogar, selbst
not even [nɒt ˈiːvn]	nicht einmal
even now [iːvn ˈnau]	selbst jetzt
even so [iːvn ˈsəu]	trotzdem
to be even with s.o. [tʊ biː ˈiːvn wɪð ˈsʌmwʌn]	mit jdm quitt sein
even if/though [ˈiːvn ɪf/ðəu]	selbst wenn; wenn auch
evening [ˈiːvnɪŋ]	Abend *m*
event [ɪˈvent]	Ereignis *n*; Veranstaltung *f*
in any event [ɪn enɪ iːˈvent]	auf jeden Fall
in the event [ɪn ðiː iːˈvent]	im Falle
at all events [ət ɔːl iːˈvents]	auf alle Fälle
ever [ˈevə]	jemals, je
for ever [fər ˈevə]	für immer
hardly ever [ˈhɑːdlɪ ˈevə]	fast nie
ever since [ˌevə ˈsɪns]	seit
ever so much [ˌevə səu ˈmʌtʃ]	recht viel
every [ˈevrɪ]	jede(r, s)
every now and then [ˈevrɪ ˈnau ənd ðen]	ab und zu
every once in a while [ˈevrɪ ˈwʌns ɪn ə ˈwaɪl]	hin und wieder
every time [ˈevrɪ ˌtaɪm]	jedesmal
everybody [ˈevrɪˌbʌdɪ]	jede(r, s)
everyone (has finished) [ˈevrɪˌwʌn hæz ˈfɪnɪʃd]	alle (sind fertig)
everything [ˈevrɪθɪŋ]	alles
everywhere [ˈevrɪweə]	überall
evil [iːvl]	Übel *n*; schlimm, böse
exact [ɪgˈzækt]	genau, pünktlich
exactly [ɪgˈzæktlɪ]	genau
examination [ɪgzæmɪˈneɪʃn]	Prüfung *f*; Untersuchung *f*
examine [ɪgˈzæmɪn]	prüfen; untersuchen; verhören
example [ɪgˈzɑːmpl]	Beispiel *n*
for example [fər ɪgˈzɑːmpl]	zum Beispiel
to set a good example [tʊ set ə ˌgud ɪgˈzɑːmpl]	mit gutem Beispiel vorangehen
exceed (in value) [ɪkˈsiːd ɪn ˈvæljuː]	übersteigen *(Wert etc.)*
excellent [ˈeksələnt]	ausgezeichnet, vorzüglich
except (for) [ɪkˈsept fə]	außer; abgesehen von

exception [ɪk'sepʃən]	Ausnahme f
exchange [ɪks'tʃeɪndʒ]	Austausch m; Fernsprechamt n; tauschen, wechseln, umtauschen
to exchange for [tʊ ɪks'tʃeɪndʒ fə]	austauschen (gegen)
excite [ɪk'saɪt]	erregen; anregen; hervorrufen
to get excited [tʊ ˌget ɪk'saɪtɪd]	sich aufregen
exciting [ɪk'saɪtɪŋ]	aufregend, spannend
excitement [ɪk'saɪtmənt]	Spannung f, Begeisterung f
excuse [ɪks'kju:z]	entschuldigen
excuse me for interrupting [ɪks'kju:z mɪ fə ˌɪntə'rʌptɪŋ]	entschuldigen Sie, wenn ich unterbreche
excuse [ɪks'kju:s]	Entschuldigung f
exercise ['eksəsaɪz]	Aufgabe f; Bewegung f; Ausübung f; (aus)üben
exercise book ['eksəsaɪz ˌbʊk]	Heft n
exist [ɪg'zɪst]	vorhanden sein, bestehen, existieren
such a thing doesn't exist [ˌsʌtʃ ə 'θɪŋ 'dʌznt ɪg'zɪst]	so etwas gibt es nicht
existence [ɪg'zɪstəns]	Dasein n; Vorhandensein n; Leben n
to come into existence [tʊ 'kʌm 'ɪntʊ ɪg'zɪstəns]	entstehen
exit ['eksɪt]	Ausgang m
expect (of, from) [ɪk'spekt əv/frɒm]	erwarten (von)
expense [ɪk'spens]	Ausgabe f; Kosten pl
at great expense [ət greɪt ɪk'spens]	mit großen Kosten
at the expense of [ət ðɪ ɪk'spens əv]	auf Kosten von
to go to expense [tʊ 'gəʊ tʊ ɪk'spens]	sich in Unkosten stürzen
travelling expenses ['trævlɪŋ ɪk'spensɪz]	Reisekosten, -spesen pl
expensive [ɪk'spensɪv]	kostspielig, teuer
experience [ɪk'spɪərɪəns]	Erfahrung f, Erlebnis n; erleben, durchmachen
experienced [ɪk'spɪərɪənst]	erfahren, geschult
experiment [ɪk'sperɪmənt]	Versuch m, Experiment n

expert ['eksp3:t]	Fachmann *m*, Experte *m*
explain [ɪk'spleɪn]	erklären, erläutern, auseinandersetzen
explanation [ˌeksplə'neɪʃn]	Erklärung *f*
explode [ɪk'spləʊd]	explodieren
explore [ɪk'splɔ:]	erforschen; untersuchen
explosion [ɪk'spləʊʒn]	Explosion *f*
explosive [ɪk'spləʊsɪv]	explosive, leicht aufbrausend
express [ɪk'spres]	ausdrücken, äußern; ausdrücklich; durch Eilboten; Schnell-, Eilzug *m*
expression [ɪk'spreʃn]	Ausdruck *m*, Redensart *f*
extend [ɪk'stend]	ausdehnen, verlängern, erweitern
to extend to [tʊ ɪk'stend tʊ]	sich erstrecken bis
to extend an invitation to s.o. [tʊ ɪk'stend ən ɪnvɪteɪʃn]	jdn einladen
extension [ɪk'stenʃn]	Erweiterung *f*, Ausdehnung *f*; (Frist-)Verlängerung *f*
extent [ɪk'stent]	Ausmaß *n*, Umfang *m*, Größe *f*
to a certain extent [tʊ ə 'sɜ:tn ɪk'stent]	bis zu einem gewissen Grad
to some extent [tʊ 'sʌm ɪk'stent]	gewissermaßen
extra ['ekstrə]	besonders, extra
extraordinary [ɪk'strɔ:dnrɪ]	außergewöhnlich
extreme [ɪk'strɪ:m]	äußerst; höchst
to carry to an extreme [tʊ 'kærɪ tʊ ən ɪk'strɪ:m]	zum Äußersten treiben
eye [aɪ]	Auge *n*; (Nadel-)Öhr *n*; Knospe *f*; betrachten
to keep an eye on s.o. [tʊ ki:p ən 'aɪ ɒn 'sʌmwʌn]	auf jdn aufpassen
with the naked eye [wɪðə 'neɪkɪd 'aɪ]	mit bloßem Auge

F

face [feɪs]　Gesicht n; Oberfläche f; Zifferblatt n; gegenüberliegen; Trotz bieten

at face value [æt 'feɪs 'vælju:]　für bare Münze

in the face of [ɪn ðə 'feɪs əv]　angesichts

let's face the facts [lets 'feɪs ðə 'fækts]　wir wollen den Tatsachen ins Auge sehen

fact [fækt]　Tatsache f

as a matter of fact [æz ə 'mætər‿əv 'fækt]　tatsächlich

in fact [ɪn 'fækt]　in der Tat

stick to the facts ['stɪk tʊ ðə 'fækts]　seien Sie sachlich

hard facts [ha:d 'fækts]　nackte Tatsachen

factory ['fæktərɪ]　Fabrik f

fade [feɪd]　verblassen; verwelken; verklingen

fail [feɪl]　mißlingen; fehlschlagen; versagen

without fail [wɪð'aʊt 'feɪl]　ganz bestimmt, unbedingt

don't fail to go there ['dəʊnt 'feɪl tʊ 'gəʊ ðeə]　versäumen Sie nicht hinzugehen

he failed to turn up [hi: 'feɪld tə 'tɜ:n 'ʌp]　er erschien nicht

failure ['feɪljə]　Versagen n; Mißerfolg m; Versager m

faint [feɪnt]　schwach; ohnmächtig werden; Ohnmacht f

I haven't the faintest idea [aɪ 'hævnt ðə 'feɪntɪst aɪ'dɪə]　ich habe keine blasse Ahnung

fair [feə]　angemessen; mittelmäßig; blond, hell; Messe f, Jahrmarkt m

that's only fair [ðæts ˌəʊnlɪ 'feə]　das ist nur recht und billig

fair play ['feə 'pleɪ]　ehrliche(s) Spiel n

fairly ['feəlɪ]　ziemlich

faith (in) [feɪθ ɪn]　Glaube (an), Vertrauen (auf)

to act in good faith [tʊ 'ækt ɪn ˌgʊd 'feɪθ]　in gutem Glauben handeln

faithful ['feɪθfʊl]　　treu; gewissenhaft
　yours faithfully [jɔːz 'feɪθfʊlɪ]　　mit freundlichen Grüßen
faithless ['feɪθlɪs]　　treulos; unzuverlässig
fall (fell, fallen) [fɔːl, fel, 'fɔːlən]　　Fall *m*, Sturz *m*; fallen
　to fall in love [tʊ 'fɔːl ɪn 'lʌv]　　sich verlieben
　to fall to pieces　　auseinanderfallen
　[tʊ 'fɔːl tʊ 'piːsɪz]
false [fɔːls]　　falsch, unrichtig; unaufrichtig
fame [feɪm]　　Ruhm *m*
familiar (with) [fə'mɪljə wɪð]　　vertraut (mit)
family ['fæmɪlɪ]　　Familie *f*
famous (for) ['feɪməs fə]　　berühmt (wegen)
fancy ['fænsɪ]　　Einbildungskraft *f*; Laune *f*;
　　　sich einbilden; meinen,
　　　glauben
far [fɑː]　　weit, fern
　far away ['fɑːr‿ə‿weɪ]　　weit weg
　as far as [əz 'fɑːr‿əz]　　bis zu; so weit wie
　by far [baɪ 'fɑː]　　bei weitem
　that's going too far　　das geht zu weit
　[ðæts ‚gəʊɪŋ tuː 'fɑː]
farther ['fɑːðə]　　weiter entfernt
farthest ['fɑːðɪst]　　*superl von* far
farm [fɑːm]　　Bauernhof *m*;
　　　bebauen
farmer ['fɑːmə]　　Landwirt *m*, Bauer *m*
fashion [fæʃn]　　Mode *f*; Art und Weise *f*;
　　　gestalten
　out of fashion ['aʊt əv 'fæʃn]　　unmodern
　to come into fashion　　Mode werden
　[tʊ 'kʌm 'ɪntuː 'fæʃn]
fast [fɑːst]　　fest; schnell; tüchtig
　to be fast asleep　　fest eingeschlafen sein
　[tʊ biː fɑːst ə'sliːp]
　to make fast [tʊ 'meɪk 'fɑːst]　　festmachen
　these colours are fast　　die Farben sind waschecht
　[ðiːz 'kʌləz ɑː 'fɑːst]
fasten (to) [fɑːsn tʊ]　　festmachen, befestigen (an)
fat [fæt]　　fett; dick; Fett *n*
fate [feɪt]　　Schicksal *n*, Geschick *n*
father ['fɑːðə]　　Vater *m*
fault [fɔːlt]　　Fehler *m*; Schuld *f*; Versehen *n*
　to find fault with s.o.　　an jdm etw auszusetzen haben
　[tʊ 'faɪnd 'fɔːlt wɪð 'sʌmwʌn]

favour ['feɪvə] — Gefälligkeit *f*;
    bevorzugen, begünstigen

do me a favour — tun Sie mir einen Gefallen
['du: mi: ə 'feɪvə]
I'm in favour of going — ich bin dafür, daß wir gehen
[ˌaɪm ɪn 'feɪvər‿əv 'gəʊɪŋ]
that speaks in his favour — das spricht für ihn
[ðæt 'spi:ks ɪn hɪz 'feɪvə]

favourable (to) — günstig (für)
['feɪvərəbl tʊ]

favourite ['feɪvərɪt] — Lieblings-; Liebling *m*

fear [fɪə] — Furcht *f*, Schreck *m* (vor);
    Befürchtung *f*;
    (be)fürchten; Angst haben

for fear of [fə 'fɪər‿əv] — aus Angst vor

fearful ['fɪəful] — ängstlich, furchtsam

feather ['feðə] — (Vogel-)Feder *f*

February ['februərɪ] — Februar *m*

feed (fed, fed) [fi:d, fed, fed] — füttern; verpflegen, verkösti-gen

to feed on [tʊ 'fi:d ɒn] — sich ernähren von
I'm fed up with it — ich habe es satt
[aɪm 'fed ʌp wɪð ɪt]

feel (felt, felt) [fi:l, felt, felt] — fühlen; spüren; empfinden
to feel o.'s way — sich tasten
[tʊ fi:l 'wʌnz 'weɪ]

to feel well [tʊ fi:l 'wel] — sich wohl fühlen
how do you feel about this? — was halten Sie davon?
[haʊ dʊ jʊ 'fi:l ə'baʊt ðɪs]

feeling ['fi:lɪŋ] — Gefühl *n*

fellow ['feləʊ] — Kerl *m*; Gefährte *m*,
    Kamerad *m*

female ['fi:meɪl] — weiblich

fence [fens] — Zaun *m*; Hindernis *n*;
    itr fechten; *tr* einzäunen

fetch [fetʃ] — holen; *(Geld)* einbringen

fever ['fi:və] — Fieber *n*

few [fju:] — wenig
a few [ə 'fju:] — ein paar
a few times [ə 'fju: 'taɪmz] — ein paarmal
quite a few ['kwaɪt ə 'fju:] — ziemlich viele
every few hours — alle paar Stunden
['evrɪ 'fju: 'aʊəz]

field [fi:ld] — Feld *n*; *fig* Gebiet *n*

fight (fought, fought)
[faɪt, fɔːt, fɔːt]
it was a fight to the finish
[ɪt wɒz ə 'faɪt tʊ ðə 'fɪnɪʃ]
we have to fight it out
[wi: hæv tʊ 'faɪt ɪt 'aʊt]
figure ['fɪgə]

to figure out [tʊ 'fɪgər‿aʊt]
fill [fɪl]

to fill up [tʊ 'fɪl 'ʌp]
fill in this form
['fɪl 'ɪn ðɪs 'fɔːm]
film [fɪlm]
final [faɪnl]

finally ['faɪnəlɪ]
find (found, found)
[faɪnd, faʊnd, faʊnd]
to find out [tʊ 'faɪnd aʊt]
to find a ready market
[tʊ 'faɪnd ə 'redɪ 'mɑːkɪt]
fine [faɪn]

finger ['fɪŋgə]
he won't stir a finger
[hi: ˌwəʊnt 'stɜːr ə 'fɪŋgə]
finish ['fɪnɪʃ]

he finished up the bread
[hi: 'fɪnɪʃd ˌʌp ðə 'bred]
fire ['faɪə]

to be on fire [tʊ bi: ɒn 'faɪə]
to catch fire [tʊ kætʃ 'faɪə]
to light a fire [tʊ 'laɪt ə 'faɪə]
to set on fire [tʊ 'set ɒn 'faɪə]
firm [fɜːm]

first [fɜːst]

kämpfen; sich streiten;
Kampf *m*; Streit *m*
es war ein Kampf bis aufs
    Messer
wir müssen es ausfechten

Zahl *f*; Gestalt *f*, Figur *f*;
    sich vorstellen, eine Rolle
    spielen; *Am* glauben,
    denken
ausrechnen
füllen, vollstopfen;
    (Zahn) plombieren
vollfüllen
füllen Sie das Formular aus

Film *m*; Schicht *f*, Belag *m*
endgültig;
    Abschlußprüfung *f*; Schluß-
    runde *f*
schließlich
finden

ausfindig machen
guten Absatz finden

schön, fein; dünn;
    Geldstrafe *f*
Finger *m*
er rührt keinen Finger

Ende *n*; Lack *m*;
    beendigen, erledigen
er aß das Brot auf

Feuer *n*;
    schießen; *fam* hinauswerfen
brennen
Feuer fangen
ein Feuer anzünden
in Brand setzen
Firma *f*;
    fest, hart; standhaft
erste(r, s); zuerst

at first [ət 'fɜːst]	zuerst
at first sight [ət 'fɜːst 'saɪt]	auf den ersten Blick
first of all [fɜːst əv ɔːl]	vor allem, zunächst
in the first place [ɪn ðə 'fɜːst 'pleɪs]	erstens
fish [fɪʃ]	Fisch *m*; fischen, angeln
that's a pretty kettle of fish ['ðæts ə 'prɪtɪ 'ketl əv 'fɪʃ]	das ist eine schöne Bescherung
she's fishing for compliments [ʃiːz 'fɪʃɪŋ fə 'kɒmplɪmənts]	sie möchte gern ein Kompliment hören
to go fishing [tʊ gəʊ 'fɪʃɪŋ]	angeln gehen
fist [fɪst]	Faust *f*
fit [fɪt]	Anfall *m*; passen; anprobieren; passend, geeignet
to be fit [tʊ biː 'fɪt]	geeignet sein
to feel fit [tʊ fiːl 'fɪt]	auf der Höhe sein
he fits in very well [hiː 'fɪts 'ɪn 'verɪ 'wel]	er fügt sich gut ein
fix [fɪks]	befestigen; festlegen; fixieren
to fix (up) [tʊ 'fɪks ʌp] *Am*	in Ordnung bringen
how are you fixed for time [haʊ 'ɑː juː 'fɪkst fə 'taɪm]	wie sieht's mit deiner Zeit aus?
flag [flæg]	Fahne *f*, Flagge *f*
flake [fleɪk]	Flocke *f*
flame [fleɪm]	Flamme *f*
flash [flæʃ]	funkeln, leuchten; Aufflammen *n*
flash of lightning [ˌflæʃ əv 'laɪtnɪŋ]	Blitz
flat [flæt]	(Miet-)Wohnung *f*; Reifenpanne *f*; flach; geschmacklos
he flatly denied [hiː 'flætlɪ dɪ'naɪd]	er leugnete rundweg
flavour ['fleɪvə]	Geschmack *m*; Aroma *n*
flesh [fleʃ]	*(lebendes)* Fleisch *n*
flight [flaɪt]	Flucht *f*; Flug *m*
a flight of stairs [ə 'flaɪt əv 'steəz]	eine Treppe
to put to flight [tʊ ˌpʊt tʊ 'flaɪt]	in die Flucht schlagen
float [fləʊt]	Floß *n*; schwimmen; flößen
flock [flɒk]	Herde *f*; Schar *f*
flood [flʌd]	Flut *f*; Überschwemmung *f*; überschwemmen

floor [flɔ:]	(Fuß-)Boden *m*; Etage *f*, Stock *m*
may I have the floor?	ich bitte ums Wort!
['meɪ aɪ 'hæv ðə' flɔ:]	
flour ['flaʊə]	Mehl *n*
flow [fləʊ]	fließen, strömen; Flut *f*
flower ['flaʊə]	Blume *f*; Blüte *f*
say it with flowers!	laßt Blumen sprechen!
['seɪ ˌɪt wɪð 'flaʊəz]	
flu, 'flu [flu:]	Grippe *f*
fly (flew, flown) [flaɪ, flu:, fləʊn]	fliegen; Fliege *f*
to fly into a passion	in Wut geraten
[tu: flaɪ ɪn'tu: ə 'pæʃn]	
fog [fɒg]	(dicker) Nebel *m*
foggy ['fɒgɪ]	neblig; unklar
fold [fəʊld]	falten; einwickeln; Falte *f*
to fold a blanket	eine Decke zusammenlegen
[tu 'fəʊld ə 'blæŋkɪt]	
folding bed ['fəʊldɪŋ bed]	Klappbett *n*
follow ['fɒləʊ]	folgen; verfolgen; beachten
as follows [æz 'fɒləʊz]	folgendermaßen
from this it follows that	daraus folgt, daß
[frɒm 'ðɪs ɪt 'fɒləʊz ˌðæt]	
fond [fɒnd]	zärtlich; verliebt
to be fond of [tʊ bi: 'fɒnd əv]	gern/liebhaben
to become fond of	liebgewinnen
[tʊ bɪ'kʌm 'fɒnd əv]	
food [fu:d]	Lebensmittel *pl*; Nahrung *f*
fool [fu:l]	Dummkopf *m*, Narr *m*; zum Narren halten
to make a fool of o.s.	sich lächerlich machen
[tʊ ˌmeɪk ə 'fu:l əv wʌn'self]	
you can't fool me	du kannst mir nichts vor- machen
[jʊ 'kɑ:nt 'fu:l mi:]	
foolish ['fu:lɪʃ]	töricht, albern
foot (*pl* feet) [fʊt, fi:t]	Fuß *m*
on foot [ɒn 'fʊt]	zu Fuß
to put o.'s foot down	energisch auftreten
[tʊ ˌpʊt wʌnz 'fʊt daʊn]	
to stand on o.'s own feet	auf eigenen Füßen stehen
[tʊ ˌstænd ən wʌnz 'əʊn 'fi:t]	
football ['fʊtbɔ:l]	Fußball *m*
for [fɔ:]	für; nach; als; zu
as for … ['æz fə]	was … betrifft

for a long time
[fər_ə 'lɒŋ taɪm]
seit langem

for years [fə 'jɪəz]
jahrelang

for heaven's/goodness sake
um Himmels willen
[fə 'hevnz/'gʊdnɪs 'seɪk]

just for fun [jʌst fə 'fʌn]
nur zum Spaß

forbid (forbade, forbidden)
verbieten
[fə'bɪd, fə'beɪd, fə' bɪdn]

smoking is forbidden
Rauchen verboten!
['sməʊkɪŋ ɪz fə'bɪdn]

force [fɔ:s]
Gewalt *f*, Stärke *f*; Macht *f*;
zwingen

to be in/to come into force
in Kraft sein/treten
[tʊ bi: ɪn/tu: ˌkʌm 'ɪntʊ 'fɔ:s]

to use force [tʊ ju:s 'fɔ:s]
Gewalt anwenden

forehead ['fɒrɪd]
Stirn *f*

foreign ['fɒrɪn]
ausländisch; fremd

foreigner ['fɒrɪnə]
Ausländer *m*, Ausländerin *f*

forest ['fɒrɪst]
Wald *m*, Forst *m*

forget (forgot, forgotten)
vergessen
[fə'get, fə'gɒt, fə'gɒtn]

I forgot about it
ich habe es vergessen
[aɪ fə'gɒt ə'baʊt ɪt]

forgive (forgave, forgiven)
verzeihen, vergeben
[fə'gɪv, fə'geɪv, fə'gɪvn]

fork [fɔ:k]
Gabel *f*; sich gabeln

form [fɔ:m]
Form *f*; Formular *n*; Schul-
klasse *f*/-bank *f*;
bilden, gestalten

it's merely a matter of form
es ist nur Formsache
[ɪts 'mɪəlɪ ə 'mætər_əv 'fɔ:m]

to form an opinion
sich eine Meinung bilden
[tʊ 'fɔ:m ən ə'pɪnjən]

former ['fɔ:mə]
früher, ehemalig

formerly ['fɔ:məlɪ]
früher, seinerzeit

forth [fɔ:θ]
hervor, heraus

fortunate ['fɔ:tʃnət]
glücklich

to be fortunate [tʊ bi: 'fɔ:tʃnət]
Glück haben

fortune ['fɔ:tʃən]
Glück *n*; Vermögen *n*; Schicksal *n*

to tell s.o.'s fortune
jdm wahrsagen
[tʊ ˌtel ˌsʌmwʌnz 'fɔ:tʃən]

forward ['fɔ:wəd]
vorwärts, voran;
nachsenden; fördern

to come forward [tu ˌkʌm ˈfɔːwəd]	vortreten
I'm looking forward to seeing you again [aɪm ˈlʊkɪŋ ˈfɔːwəd tu ˈsiːɪŋ ju əˈgen]	ich freue mich, Sie wiederzusehen
fox [fɒks]	Fuchs *m*
frame [freɪm]	Rahmen *m*; Gestell *n*; einrahmen; gestalten; zusammensetzen
free (from) [ˈfriː frəm]	frei; offenherzig; umsonst; befreien (von)
free and easy [ˈfriːˌənd ˈiːzɪ]	zwanglos
entrance free [ˈentrəns ˈfriː]	Eintritt frei!
you are free to go [juːˌɑː ˈfriː tə ˌgəʊ]	es steht Ihnen frei zu gehen
freedom [ˈfriːdəm]	Freiheit *f*; Ungezwungenheit *f*
freeze (froze, frozen) [friːz, frəʊz, frəʊzn]	(ge)frieren
to freeze to death [tu ˈfriːz tu ˈdeθ]	erfrieren
frozen meat [ˈfrəʊzn ˈmiːt]	Gefrierfleisch *n*
frequent [ˈfriːkwənt]	häufig
frequent [frɪˈkwent]	häufig besuchen
fresh [freʃ]	frisch
Friday [ˈfraɪdɪ]	Freitag *m*
friend [frend]	Freund(in) *m(f)*
to be/to make friends [tu biː/tuː ˌmeɪk ˈfrendz]	befreundet sein/sich anfreunden
boy/girl friend [ˈbɔɪ/ˈgɜːl frend]	Freund *m*/Freundin *f*
friendly [ˈfrendlɪ]	freundlich
friendship [ˈfrendʃɪp]	Freundschaft *f*
fright [fraɪt]	Schrecken *m*
frighten [fraɪtn]	erschrecken *tr*, einschüchtern
to be/get frightened [tu biː/get ˈfraɪtnd]	erschrecken *itr*
frog [frɒg]	Frosch *m*
from [frɒm]	von; aus; vor
from now on [frəm ˈnaʊ ˌɒn]	von jetzt an
where do you come from? [ˈweə dju ˈkʌm frəm]	woher kommen Sie?
from no fault of my own [frəm ˈnəʊ ˈfɔːlt əv maɪ ˈəʊn]	nicht durch meine Schuld
I'm tired from work [aɪm ˈtaɪəd frəm ˈwɜːk]	ich bin von der Arbeit müde

front [frʌnt] — Vorderseite f; Front f
in front of [ɪn 'frʌnt əv] — vor
in the front [ɪn ðə 'frʌnt] — vorne
front door ['frʌnt dɔ:] — Hausfür f
frown [fraʊn] — die Stirne runzeln
to frown on s.th. — etw mißbilligen
[tʊ 'fraʊn ɒn ˌsʌmðɪŋ]
fruit [fru:t] — Obst n, Früchte pl
full [fʊl] — voll; vollständig
to work full time — ganztägig arbeiten
[tʊ 'wɜ:k ˌfʊl 'taɪm]
write the word out in full — schreibe das Wort aus
['raɪt ðə 'wɜ:d 'aʊt ɪn 'fʊl]
fully ['fʊlɪ] — völlig, voll und ganz
fun [fʌn] — Spaß m, Scherz m
for the fun of it [fə ðə 'fʌn əv ɪt] — zum Spaß
to make fun of — sich lustig machen über
[tʊ ˌmeɪk 'fʌn əv]
I only said it in fun — ich habe es nur zum Spaß
[aɪ 'əʊnlɪ ˌsed ɪt ɪn 'fʌn] — gesagt
funny ['fʌnɪ] — spaßig, komisch, drollig
fur [fɜ:] — Pelz m; Fell n
furnish ['fɜ:nɪʃ] — ausstatten; möblieren; liefern
furniture ['fɜ:nɪtʃə] — Möbel pl, Hausrat m
further ['fɜ:ðə] — ferner, weiter; fördern
until furhter notice — bis auf weiteres
[ʌn'tɪl 'fɜ:ðə 'nəʊtɪs]
future ['fju:tʃə] — Zukunft f
for the/in future — künftig, in Zukunft
[fə ðə 'fju:tʃə/ɪn 'fju:tʃə]

G

gain [geɪn] — gewinnen, erlangen, erwerben; Gewinn m

he is gaining on us — er holt auf
[hi:ɪs 'geɪnɪŋ ɒn ʌs]
gallon ['gælən] — Gallone f (ca. 4 Liter)
game [geɪm] — Spiel n; Wild n
a game of chess — eine Partie Schach
[ə 'geɪm əv 'tʃes]

the game is up [ðə ˈgeɪm ɪz ˈʌp]   das Spiel ist aus

garage [ˈgærɑːʒ, ˈgærɪdʒ]   Garage *f*

garden [ˈgɑːdn]   Garten *m*

gardener [ˈgɑːdnə]   Gärtner *m*

gas [gæs]   Gas *n*; *Am* Benzin *n*

gate [geɪt]   Tor *n*; (Bahn-)Schranke *f*; Sperre *f*

gather [ˈgæðə]   sammeln; sich ansammeln; pflücken

to gather from [tʊ ˈgæðə frɒm]   entnehmen, schließen aus

gay [geɪ]   lustig, vergnügt; homosexuell

general [ˈdʒenərəl]   allgemein

in general [ɪn ˈdʒenərəl]   im allgemeinen

generally (speaking) [ˈdʒenərəlɪ ˈspiːkɪŋ]   gewöhnlich

generous [ˈdʒenərəs]   freigebig, großzügig

gentle [dʒentl]   sanft; *(Pferd)* zahm; leise; mild

gentleman [ˈdʒentlmən]   Herr *m*

ladies and gentlemen! [ˈleɪdɪz‿ənd ˈdʒentlmən]   meine Damen und Herrn!

German [ˈdʒɜːmən]   deutsch; Deutsche(r) *f(m)*

get (got, got) [get, gɒt, gɒt]   bekommen; erreichen; geraten

to get along with [tʊ ˌget əˈlɒŋ wɪð]   sich vertragen mit

to get away [tʊ ˌget əˈweɪ]   wegkommen

to get off [tʊ ˌget ˈɒf]   aussteigen; davonkommen

to get on [tʊ ˌget ˈɒn]   einsteigen; vorwärtskommen

to get out [tʊ ˌget ˈaʊt]   aussteigen; herausbekommen

to get ready [tʊ ˌget ˈredɪ]   sich fertigmachen

to get rid of [tʊ ˌget ˈrɪd əv]   loswerden

to get together [tʊ ˌget tʊˈgeðə]   sich treffen

to get up [tʊ ˌget ˈʌp]   aufstehen

how do I get there? [haʊ dʊ ˈaɪ ˈget ðeə]   wie komme ich dahin?

I get it! [aɪ ˈget ɪt]   ich verstehe schon!

I can't get at it [aɪ ˈkɑːnt ˈget ət ɪt]   ich kann es nicht erreichen

gift [gɪft]   Geschenk *n*, Gabe *f*

girl [gɜːl]   Mädchen *n*

give (gave, given) [gɪv, geɪv, gɪvn]   geben; schenken; verursachen

to give away [tʊ ˌgɪv əˈweɪ]   verschenken; preisgeben

to give back/in/out
[tʊ gɪv 'bæk/'ɪn/'aʊt]
zurückgeben/nachgeben/aus-
teilen

to give up/way [tʊ 'gɪv 'ʌp/weɪ]
aufgeben/nachgeben

he gives me a lot of trouble
[hi: 'gɪvz mi: ə 'lɒt əv 'trʌbl]
er macht mir viel Ärger/Mühe

glad (of, at, about)
[glæd əv/ət/ə'baʊt]
froh (über)

glass [glɑ:s]
Glas *n*; Spiegel *m*; *pl* Brille *f*

glorious ['glɔ:rɪəs]
glorreich; prächtig

glory ['glɔ:rɪ]
Ruhm *m*; Pracht *f*, Herrlich-
keit *f*

glove [glʌv]
Handschuhe *m*

go (went, gone)
[gəʊ, went, gɒn]
gehen; fahren; werden

to go ahead/back/off/on
[tʊ ˌgəʊ ə'hed/bæk/ɒf/ɒn]
vor-/zurück-/los-/weitergehen

to go out/over/up
[tʊ gəʊ 'aʊt/əʊvə/ʌp]
hinaus-/hinüber-/hinaufgehen

to be going to do
[tʊ bi: gəʊɪŋ tə du:]
im Begriff sein zu tun

that goes without saying
[ðæt 'gəʊz wɪð'aʊt 'seɪɪŋ]
das versteht sich von selbst

God [gɒd]
Gott *m*

gold [gəʊld]
Gold *n*

golden ['gəʊldən]
golden; einmalig

good [gʊd]
gut

a good deal [ə ˌgʊd 'di:l]
ziemlich viel

for good [fə 'gʊd]
endgültig

to make good the damage
[tʊ ˌmeɪk 'gʊd ðə 'dæmɪdʒ]
den Schaden ersetzen

it isn't much good
[ɪt ɪznt ˌmʌtʃ 'gʊd]
es taugt nicht viel

he arrived in good time
[hi: ə'raɪvd ɪn gʊd 'taɪm]
er kam rechtzeitig an

have a good time!
[hæv ə 'gʊd 'taɪm]
viel Vergnügen!

good-by(e)! ['gʊd'baɪ]
lebe wohl!

good-looking ['gʊdlʊkɪŋ]
gutaussehend

goods [gʊdz]
Güter *pl n*, Waren *pl f*

goose (*pl* geese) [gʊs, gi:s]
Gans *f*

govern [gʌvn]
regieren

government ['gʌvnmənt]
Regierung *f*

governor ['gʌvənə]
Gouverneur *m*; *pl* Vorstand *m*

gradually ['grædjʊəlɪ]
allmählich

grain [greɪn]
Getreide *n*; (Samen-)Korn *n*

grain of sand [greɪn əv 'sænd]
Sandkorn *n*

grammar ['græmə]
Grammatik *f*

gram(me) [græm]
Gramm *n*

grand [grænd]
groß(artig); stattlich

grandchild ['græn͵ʃaɪld]
Enkelkind *n*

grandfather ['grænd͵fɑːðə]
Großvater *m*

grandmother ['grænd͵mʌðə]
Großmutter *f*

grass [grɑːs]
Gras *n*

keep off the grass!
betreten des Rasens verboten!
['kiːp ɒf ðə 'grɑːs]

grateful ['greɪtfʊl]
dankbar

grave [greɪv]
Grab *n*

great [greɪt]
groß; bedeutend

it's a great pity [ɪts ə ͵greɪt 'pɪtɪ]
es ist sehr schade

a great many/deal
sehr viele
[ə ͵greɪt 'mænɪ/diːl]

green [griːn]
grün

greet [griːt]
grüßen, begrüßen

greeting ['griːtɪŋ]
Gruß *m*; Begrüßung *f*

grey [greɪ]
grau

grocer ['grəʊsə]
Kolonialwarenhändler *m*

ground [graʊnd]
Boden *m*

to gain ground
an Boden gewinnen
[tʊ ͵geɪn 'graʊnd]

group [gruːp]
Gruppe *f*

grow (grew, grown)
wachsen; züchten; werden
[grəʊ, gruː, grəʊn]

to grow up [tʊ ͵grəʊ 'ʌp]
heran-, aufwachsen

it grew cold [ɪt gruː 'kəʊld]
es wurde kalt

grown-up ['grəʊnʌp]
erwachsen

growth [grəʊθ]
Wachstum *n*; Wuchs *m*

guard (against, from)
bewachen (vor);
[gɑːd ə'genst/frɒm]
    Wache *f*; Wächter *m*;
    (Bahn-)Schaffner *m*

to be on o.'s guard
auf der Hut sein
[tʊ biː ɒn ͵wʌnz 'gɑːd]

guess [ges]
(er)raten; vermuten;
    Am meinen;
    Vermutung *f*, Mutmaßung *f*

guest [gest]
Gast *m*

guide [gaɪd]
Führer *m*;
    führen, leiten, lenken

guilty ['gɪltɪ]
schuldig

H

habit ['hæbɪt] | Gewohnheit *f*
to be in the habit of | die Gewohnheit haben zu
[tʊ ˌbi: ɪn ðə 'hæbɪt əv] |
to form a habit of | sich angewöhnen
[tʊ ˌfɔːm ə 'hæbɪt əv] |
hair [heə] | Haar *n*
by a hair [baɪ ə' heə] | um ein Haar
that's splitting hairs | das ist Haarspalterei
[ðæts 'splɪtɪŋ 'heəz] |
haircut and shave | Haarschneiden und Rasieren
['heəkʌt ənd 'ʃeɪv] |
hairdresser ['heədresə] | Friseur *m*, Friseuse *f*
half (*pl* halves) [hɑ:f, hɑ:vz] | Hälfte *f*
at half price [æt 'hɑ:f 'praɪs] | zum halben Preis
that isn't half bad | das ist gar nicht übel
[ðæt ˌɪznt 'hɑ:f ˌbæd] *fam* |
to cut into halves | halbieren
[tʊ 'kʌt ˌɪntʊ 'hɑ:vz] |
hall [hɔ:l] | Halle *f*; Diele *f*; Flur *m*
town-(Am city-)hall | Rathaus *n*
['taʊn hɔ:l, 'sɪtɪhɔ:l] |
hallo (hello) [hæ'ləʊ/hə'ləʊ] | hallo, guten Tag
ham [hæm] | Schinken *m*
hammer ['hæmə] | Hammer *m*; hämmern
hand [hænd] | Hand *f*; Zeiger *m*; Hand-
 | schrift *f*;
 | (herüber)reichen, einhändi-
 | gen
at hand [ət 'hænd] | bei der Hand, zur Hand
at first hand [ət 'fɜ:st ˌhænd] | aus erster Hand
by hand [baɪ 'hænd] | mit der Hand
to hand down [tʊ ˌhænd 'daʊn] | herunterreichen; weitergeben
to hand out [tʊ ˌhænd 'aʊt] | austeilen
to hand over | herüberreichen; aushändigen
[tʊ ˌhænd 'əʊvə] |
to be on hand [tʊ bi: ɒn 'hænd] | da sein; vorrätig sein
to give a hand to s.o. | jdm behilflich sein
[tʊ ˌgɪv‿ə 'hænd tʊ 'sʌmwʌn] |
I wash my hands of it | ich wasche meine Hände in
[aɪ 'wɒʃ maɪ 'hændz əv‿ɪt] | Unschuld
handkerchief ['hæŋkətʃɪf] | Taschentuch *n*

handle [hændl]
anfassen; handhaben; behandeln; Griff *m*, Henkel *m*

Glass! Handle with care!
[glɑːs ˈhændl wɪð ˈkeə]
Vorsicht! Glas!

handsome [ˈhænsəm]
hübsch

hang (hung, hung)
[hæŋ, hʌŋ, hʌŋ]
(auf)hängen

to hang about [tʊ hæŋ əˈbaʊt]
sich herumtreiben, herumlungern

to hang on to [tʊ ˌhæŋ ˈɒn tʊ]
festhalten an

to hang out/up
[tʊ ˈhæŋ aʊt/ʌp]
hinaus-/aufhängen

happen [ˈhæpən]
sich ereignen, geschehen

I happened to meet him
[aɪ ˈhæpnd tʊ ˈmiːt hɪm]
ich habe ihn zufällig getroffen

happiness [ˈhæpɪnɪs]
Glück *n*, Zufriedenheit *f*

happy (at, about)
[ˈhæpɪ æt/əˈbaʊt]
glücklich (über)

I don't feel happy about it
[aɪ ˈdəʊnt fiːl ˈhæpɪ əˈbaʊt ɪt]
ich bin darüber nicht erfreut

happy birthday!/many happy returns of the day!
[ˈhæpɪ ˈbɜːθdeɪ/ˈmeni hæpɪ rɪˈtɜːnz əv ðə ˈdeɪ]
herzlichen Glückwunsch zum Geburtstag!

harbour [ˈhɑːbə]
Hafen *m*; Zufluchtsort *m*

hard [hɑːd]
hart; schwer; heftig

to be hard up for
[tʊ biː ˈhɑːd ˈʌp fə]
knapp sein an

it's hard for me
[ɪts ˈhɑːd fə ˈmiː]
es fällt mir schwer

he tried hard [hiː ˈtraɪd ˈhɑːd]
er gab sich große Mühe

hardly [ˈhɑːdlɪ]
kaum, schwerlich

hardly ever [ˈhɑːdlɪ ˈevə]
fast gar nicht/nie(mals)

harm [hɑːm]
Schaden *m*; Unglück *n*

to do harm [tʊ duː hɑːm]
Schaden anrichten

I meant no harm by it
[aɪ ˈment nəʊ ˈhɑːm baɪ ˌɪt]
ich dachte mir nichts dabei

there's no harm if
[ðeəz ˌnəʊ ˈhɑːm ɪf]
es macht nichts, wenn

harvest [ˈhɑːvɪst]
Ernte *f*; ernten

haste [heɪst]
Eile *f*; Hast *f*

make haste! [meɪk ˈheɪst]
beeile dich!

hasty [ˈheɪstɪ]
hastig, eilig

hat [hæt]   Hut *m*

hate [heɪt]   Haß *m;* hassen

hatred ['heɪtrɪd]   Haß *m*

have (had, had) [hæv, hæd, hæd]   haben, besitzen; bekommen

  to have to [tʊ 'hæv tʊ]   müssen

  you had better go   Sie sollten lieber gehen
  [ju: hæd 'betə gəʊ]

  have a seat, please   bitte, nehmen Sie Platz
  [ˌhæv ə 'si:t, pli:z]

he [hi:]   er

head [hed]   Kopf *m;* Chef *m;* Stück *n (Vieh);*
                                    an der Spitze stehen

  at the head [æt ðə 'hed]   am oberen Ende, oben

  to keep o.'s head   die Ruhe bewahren
  [tʊ 'ki:p wʌnz 'hed]

  to lose o.'s head   den Kopf verlieren
  [tʊ 'lu:z wʌnz 'hed]

  I can't make head or tail of it   ich werde nicht klug daraus
  [aɪ 'kɑ:nt meɪk 'hed ɔ: 'teɪl əv ɪt]

  that's over my head   das geht über meinen Ver-
  [ðæts ˌəʊvə maɪ 'hed]   stand

headache ['hedeɪk]   Kopfweh *n*

headline ['hedlaɪn]   Überschrift *f,* Schlagzeile *f*

health [helθ]   Gesundheit *f*

healthy ['helθɪ]   gesund

heap [hi:p]   Haufe(n) *m*

hear (heard, heard)   hören; Bescheid bekommen,
  [hɪə, hɜ:d, hɜ:d]   erfahren

  I won't hear of it   ich will nichts davon hören
  [aɪ 'wəʊnt 'hɪər_əv ɪt]

heart [hɑ:t]   Herz *n*

  at heart [æt hɑ:t]   im Grunde genommen; im
                                    Innersten

  by heart [baɪ 'hɑ:t]   auswendig

  he's taking it to heart   er nimmt es sich zu Herzen
  [hi:z 'teɪkɪŋ ɪt tʊ 'hɑ:t]

  don't lose heart   laß dich nicht entmutigen
  [dəʊnt ˌlu:z 'hɑ:t]

heat [hi:t]   Hitze *f;* heizen

heating ['hi:tɪŋ]   Heizung *f*

heaven [hevn]   Himmel *m*

  (good) heavens! [(gʊd) 'hevnz]   du lieber Himmel!

  for heaven's sake!   um Himmels/Gottes willen!
  [fə 'hevnz ˌseɪk]

heavy [ˈhevɪ]	schwer; *(Regen)* stark
heel [hiːl]	Ferse *f*; Absatz *m*
height [haɪt]	Höhe *f*; Gipfel *m*; Höhepunkt *m*
what's your height?	wie groß sind Sie?
[ˌwɒts jɔː ˈhaɪt]	
heir [eə]	Erbe *m*
hell [hel]	Hölle *f*
hello [heˈləʊ]	hallo, guten Tag
help [help]	Hilfe *f*; helfen
to help out [tʊ ˌhelp ˈaʊt]	aushelfen
I can't help it [aɪ ˈkɑːnt ˌhelp ɪt]	ich kann nichts dafür
please help yourself!	bitte, bedienen Sie sich!
[ˌpliːz ˈhelp jɔːˈself]	
it can't be helped	es läßt sich nicht ändern
[ɪt ˈkɑːnt bɪ ˈhelpt]	
helpful [ˈhelpfʊl]	hilfsbereit; nützlich
helping [ˈhelpɪŋ]	Portion *f*
helpless [ˈhelplɪs]	hilflos
hen [hen]	Henne *f*
her [hɜː]	sie; ihr, ihre, ihren
here [hɪə]	hier; da
here and there	hier und dort
[ˈhɪər‿ənd ˈðeə]	
here's to you! [ˈhɪəz tə ˈjuː]	auf Ihr Wohl!
here you are! [ˈhɪə jʊ ˈɑː]	(hier,) bitte
hero [ˈhɪərəʊ]	Held *m*
hers [hɜːz]	ihre, ihres, ihren
herself [hɜːˈself]	sie selbst; sie sich
hesitate [ˈhezɪteɪt]	zögern, zaudern
hesitation [ˌhezɪˈteɪʃn]	Zaudern *n*, Zögern *n*
hide (hid, hidden)	(sich) verbergen, verstecken
[haɪd, hɪd, hɪdn]	
high [haɪ]	hoch;
	Höchststand *m*; Hoch *n*
to be highly pleased	höchst zufrieden sein
[tʊ biː haɪlɪ ˈpliːzd]	
it's high time [ɪts ˈhaɪ ˌtaɪm]	es ist höchste Zeit
hill [hɪl]	Hügel *m*
to go uphill/downhill	hinauf-/hinuntergehen
[tʊ ˌgəʊ ˈʌphɪl/ˈdaʊnhɪl]	
him [hɪm]	ihn, ihm
himself [hɪmˈself]	er selbst, ihn selbst, er sich
hire [ˈhaɪə]	mieten; anstellen
his [hɪz]	sein, seine, seinen

history ['hɪstərɪ] — Geschichte *f*

historical [hɪ'stɒrɪkl] — geschichtlich

hit (hit, hit) [hɪt, hɪt, hɪt] — treffen; (an)schlagen; Treffer *m*; Stoß *m*, Hieb *m*

how did you hit on that? ['haʊ dɪd ˌju: 'hɪt ɒn 'ðæt] — wie sind sie darauf gekommen?

hobby ['hɒbɪ] — Hobby *n*, Steckenpferd *n*

hold (held, held) [həʊld, held, held] — halten; festhalten; enthalten; *(Versammlung)* abhalten

to hold back [tʊ ˌhəʊld 'bæk] — zurückhalten

to hold on [tʊ ˌhəʊld 'ɒn] — sich festhalten; warten

to hold up [tʊ ˌhəʊld 'ʌp] — aufhalten; überfallen; *(Wetter)* andauern

to get hold of [tʊ get 'həʊld əv] — erwischen

to take/to catch hold of [tʊ teɪk/tʊ ˌkætʃ 'həʊld əv] — anfassen, ergreifen

hole [həʊl] — Loch *n*

holiday ['hɒlədɪ] — Feiertag *m*; Ferien *pl*

to be on holiday [tʊ bi: ɒn 'hɒlədɪ] — im Urlaub sein

hollow ['hɒləʊ] — hohl

holy ['həʊlɪ] — heilig

home [həʊm] — Heim *n*; nach Hause

at home [ət 'həʊm] — zu Hause, daheim

to go home [tʊ ˌgəʊ 'həʊm] — nach Hause gehen

make yourself at home [ˌmeɪk jɔ:'self ət 'həʊm] — machen Sie es sich bequem

honest ['ɒnɪst] — ehrlich, aufrichtig, redlich

honey ['hʌni] — Honig *m*

honour ['ɒnə] — Ehre *f*; ehren

hope (for) ['həʊp fə] — Hoffnung *f* (auf); hoffen

hopeful/hopeless ['həʊpfʊl/'həʊplɪs] — hoffnungsvoll/-los

horse [hɔ:s] — Pferd *n*

on horseback [ɒn 'hɔ:sbæk] — zu Pferde

hospital ['hɒspɪtl] — Krankenhaus *n*

host [həʊst] — Gastgeber *m*

hot [hɒt] — heiß; warm; *(Senf)* scharf

a hot temper [ə ˌhɒt 'tempə] — ein hitziges Temperament

hotel [həʊ'tel] — Hotel *n*, Gasthof *m*

hour ['aʊə] — Stunde *f*

at all hours [æt ɔ:l 'aʊəz] — jederzeit

for hours [fər‿'aʊəz] — stundenlang

house [haʊs, *pl* 'haʊzɪz] — Haus *n*; unterbringen

to keep house [tʊ ˌkiːp ˈhaʊs]	den Haushalt führen
household [ˈhaʊshəʊld]	Haushalt *m*
housewife [ˈhaʊswaɪf]	Hausfrau *f*
how [haʊ]	wie
how many/much [haʊ ˈmænɪ/mʌtʃ]	wie viele/wieviel
how do you do? [ˈhaʊ djʊ ˈduː]	guten Tag!
to learn how to swim [tʊ ˌlɜːn ˈhaʊ tə ˈswɪm]	schwimmen lernen
however [haʊˈevə]	aber, jedoch; dennoch
human [ˈhjuːmən]	menschlich
humble [ˈhʌmbl]	bescheiden
humour [ˈhjuːmə]	Humor *m*
hundred [ˈhʌndrɪd]	hundert
hunger [ˈhʌŋgə]	Hunger *m*
to die of hunger [tʊ ˈdaɪ əv ˈhʌŋgə]	verhungern
hungry [ˈhʌŋgrɪ]	hungrig
hunt [hʌnt]	jagen
to go hunting [tʊ ˌgəʊ ˈhʌntɪŋ]	auf die Jagd gehen
hurry [ˈhʌri]	Eile *f*, Hast *f*; sich beeilen
to be in a hurry [tʊ biː ɪn ə ˈhʌrɪ]	in Eile sein
to hurry up [tʊ ˈhʌrɪ ʌp]	sich beeilen
there's no hurry [ðeəz ˌnəʊ ˈhʌrɪ]	es eilt nicht
hurt (hurt, hurt) [hɜːt, hɜːt, hɜːt]	verletzen; schmerzen; schaden
to hurt s.o.'s feelings [tʊ ˈhɜːt ˈsʌmwʌnz ˈfiːlɪŋz]	jdn kränken
husband [ˈhʌzbənd]	(Ehe-)Mann *m*

I

I [aɪ]	ich
ice [aɪs]	Eis *n*
a dish of ice-cream [ə ˌdɪʃ əv ˈaɪskriːm]	eine Portion Eis
icy [ˈaɪsɪ]	eisig, vereist
idea [aɪˈdɪə]	Gedanke *m*, Idee *f*; Begriff *m*
to give an idea of [tʊ gɪv ən ˌaɪˈdɪər əv]	eine Vorstellung geben von

ideal [aɪ'dɪəl]　　vorbildlich; Ideal *n*
idle [aɪdl]　　untätig, müßig; nicht in
　　　　　　　　　　　Betrieb
　to stand idle [tʊ ˌstænd 'aɪdl]　stillstehen
if [ɪf]　　wenn, falls; ob
　as if/even if [æz ɪf/ˌiːvn 'ɪf]　als ob/auch wenn
ill [ɪl]　　krank; schlimm, schlecht
　to be ill at ease [tʊ biː 'ɪl ət 'iːz]　sich unbehaglich fühlen
　to fall/to be taken ill　　krank werden
　[tʊ fɔːl/tʊ biː ˌteɪkən 'ɪl]
illness ['ɪlnɪs]　　Krankheit *f*
imagine [ɪ'mædʒɪn]　　sich einbilden, sich vorstellen
　just imagine! [dʒʌst ɪ'mædʒɪn]　denken Sie sich nur!
imagination [ɪˈmædʒɪ'neɪʃn]　Phantasie *f*, Einbildungskraft *f*
immediate [ɪ'miːdjət]　　unmittelbar
　immediately [ɪ'miːdjətlɪ]　sofort, gleich, unverzüglich
immense [ɪ'mens]　　ungeheuer, unermeßlich
importance [ɪm'pɔːtns]　Wichtigkeit *f*; Bedeutung *f*;
　　　　　　　　　　　Einfluß *m*
　that's of no importance　das ist unwichtig
　[ˌðæts əv 'nəʊ ɪm'pɔːtns]
important [ɪm'pɔːtnt]　　wichtig; bedeutend
impossible [ɪm'pɒsɪbl]　　unmöglich
impression [ɪm'preʃn]　　Eindruck *m*
　to give the impression　den Eindruck machen
　[tʊ ˌgɪv ðɪ ɪm'preʃn]
improve [ɪm'pruːv]　　verbessern; sich bessern
improvement [ɪm'pruːvmənt]　(Ver-)Besserung *f*; Fort-
　　　　　　　　　　　schritt *m*

in [ɪn]　　in; an; auf; hinein
　in English [ɪn 'ɪŋglɪʃ]　auf Englisch
　in June [ɪn 'dʒuːn]　im Juni
　in a loud voice [ɪn ə 'laʊd ˌvɔɪs]　mit lauter Stimme
　in my opinion [ɪn ˌmaɪ ə'pɪnjən]　meiner Ansicht nach
　to be in love with　　verliebt sein in
　[tʊ biː ɪn 'lʌv wɪð]
　in spite of [ɪn 'spaɪt əv]　trotz
　come in! [kʌm 'ɪn]　herein!
　he's not in [hiːz nɒt 'ɪn]　er ist nicht da
inch [ɪntʃ]　　Inch *m* = Zoll
include [ɪn'kluːd]　　enthalten; einschließen
　including [ɪn'kluːdɪŋ]　inklusive, inbegriffen, mit
increase (in) [ɪn'kriːs ɪn]　zunehmen (an); vergrößern;
　　　　　　　　　　　vermehren

increase ['ɪnkriːs] Zunahme *f*; Wachstum *n*
 to be on the increase zunehmen, steigen
 [tʊ biː ən ðɪ 'ɪnkriːs]
indeed [ɪn'diːd] in der Tat; gewiß; allerdings
 thank you very much indeed ich danke Ihnen vielmals
 [θæŋk juː verɪ ˌmʌtʃ ɪn'diːd]
independent (of) unabhängig (von)
 ['ɪndɪ'pendənt əv]
industry ['ɪndəstrɪ] Industrie *f*; Gewerbe *n*
industrial [ɪn'dʌstrɪəl] industriell
inferior [ɪn'fɪərɪə] untergeordnet; minderwertig
influence (on) ['ɪnflʊens ɒn] Einfluß *m* (auf); beeinflussen
inform (of, about, on) benachrichtigen; unterrichten
 [ɪn'fɔːm əv/ə'baʊt/ɒn] (von; über)
 to be well informed gut unterrichtet sein
 [tʊ biː ˌwel ɪn'fɔːmd]
information [ˌɪnfə'meɪʃn] Auskunft *f*; Benachrichtigung *f*
 to get information sich erkundigen
 [tʊ get ˌɪnfə'meɪʃn]
 information desk Auskunfts(schalter *m*) *f*
 [ˌɪnfə'meɪʃn desk]
 for your information zu Ihrer Information
 [fə 'jɔːrˌɪnfə'meɪʃn]
ink [ɪŋk] Tinte *f*; Druckerschwärze *f*
inn [ɪn] Gasthof *m*, Wirtshaus *n*
inquire (about, after) sich erkundigen (nach)
 [ɪn'kwaɪərˏə'baʊt/
 ɪn'kwaɪrˏɑːftə]
inquiry [ɪn'kwaɪərɪ] Nachfrage *f*, Nachforschung *f*,
  Erkundigung *f*
 to make inquiries into/about Erkundigungen einziehen
 [tʊ ˌmeɪk ɪn'kwaɪərɪz ˌɪntʊ/ über/wegen
 ə'baʊt]
insect ['ɪnsekt] Insekt *n*
inside [ˌɪn'saɪd, 'ɪnsaɪd] inner; inwendig;
  im Innern; innerhalb;
  Inneres *n*
 to come/to go inside hereinkommen/hineingehen
 [tʊ 'kʌm/tʊ gəʊ ˌɪn'saɪd]
 to know inside out in- und auswendig kennen
 [tʊ 'nəʊ ˌɪnsaɪd 'aʊt]
 to turn inside out das Oberste zuunterst kehren
 [tʊ ˌtɜːn ˌɪnsaɪd 'aʊt]
insist (on) [ɪn'sɪst 'ɒn] bestehen (auf)

instead [ɪnˈsted] — statt dessen, dafür
instead of [ɪnˈsted əv] — anstatt
instruction [ɪnˈstrʌkʃn] — Anweisung *f*, Anordnung *f*; Unterricht *m*
instrument [ˈɪnstrʊmənt] — Instrument *n*, Werkzeug *n*
insure [ɪnˈʃɔː/ɪnˈʃʊə] — versichern (lassen)
insurance [ɪnˈʃʊərəns] — Versicherung *f*
intelligence [ɪnˈtelɪdʒəns] — Intelligenz *f*
intelligent [ɪnˈtelɪdʒənt] — intelligent
intend [ɪnˈtend] — beabsichtigen
to be intended for [tʊ biː ɪnˈtendɪd fə] — bestimmt sein für
intention [ɪnˈtenʃn] — Absicht *f*; Zweck *m*
interest [ˈɪntrɪst] — Anteil *m*; Zins *m*; interessieren
to be interested in [tʊ biː ˈɪntrɪstɪd ɪn] — sich interessieren für
it's to his interest [ɪts tʊ hɪz ˈɪntrɪst] — es liegt in seinem Interesse
interesting [ˈɪntrɪstɪŋ] — interessant
international [ˌɪntəˈnæʃənl] — international
interrupt [ˌɪntəˈrʌpt] — unterbrechen; stören
interruption [ˌɪntəˈrʌpʃn] — Unterbrechung *f*
into [ˈɪntʊ] — in (… hinein)
come into the garden [ˈkʌm ɪnˈtʊ ðə ˈɡɑːdn] — komm in den Garten
to get into difficulties [tʊ get ˌɪntʊ ˈdɪfɪˌkəltɪz] — in Schwierigkeiten geraten
introduce [ˌɪntrəˈdjuːs] — einführen
may I introduce Mr Brown to you? [ˌmeɪ aɪ ˌɪntrəˈdjuːs mɪstə ˈbraʊn tʊ juː] — darf ich Ihnen Herrn B. vorstellen?
invent [ɪnˈvent] — erfinden
invention [ɪnˈvenʃn] — Erfindung *f*
inventor [ɪnˈventə] — Erfinder *m*
invitation [ˌɪnvɪˈteɪʃn] — Einladung *f*
invite [ɪnˈvaɪt] — einladen; auffordern
iron [ˈaɪən] — Eisen *n*; eisern; plätten, bügeln
to iron out [tʊ ˈaɪən ˌaʊt] — ins reine bringen, ausbügeln
irregular [ɪˈregjʊlə] — unregelmäßig; ungleich; ungeregelt
island [ˈaɪlənd] — Insel *f*
issue [ˈɪsjuː, ˈɪʃjuː] — Streitfrage *f*; *(Zeitschrift)* Nummer *f*; ausgeben; ausstellen

that's not the issue
[ðæts ˌnɒt ði ˈɪʃjuː]

darum handelt es sich nicht

the point at issue
[ðə ˌpɔɪnt æt ˈɪʃjuː]

der strittige Punkt

it [ɪt]

es

I can't do it [aɪ ˈkɑːnt ˌduː ɪt]

ich kann es nicht machen

I can't do anything with it
[aɪ ˈkɑːnt duː ˈenɪðɪŋ wɪð ˌɪt]

ich kann nichts damit anfangen

its [ɪts]

sein(e), ihr(e)

J

jacket [ˈdʒækɪt]

Jacke *f*

life jacket [ˈlaɪf ˌdʒækɪt]

Schwimmweste *f*

jam [dʒæm]

Marmelade *f*

January [ˈdʒænjʊərɪ]

Januar *m*

jealousy [ˈdʒeləsɪ]

Eifersucht *f*; Neid *m*

jewel [ˈdʒuːəl]

Edelstein *m*; Juwelen *n pl*

job [dʒɒb]

Arbeit *f*; Stellung *f*

it isn't my job
[ɪt ˌɪznt ˈmaɪ ˌdʒɒb]

es ist nicht meine Aufgabe

join [dʒɔɪn]

sich anschließen an; zusammenfügen

to join a party
[tʊ ˈdʒɔɪn ə ˈpɑːtɪ]

einer Partei beitreten

may I join you?
[meɪ aɪ ˈdʒɔɪn ˌjuː]

darf ich mich Ihnen anschließen?

joint [dʒɔɪnt]

Gelenk *n*; Fuge *f*;
    Keule *f (Braten)*;
    gemeinsam; verbunden

joke [dʒəʊk]

Scherz *m*; Witz *m*;
    Spaß machen, scherzen

he did it in joke
[hiː ˌdɪd ɪt ɪn ˈdʒəʊk]

er tat es im Spaß

he can't take a joke
[hiː ˈkɑːnt ˌteɪk ə ˈdʒəʊk]

er versteht keinen Spaß

all joking aside!
[ˈɔːl ˈdʒəʊkɪŋ əˈsaɪd]

Spaß beiseite!

journey [ˈdʒɜːnɪ]

Reise *f*; Fahrt *f*

to go on a journey
[tʊ ˌgəʊ ɒn ə ˈdʒɜːnɪ]

eine Reise machen

joy (at) [dʒɔɪ ət]

Freude *f* (über)

to beam with joy
[tʊ 'biːm wɪð 'dʒɔɪ]
judge (by) [dʒʌdʒ baɪ]

judging from what you say
['dʒʌdʒɪŋ frɒm 'wɒt jʊ 'seɪ]
judg(e)ment ['dʒʌdʒment]
in my judgement
[ɪn ˌmaɪ 'dʒʌdʒment]
to sit in judgement on s.o.
[tʊ sɪt ɪn 'dʒʌdʒment]
juice [dʒuːs]
July [dʒʊ'laɪ]
June [dʒuːn]
jump [dʒʌmp]
to jump at [tʊ 'dʒʌmp æt]
to jump the rails
[tʊ 'dʒʌmp ðə 'reɪlz]
just [dʒʌst]
just as ['dʒʌst æz]
just now [dʒʌst 'naʊ]
he just arrived
[hiː 'dʒʌst ə'raɪvd]
justice ['dʒʌstɪs]
justify ['dʒʌstɪfaɪ]
to be justified
[tʊ biː 'dʒʌstɪfaɪd]

vor Freude strahlen

Richter *m*;
richten; beurteilen (nach)

nach dem zu urteilen, was du
sagst
Urteil *n*
meiner Auffassung nach

über jdn zu Gericht sitzen

Saft *m*
Juli *m*
Juni *m*
Sprung *m*; springen
sich stürzen auf
entgleisen

gerecht; genau; gerade
gerade, ebenso
eben jetzt, soeben
er ist eben angekommen

Gerechtigkeit *f*
rechtfertigen
recht haben

K

keen [kiːn]
*he is very keen on mountai-
neering*
[hiːz verɪ 'kiːn ən ˌmaʊntɪ'nɪərɪŋ]
keep (kept, kept)
[kiːp, kept, kept]
to keep from [tʊ 'kiːp frəm]
to keep out of
[tʊ ˌkiːp 'aʊt əv]
to keep up [tʊ 'kiːp 'ʌp]
to keep up with
[tʊ ˌkiːp 'ʌp wɪð]

scharf, schneidend
er ist ein begeisterter Berg-
steiger

(be)halten; aufbewahren

abhalten von
sich fernhalten von

weitermachen, fortfahren
Schritt halten mit

to keep s.o. company
[tʊ ˈkiːp ˌsʌmwʌn ˈkʌmpənɪ]
jdm Gesellschaft leisten

to keep s.th. in mind
[tʊ ˈkiːp ˌsʌmθɪŋ ɪn ˈmaɪnd]
sich etw merken, an etw denken

to keep to the right
[tʊ ˈkiːp tʊ ðə ˈraɪt]
sich rechts halten

to keep on talking
[tʊ ˌkiːp ɒn ˈtɔːkɪŋ]
weitersprechen

he kept his word
[hiː kept hɪz ˈwɜːd]
er hielt sein Wort

keep your hands off!
[ˈkiːp jɔː ˈhændz ɒf]
laß deine Finger davon!

keep out! [ˌkiːp ˈaʊt]
Eintritt verboten!

keep quiet! [kiːp ˈkwaɪət]
sei still!

keep your temper!
[ˈkiːp jɔː ˈtempə]
beherrschen Sie sich!

key [kiː]
Schlüssel *m*; Taste *f*

kick [kɪk]
Tritt *m*;
treten; *(Pferd)* ausschlagen

kill [kɪl]
töten

to kill the time [tʊ ˌkɪl ðə ˈtaɪm]
die Zeit totschlagen/vertreiben

kilogram(me) [ˈkɪləʊɡræm]
Kilogramm *n*

kilometre [kɪˈlɒmɪtə]
Kilometer *m*

kind [kaɪnd]
Art *f*, Sorte *f*;
freundlich, gütig

would you be so kind as
[ˌwʊd ˌjuː ˈbiː sə ˈkaɪnd]
würden Sie so freundlich sein und

all kinds of [ˈɔːl kaɪndz əv]
alle möglichen

something of the kind
[ˈsʌmθɪŋ əv ðə ˈkaɪnd]
so etwas

kindness [ˈkaɪndnɪs]
Freundlichkeit *f*, Liebenswürdigkeit *f*

king [kɪŋ]
König *m*

kingdom [ˈkɪŋdəm]
Königreich *n*

kiss [kɪss]
Kuß *m*; küssen

kitchen [ˈkɪtʃən]
Küche *f*

knee [niː]
Knie *n*

to bend the knee
[tʊ ˌbend ðə ˈniː]
das Knie beugen

knife *(pl knives)* [naɪf, naɪvz]
Messer *n*

knock (at) [ˈnɒk ət]
Klopfen *n*; Schlag *m*, Stoß *m*;
klopfen (an); schlagen, stoßen

to knock down [tʊ ˌnɒk ˈdaʊn]
niederschlagen

to knock over [tʊ ˌknɒk ˈəʊvə]	umstoßen, umwerfen
to be all knocked out [tʊ bi: ˈɔ:l ˌnɒkt ˈaʊt]	ganz erledigt sein
knot [nɒt]	Knoten *m*; einen Knoten machen
know (knew, known) [nəʊ, nju:, nəʊn]	wissen; kennen; können
to be known [tʊ bi: ˈnəʊn]	bekannt sein
to let s.o. know [tʊ ˌlet ˈsʌmwʌn ˈnəʊ]	jdm Bescheid geben
I know him by sight/by name [aɪ ˈnəʊ hɪm baɪ ˈsaɪt/baɪ ˈneɪm]	ich kenne ihn vom Sehen/dem Namen nach
I know about it [aɪ ˈnəʊ əˈbaʊt ɪt]	ich weiß davon
knowledge [ˈnɒlɪdʒ]	Kenntnisse *f pl*; Wissen *n*
to my knowledge [tʊ maɪ ˈnɒlɪdʒ]	soviel ich weiß, meines Wissens
to the best of o.'s knowledge [tʊ ðə ˈbest əv ˌwʌnz ˈnɒlɪdʒ]	nach bestem Wissen und Gewissen

L

labour [ˈleibə]	Arbeit *f*; Mühe *f*; Arbeitskräfte *f pl*
lack [læk]	Mangel *m*; ermangeln
for lack of [fə ˈlæk əv]	aus Mangel an
ladder [ˈlædə]	Leiter *f*; *(Strumpf)* Laufmasche *f*
lady [ˈleɪdɪ]	Dame *f*
Ladies [ˈleɪdɪz]	Damen(-toilette)
lake [leɪk]	(Binnen-)See *m*
lame [leɪm]	lahm
lamp [læmp]	Lampe *f*
land [lænd]	(Fest-)Land *n*; Boden *m*; landen
by land [baɪ ˈlænd]	auf dem Landweg
landlady [ˈlændleɪdɪ]	(Haus-)Wirtin *f*
language [ˈlæŋgwɪdʒ]	Sprache *f*
large [lɑ:dʒ]	groß; weit; umfangreich; reichlich
at large [ət ˈlɑ:dʒ]	auf freiem Fuß; in der Gesamtheit

it depends largely upon you [ɪt dɪˈpendz ˈlɑːdʒlɪ əˈpɒn ˈjuː]	es hängt in hohem Maß von Ihnen ab
last [lɑːst]	letzte(r, s); vorig; zuletzt; dauern
at last [ət ˈlɑːst]	endlich; zuletzt
the last but one [ðə ˈlɑːst bʌt ˈwʌn]	der vorletzte
he came last [hiː ˌkeɪm ˈlɑːst]	er kam zuletzt
the money won't last [ðə ˈmʌnɪ wəʊnt ˈlɑːst]	das Geld wird nicht reichen
late [leɪt]	spät; verspätet; verstorben
sooner or later [ˈsuːnər ɔː ˈleɪtə]	früher oder später
to be late [tʊ biː ˈleɪt]	sich verspäten, zu spät kommen
of late [əv ˈleɪt]	letzthin, kürzlich
later on [ˈleɪtər ˈɒn]	später, nachher
the latest news [ðə ˈleɪtɪst ˈnjuːz]	die letzten Nachrichten
lately [ˈleɪtlɪ]	in letzter Zeit
laugh (at) [lɑːf æt]	lachen (über); auslachen
it's not a matter to laugh about [ɪts ˈnɒt ə ˈmætə tʊ ˈlɑːf əˈbaʊt]	es ist nicht zum Lachen
laughter [ˈlɑːftə]	Gelächter *n*
lavatory [ˈlævətərɪ]	Toilette *f*
law [lɔː]	Gesetz *n*
by law [baɪ ˈlɔː]	gesetzlich
to practise law [tʊ ˈpræktɪs ˈlɔː]	Anwalt sein
lawful/lawless [ˈlɔːfʊl/ˈlɔːlɪs]	gesetzlich/gesetzlos
lawyer [ˈlɔːjə]	Rechtsanwalt *m*, -in *f*
lay (laid, laid) [leɪ, leɪd, leɪd]	legen, stellen, setzen
to lay aside/down [tʊ ˈleɪ əˈsaɪd/daʊn]	beiseite legen/hinlegen; aufzeichnen
to lay out [tʊ ˌleɪ ˈaʊt]	auslegen
to lay claim to [tʊ ˌleɪ ˈkleɪm tʊ]	Anspruch erheben auf
don't lay the blame on me [dəʊnt leɪ ðə ˈbleɪm ɒn ˈmiː]	schieben Sie die Schuld nicht auf mich
she laid the table [ʃiː ˌleɪd ðə ˈteɪbl]	sie deckte den Tisch
lazy [ˈleɪzɪ]	faul, träge
lead (led, led) [liːd, led, led]	führen, leiten
to lead the way [tʊ ˈliːd ðə ˈweɪ]	vorangehen

that will lead to nothing [ðæt wɪl liːd tʊ 'nʌθɪŋ]	das führt zu nichts
the leading thought [ðə 'liːdɪŋ 'θɔːt]	der leitende Gedanke
leader ['liːdə]	Führer *m*; Leiter *m*
leaf (*pl* leaves) [liːf, liːvz]	Blatt *n*; (Tür-)Flügel *m*
lean (against) [liːn ə'genst]	sich lehnen (an); mager
to lean forward [tʊ ˌliːn 'fɔːwəd]	sich vorbeugen
he leaned out of the window [hiː 'liːnd aʊt əv ðə 'wɪndəʊ]	er lehnte sich aus dem Fenster
learn (learnt, learnt) [lɜːn, lɜːnt, lɜːnt]	lernen; erfahren
least [liːst]	kleinste(r, s); wenigste(r, s); geringste(r, s); am wenigsten
at least [ət 'liːst]	mindestens, wenigstens
not in the least [ˌnɒt ɪn ðə 'liːst]	nicht im geringsten
leather ['leðə]	Leder *n*
leave (left, left) [liːv, left, left]	verlassen; hinter-, überlassen; Urlaub *m*; Abschied *m*
to leave alone [tʊ ˌliːv ə'ləʊn]	allein/in Ruhe lassen
to leave out [tʊ ˌliːv 'aʊt]	weg-/auslassen
to leave in the lurch [tʊ 'liːv ɪn ðə 'lɜːtʃ]	in der Patsche sitzen lassen
to leave nothing undone [tʊ 'liːv 'nʌθɪŋ ˌʌn'dʌn]	nichts unversucht lassen
the train leaves at 2 [ðə ˌtreɪn 'liːvz ət 'tuː]	der Zug fährt um 2 Uhr ab
leave it to me! [liːv ɪt tə 'miː]	überlassen Sie es mir!
is there any tea left? [ɪz ðeə 'enɪ 'tiː left]	ist noch Tee übrig?
left [left]	links; linke(r, s); linke Seite *f*
to the left of [tʊ ðə 'left əv]	links von
on the left [ɒn ðə 'left]	links, auf der linken Seite
turn (to the) left [tɜːn tʊ ðə 'left]	gehen Sie nach links
leg [leg]	Bein *m*
lend (lent, lent) [lend, lent, lent]	(ver)leihen; borgen
to lend a hand [tʊ ˌlend ə 'hænd]	helfen
length [leŋθ]	Länge *f*
at length [ət 'leŋθ]	endlich, schließlich; ausführlich

less [les]
  less five per cent
  ['les ˌfaɪv pɜː'sent]
lessen [lesn]
lesson [lesn]
  to give lessons [tʊ ˌgɪv 'lesnz]
let (let, let) [let, let, let]
  to let alone/in [tʊ ˌlet ə'ləʊn]
  to let off [tʊ ˌlet 'ɒf]
  to let out/go [tʊ ˌlet 'gəʊ]
  to let know [tʊ ˌlet 'nəʊ]
  let there be no more of this
  ['let ðeə biː ˌnəʊ 'mɔːr‿əv 'ðɪs]
letter ['letə]
  letter box ['letəbɒks]
level [levl]

  on a level with [ɒn ə 'levl wɪð]
  I'll do my level best
  [aɪl duː maɪ 'levl 'best]
  he always keeps a level head
  [hiː 'ɔːlwɪz ˌkiːps ə 'levl ˌhed]
liberty ['lɪbətɪ]
  you are at liberty to go
  [jʊ ɑː ət 'lɪbətɪ tə ˌgəʊ]
library ['laɪbrərɪ]
lie (lay, lain) [laɪ, leɪ, leɪn]
  to lie down [tʊ ˌlaɪ 'daʊn]
lie (lied, lied) [laɪ, laɪd, laɪd]
  to tell a lie [tʊ ˌtel ə 'laɪ]
  don't lie to me
  [ˌdəʊnt 'laɪ tə ˌmiː]
life (*pl* lives) [laɪf, laɪvz]
  three lives were lost
  ['θriː 'laɪvz wɜː 'lɒst]
lift [lɪft]
  the fog lifted [ðə 'fɒg 'lɪftɪd]
  I won't lift a finger
  [aɪ 'wəʊnt lɪft ə 'fɪŋgə]
light [laɪt]

  to bring to light [tʊ brɪŋ tʊ 'laɪt]
  to light a cigarette
  [tʊ 'laɪt ə ˌsɪgə'ret]

kleiner; geringer; weniger
abzüglich 5%

verringern, vermindern
Aufgabe *f*; (Lehr-)Stunde *f*
Unterricht geben/erteilen
lassen; zulassen; vermieten
in Ruhe lassen/hereinlassen
aussteigen lassen; abfeuern
herauslassen/loslassen
Bescheid geben
das darf nicht wieder vor-
  kommen
Brief *m*; Buchstabe *m*
Briefkasten *m*
eben, waagrecht; ebnen;
  Höhe *f*, Niveau *n*; Ebene *f*
auf gleicher Höhe mit
ich werde das Äußerste tun

er behält immer einen klaren
  Kopf
Freiheit *f*
es steht Ihnen frei, zu gehen

Bücherei *f*, Bibliothek *f*
liegen
sich niederlegen
Lüge *f*; lügen
lügen
lüge mich nicht an

Leben *n*
drei Menschen kamen ums
  Leben
(auf)heben
der Nebel lichtete sich
ich rühre keinen Finger

Licht *n*; hell; blond; leicht;
  be-, erleuchten; anzünden
ans Licht bringen
eine Zigarette anzünden

do you have a light?   haben Sie Feuer?
['dʊ ju: hæv ə 'laɪt]

light reading [ˌlaɪt 'ri:dɪŋ]   Unterhaltungslektüre

lighter ['laɪtə]   Feuerzeug *n*

lighting ['laɪtɪŋ]   Beleuchtung *f*

like [laɪk]   gleich; ähnlich; wie; gernhaben, lieben

to like to do s.th.   etwas gern tun
[tʊ laɪk tə 'du: sʌmθɪŋ]

I should like to [aɪ ʃʊd 'laɪk tʊ]   ich möchte gern

how do you like this book?   wie gefällt Ihnen dieses Buch?
['haʊ dʊ‿ju: 'laɪk ðɪs 'bʊk]

what is the weather like?   wie ist das Wetter?
['wɒts ðə 'weðə laɪk]

there is nothing like travelling   es geht nichts übers Reisen
[ðeəz 'nʌθɪŋ laɪk 'trævlɪŋ]

it looks like rain   es sieht nach Regen aus
[ɪt 'lʊks ˌlaɪk 'reɪn]

likely ['laɪklɪ]   wahrscheinlich

that's more likely   das ist eher möglich
[ðæts 'mɔ: 'laɪklɪ]

limit (to) ['lɪmɪt tʊ]   Grenze *f*; begrenzen, beschränken (auf)

that's the limit [ðæts ðə 'lɪmɪt]   das ist die Höhe

line [laɪn]   Linie *f*; Strecke *f*; Leine *f*; Reihe *f*; Branche *f*; Spalier bilden

to line up [tʊ ˌlaɪn 'ʌp]   sich aufstellen; antreten

to form a line [tʊ 'fɔ:m ə 'laɪn]   sich in einer Reihe aufstellen

to keep in line [tʊ 'ki:p ɪn 'laɪn]   in der Reihe bleiben

to stand in line   Schlange stehen
[tʊ ˌstænd ɪn 'laɪn]

what line is he in?   in welcher Branche ist er?
[wɒt 'laɪn ɪz hi: ɪn]

the washing is on the line   die Wäsche hängt auf der
[ðə 'wɒʃɪŋ ɪz ɒn ðə 'laɪn]   Leine

lion ['laɪən]   Löwe *m*

lip [lɪp]   Lippe *f*

lipstick ['lɪpstɪk]   Lippenstift *m*

liquid ['lɪkwɪd]   Flüssigkeit *f*; flüssig

list [lɪst]   Liste *f*; Verzeichnis *n*; verzeichnen

he's on the list ['hi:z ɒn ðə 'lɪst]   er steht auf der Liste

listen (to) [lɪsn tʊ] — horchen (auf); zuhören; lauschen

to listen in [tʊ 'lɪsn 'ɪn] — Radio hören

literature ['lɪtrɪtʃə] — Literatur *f*

litre ['li:tə] — Liter *m*

little (less, least) [lɪtl, les, li:st] — klein, wenig; kaum; schwerlich

a little [ə 'lɪtl] — ein wenig, ein bißchen

little by little ['lɪtl baɪ 'lɪtl] — nach und nach

in a little while [ɪn ə 'lɪtl 'waɪl] — in kurzer Zeit

please wait a little [ˌpli:z 'weɪt ə lɪtl] — bitte, warten Sie einen Augenblick

live (on) [lɪv ɒn] — leben (von); wohnen

to live out [tʊ lɪv 'aʊt] — auswärts wohnen; *Am* überleben

to live up to s.th. [tʊ 'lɪv ʌp tʊ 'sʌmθɪŋ] — etw erfüllen

to live to see [tʊ 'lɪv tʊ 'si:] — erleben

living room ['lɪvɪŋ ru:m (rʊm)] — Wohnzimmer *n*

live [laɪv] — lebendig

that's a live wire [ðæts ə 'laɪv 'waɪə] — der Draht steht unter Strom

living ['lɪvɪŋ] — lebendig; Lebensunterhalt *m*

to make a living [tʊ 'meɪk ə 'lɪvɪŋ] — sein Auskommen haben

load [ləʊd] — Last *f*; Ladung *f*; (be)laden, belasten

to load up [tʊ ˌləʊd 'ʌp] — aufladen

loads of ['ləʊdz əv] *fam* — eine Menge

loan [ləʊn] — Leihgabe *f*, Anleihe *f*

local [ləʊkl] — örtlich

local call ['ləʊkl kɔ:l] — Ortsgespräch *n*

local train ['ləʊkl treɪn] — Personenzug *m*

lock [lɒk] — Schloß *n*; Schleuse *f*; ab-, verschließen

to lock out/up [tʊ ˌlɒk 'aʊt/'ʌp] — aussperren/einsperren

under lock and key ['ʌndə 'lɒk ənd ki:] — hinter Schloß und Riegel

lonely ['ləʊnlɪ] — einsam

long [lɒŋ] — lang; weit

a long time [ə 'lɒŋ 'taɪm] — lange *(Zeit)*

(a) long (time) ago [ə 'lɒŋ 'taɪm ə'gəʊ] — schon lange (her)

all night long [ɔːl 'naɪt lɒŋ]   die ganze Nacht hindurch
not any/no longer   nicht länger/mehr
[nɒt 'enɪ/nəʊ 'lɒŋgə]
so long! [səʊ 'lɒŋ]   auf Wiedersehen! bis dann!
look (at, on) ['lʊk ət/ɒn]   Blick m;
     sehen, blicken (auf, nach)

to look after [tʊ 'lʊk ɑːftə]   aufpassen; sorgen für
to look down [tʊ ˌlʊk 'daʊn]   herabsehen
to look for [tʊ ˌlʊk fə]   suchen
to look forward to   sich freuen auf
[tʊ 'lʊk 'fɔːwəd tʊ]
to look into [tʊ 'lʊk ˌɪntʊ]   untersuchen
to look out [tʊ ˌlʊk 'aʊt]   achtgeben
to look over [tʊ 'lʊk ˌəʊvə]   durchsehen
to look up [tʊ ˌlʊk 'ʌp]   aufsehen; nachsehen
you look well [ju: lʊk 'wel]   Sie sehen gut aus
I don't like his looks   er gefällt mir nicht
[aɪ 'dəʊnt ˌlaɪk hɪz 'lʊks]
to be on the look-out for   Ausschau halten nach
[tʊ bi: ɒn ðə 'lʊkaʊt fɔː]
loose [luːs]   lose; locker
loosen [luːsn]   befreien; lösen, lockern
lord [lɔːd]   Herr m, Lord m
lorry ['lɒrɪ]   Last(kraft)wagen m
lose (lost, lost) [luːz, lɒst, lɒst]   verlieren
to get lost [tʊ get lɒst]   verlorengehen; sich verirren
to lose o.'s life   ums Leben kommen
[tʊ luːz wʌnz 'laɪf]
to lose sight of   aus den Augen verlieren
[tʊ 'luːz 'saɪt əv]
to lose o.'s way   sich verirren
[tʊ 'luːz ˌwʌnz 'weɪ]
loss [lɒs]   Verlust m
at a loss [æt ə 'lɒs]   mit Verlust; in Verlegenheit
to be at a loss [tʊ bi: æt ə 'lɒs]   verlegen sein
I'm at a loss what to do   ich weiß nicht, was ich tun soll
[aɪm æt ə 'lɒs wɒt tə 'duː]
lot [lɒt]   Los n; Anteil m
lots of ['lɒts əv] *fam*   eine Menge, sehr viel
he has a lot of work   er hat viel Arbeit
[hi: hæz ə 'lɒt əv wɜːk]
we cast/drew lots   wir haben gelost
[wɪ kɑːst/druː 'lɒts]
loud [laʊd]   laut; *(Farbe)* grell

in a loud voice [ɪn ə ˈlaʊd ˈvɔɪs]	mit lauter Stimme
don't talk so loud [ˈdəʊnt ˈtɔːk səʊ ˈlaʊd]	rede nicht so laut
love [lʌv]	Liebe; lieben
to fall in love with [tu ˈfɔːl ɪn ˈlʌv wɪð]	sich verlieben in
I love to read [aɪ ˈlʌv tə ˈriːd]	ich lese gern
lovely [ˈlʌvlɪ]	reizend
low [ləʊ]	niedrig; *(Stimme)* leise; tief
to feel low [tu ˌfiːl ˈləʊ]	niedergeschlagen sein
in a low voice [ɪn ə ˌləʊ ˈvɔɪs]	mit leiser Stimme
lower [ˈləʊə]	niedriger, tiefer, leiser; verringern, senken
luck [lʌk]	Glück *n*
to try o.'s luck [tu ˈtraɪ ˌwʌnz ˈlʌk]	sein Glück versuchen
good luck! [gʊd ˈlʌk]	viel Glück
that's bad luck [ðæts ˈbæd ˈlʌk]	das ist Pech
lucky [ˈlʌkɪ]	glücklich
to be lucky/unlucky [tu biː ˈlʌkɪ/ʌnˈlʌkɪ]	Glück/Unglück haben
luggage [ˈlʌgɪdʒ]	Gepäck *n*
lunch [lʌntʃ]	Mittagessen *n*
lungs [lʌŋz] *pl*	Lunge(n) *f (pl)*

M

machine [məˈʃiːn]	Maschine *f*
mad [mæd]	verrückt, wahnsinnig; toll
to be mad at [tu biː ˈmæd ət] *fam*	böse/wütend sein auf
madam [ˈmædəm]	gnädige Frau *f*
magazine [ˈmægəziːn]	Magazin *n*, Zeitschrift *f*
mail [meɪl]	Post *f*; zur Post bringen
by air-mail [baɪ ˈeəmeɪl]	durch Luftpost
is there any mail for me? [ɪz ðeər ˌenɪ ˈmeɪl fə ˌmiː]	ist Post für mich da?
main [meɪn]	hauptsächlich; Hauptleitung *f*; Festland *n*; Hauptsache *f*

in the main [ɪn ðə ˈmeɪn]	im großen und ganzen
make (made, made) [meɪk, meɪd, meɪd]	machen; Fabrikat *n*
to make off [tʊ ˌmeɪk ˈɒf]	sich aus dem Staub machen
to make out/over [tʊ ˌmeɪk ˈaʊt/ˈəʊvə]	entziffern; verstehen/umarbeiten
to make up [tʊ ˌmeɪk ˈʌp]	zusammenstellen, -setzen; zurechtmachen; vervollständigen
to make up o.'s mind [tʊ ˌmeɪk ˈʌp wʌnz ˈmaɪnd]	sich entschließen
to make a choice [tʊ ˌmeɪk ə ˈtʃɔɪs]	eine Wahl treffen
I'll never make it [aɪl ˈnevə ˈmeɪk ɪt]	ich werde es nie schaffen
does this make sense to you? [ˌdʌz ðɪs ˌmeɪk ˈsens tə ˈjuː]	werden Sie daraus klug?
male [meɪl]	männlich
man (*pl* men) [mæn, men]	Mensch *m*; Mann *m*
to a man [tʊ ə ˈmæn]	bis auf den letzten Mann
manage [ˈmænɪdʒ]	handhaben; leiten; verwalten
I just managed it [aɪ ˈdʒʌst ˈmænɪdʒd ɪt]	ich habe es gerade geschafft
I can manage with less [aɪ ˌkən ˈmænɪdʒ wɪð ˈles]	ich komme mit weniger aus
management [ˈmænɪdʒmənt]	Führung *f*, Verwaltung *f*, Leitung *f*
manager [ˈmænɪdʒə]	Leiter *m*, Direktor *m*
manner [ˈmænə]	Art *f* und Weise *f*, Verhalten *n*
he has no manners [hi: hæz ˈnəʊ ˈmænəz]	er hat keine Manieren/Lebensart
many [ˈmeni]	viele
a good many [ə ˌgʊd ˈmeni]	eine ganze Menge
a good many times [ə ˌgʊd ˌmeni ˈtaɪmz]	ziemlich oft
a great many [ə ˈgreɪt ˈmeni]	sehr viele
many a [ˈmeni ə]	manche(r, s)
map [mæp]	(Land-)Karte *f*
march [mɑːtʃ]	Marsch *m*; marschieren
March [mɑːtʃ]	März *m*
mark [mɑːk]	Marke *f*, Zeichen *n*; (*Schule*) Note *f*; kennzeichnen; zensieren; beachten

to mark down [tʊ ˌmɑːk ˈdaʊn]	aufschreiben
to mark off [tʊ ˌmɑːk ˈɒf]	kennzeichnen
to mark out [tʊ ˌmɑːk ˈaʊt]	abgrenzen
mark my words!	merk dir meine Worte!
[ˈmɑːk maɪ ˈwɜːdz]	
he hit the mark	er hat ins Schwarze getroffen
[hiː ˈhɪt ðə ˈmɑːk]	
I don't feel up to the mark	ich bin nicht auf der Höhe
[aɪ ˈdəʊnt fiːl ʌp tʊ ðə ˈmɑːk]	
market [ˈmɑːkɪt]	Markt *m*; Marktplatz *m*
to put on the market	auf den Markt bringen
[tʊ ˌpʊt ɒn ðə ˈmɑːkɪt]	
marriage [ˈmærɪdʒ]	Heirat *f*
marry [ˈmærɪ]	(ver)heiraten
to get married [tʊ get ˈmærɪd]	sich verheiraten
mass [mæs]	Masse *f*; Messe *f*
master [ˈmɑːstə]	Herr *m*; bewältigen, meistern
match [mætʃ]	Wettkampf *m*; Streichholz *n*; gleichkommen; sich messen mit
to be a good match	gut zusammenpassen
[tʊ biː ə ˌgʊd ˈmætʃ]	
he is no match for him	er ist ihm nicht gewachsen
[hiːz ˈnəʊ ˌmætʃ fə ˈhɪm]	
the colours do not match	die Farben passen nicht zusammen
[ðə ˈkʌləz ˌduː nɒt ˈmætʃ]	
material [məˈtɪərɪəl]	Material *n*; Stoff *m*; wesentlich; materiell
raw material [rɔː məˈtɪərɪəl]	Rohstoff *m*
matter [ˈmætə]	Sache *f*; Angelegenheit *f*
as a matter of course	ganz selbstverständlich
[æz ə ˈmætər‿əv ˈkɔːs]	
as a matter of fact	tatsächlich
[æz ə ˈmætər‿əv ˈfækt]	
for that matter [fə ðæt ˈmætə]	was das betrifft
no matter [ˈnəʊ ˈmætə]	ganz gleich
that doesn't matter	das macht nichts
[ðæt ˈdʌznt ˈmætə]	
what's the matter?	was ist los?
[ˌwɒts ðə ˈmætə]	
may: *may I trouble you for*	darf ich Sie bitten um
[ˌmeɪ aɪ ˈtrʌbl jʊ fɔː]	
it may be too late	es ist vielleicht zu spät
[ɪt ˌmeɪ biː ˈtuː ˈleɪt]	

that may be so [ðæt meɪ 'bi: ˌsəʊ]	das mag wohl stimmen
May [meɪ]	Mai *m*
me [mi:]	mir, mich
it's me [ɪts 'mi:]	ich bin's
meadow ['medəʊ]	Wiese *f*
meal [mi:l]	Mahlzeit *f*
mean (meant, meant) [mi:n, ment, ment]	meinen; bedeuten; beabsichtigen
to be meant for [tʊ bi: 'ment fɔ:]	bestimmt sein für
it means a lot to me [ɪt 'mi:nz ə 'lɒt tə 'mi:]	es liegt mir viel daran
meaning ['mi:nɪŋ]	Sinn *m*, Bedeutung *f*
means [mi:nz]	Mittel *n*
by means of [baɪ 'mi:nz əv]	mittels
by no means [baɪ 'nəʊ 'mi:nz]	keineswegs, auf keinen Fall
a means to an end [ə 'mi:nz tʊ ən ˌend]	ein Mittel zum Zweck
he lives beyond his means [hi: 'lɪvz bɪ'jɒnd hɪz 'mi:nz]	er lebt über seine Verhältnisse
meanwhile ['mi:nwaɪl]	inzwischen, mittlerweile
measure ['meʒə]	Maß *n*; Maßnahme *f*, Maßregel *f*
made to measure ['meɪd tʊ 'meʒə]	nach Maß
to take measures [tʊ ˌteɪk 'meʒəz]	Maßnahmen ergreifen
meat [mi:t]	Fleisch *n*
meat broth ['mi:t ˌbrɒθ]	Fleischbrühe *f*
mechanic [mɪ'kænɪk]	Mechaniker *m*
medical ['medɪkl]	medizinisch
medicine ['medsɪn]	Medizin *f*, Arznei *f*
meet (met, met) [mi:t, met, met]	(sich) treffen; sich versammeln
to meet the deadline [tʊ 'mi:t ðə 'dedlaɪn]	den Termin einhalten
to meet demands/expenses [tʊ 'mi:t dɪ'ma:ndz/ɪk'spensɪz]	Ansprüche befriedigen/Ausgaben bestreiten
to meet halfway [tʊ 'mi:t ˌha:f'weɪ]	auf halbem Weg entgegenkommen
I'm glad to meet you [aɪm 'glæd tə 'mi:t jʊ]	ich freue mich, Sie kennenzulernen
pleased to meet you [pli:zd tə 'mi:t jʊ]	freut mich! angenehm!

will you meet him at the train [ˌwɪl ju: 'mi:t hɪm ət ðə 'treɪn]	holst du ihn an der Bahn ab?
does that meet with your approval? [dəz ðæt 'mi:t wɪð 'jɔ: ə'pru:vl]	findet das Ihre Zustimmung?
meeting ['mi:tɪŋ]	Versammlung *f*; Sitzung *f*; Begegnung *f*
to hold a meeting [tʊ 'həʊld ə 'mi:tɪŋ]	eine Versammlung abhalten
melt [melt]	schmelzen; erweichen, rühren
member ['membə]	Mitglied *n*
memory ['memərɪ]	Gedächtnis *n*; Erinnerung *f*; Andenken *n*
from memory [frəm 'memərɪ]	aus dem Gedächtnis
in memory of [ɪn 'memərɪ əv]	zum Andenken an
within living memory [wɪð'ɪn 'lɪvɪŋ 'memərɪ]	seit Menschengedenken
mend [mend]	ausbessern, flicken
mention [menʃn]	erwähnen
don't mention it! [dəʊnt 'menʃn ɪt]	keine Ursache! bitte!
that's not worth mentioning [ˌðæts nɒt 'wɜ:θ 'menʃnɪŋ]	das ist nicht der Rede wert
menu ['menju:]	Speisekarte *f*
merchant ['mɜ:tʃənt]	(Groß-)Kaufmann *m*; *Am* Kleinhändler *m*
mercy ['mɜ:sɪ]	Gnade *f*; Mitleid *n*
mere [mɪə]	nur, bloß
merry ['merɪ]	fröhlich, lustig
message ['mesɪdʒ]	Nachricht *f*, Botschaft *f*
metal [metl]	Metall *n*
method ['meθəd]	Methode *f*
metre ['mi:tə]	Meter *m*
midnight ['mɪdnaɪt]	Mitternacht *f*
middle [mɪdl]	Mitte *f*
in the middle of [ɪn ðə 'mɪdl əv]	mitten in
might [maɪt]	*pret von* may
they might be brothers [ðeɪ 'maɪt bi: 'brʌðəz]	sie könnten Brüder sein
mild [maɪld]	mild
mile [maɪl]	Meile *f* (1609 m)
military ['mɪlɪtərɪ]	militärisch
milk [mɪlk]	Milch *f*
mill [mɪl]	Mühle *f*; Fabrik *f*

mind [maɪnd]
Verstand *m*; Geist *m*; beachten; aufpassen; sich kümmern um

to change o.'s mind
[tʊ 'tʃeɪndʒ wʌnz 'maɪnd]
sich anders entschließen

to have a good mind to
[tʊ ˌhæv ə 'gʊd 'maɪnd tʊ]
große Lust haben zu

to have in mind
[tʊ ˌhæv ɪn 'maɪnd]
im Sinn haben

never mind! [nevə 'maɪnd]
schon gut! macht nichts!

mind the step!
['maɪnd ðə 'steps]
Achtung! Stufe!

mind your own business
['maɪnd jɔːrˌ‿əʊn 'bɪznɪs]
kümmern Sie sich um Ihre Angelegenheiten!

do you mind if I smoke?
[dju: 'maɪnd ɪf aɪ 'sməʊk]
haben Sie etwas dagegen, wenn ich rauche?

mine [maɪn]
mein, meine, meiner, meines

it's mine [ɪts 'maɪn]
das gehört mir

mine [maɪn]
Bergwerk *n*

miner ['maɪnə]
Bergmann *m*

minister ['mɪnɪstə]
Minister *m*; Pfarrer *m*

Prime Minister
[ˌpraɪm 'mɪnɪstə]
Premierminister *m*

minute ['mɪnɪt]
Minute *f*

I'll do it this minute
[aɪl 'du: ɪt ðɪs 'mɪnɪt]
ich tue es auf der Stelle, augenblicklich

mirror ['mɪrə]
Spiegel *m*

misery ['mɪzərɪ]
Elend *n*, Not *f*

miss [mɪs]
vermissen; verfehlen, versäumen; Fehlschuß *m*

to be missing [tʊ bi: 'mɪsɪŋ]
vermißt werden

Miss (Brown) [mɪs 'braʊn]
Fräulein (Brown)

mistake (mistook, mistaken)
[mɪ'steɪk, mɪ'stʊk, mɪ'steɪkən]
Fehler *m*, Versehen *n*, Irrtum *m*; falsch auffassen, mißverstehen

by mistake [baɪ mɪ'steɪk]
aus Versehen

there you are mistaken
[ˌðeə jʊ ɑ: mɪ'steɪkən]
da irren Sie sich

mix [mɪks]
mischen

I'm all mixed up
[aɪm 'ɔ:l ˌmɪkst 'ʌp]
ich bin ganz durcheinander

mixture ['mɪkstʃə]
Mischung *f*, Gemisch *n*

model [mɒdl]	Muster *n*, Modell *n*; Muster-
moderate ['mɒdərɪt]	mäßig, gemäßigt
modern ['mɒdən]	modern, zeitgemäß, neuzeit- lich
modest ['mɒdɪst]	bescheiden
moment ['məʊmənt]	Augenblick
at the moment [ət ðə 'məʊmənt]	augenblicklich, im Augenblick
in a moment [ɪn ə 'məʊmənt]	gleich, sofort
just a moment! [ˌdʒʌst ə 'məʊmənt]	einen Augenblick!
he'll be here at any moment [hiːl biː 'hɪər ət enɪ 'məʊmənt]	er wird jeden Augenblick hier sein
Monday ['mʌndɪ]	Montag *m*
money ['mʌnɪ]	Geld *n*
to make money [tʊ ˌmeɪk 'mʌnɪ]	Geld verdienen
monkey ['mʌŋkɪ]	Affe *m*
month [mʌnθ]	Monat *m*
mood [muːd]	Stimmung; Laune
moon [muːn]	Mond *m*
once in a blue moon ['wʌns ɪn ə ˌbluː 'muːn]	alle Jubeljahre; selten
moral ['mɒrəl]	moralisch, sittlich
more [mɔː]	mehr
more and more ['mɔːr ənd 'mɔː]	immer mehr
more or less ['mɔːr ə 'les]	mehr oder weniger
once more [wʌns 'mɔː]	noch einmal
and what more do you want? [ənd wɒt 'mɔː dju 'wɒnt]	und was wünschen Sie noch?
moreover [mɔː'rəʊvə]	außerdem, überdies, ferner
morning ['mɔːnɪŋ]	Morgen *m*; Vormittag *m*
from morning to night [frəm 'mɔːnɪŋ tə 'naɪt]	von morgens bis abends
most [məʊst]	meist
at (the) most [ət (ðə) məʊst]	höchstens
for the most part [fə ðə 'məʊst pɑːt]	größtenteils
most of the day ['məʊst əv ðə 'deɪ]	der größte Teil des Tages
mostly ['məʊstlɪ]	meistens
make the most of it [ˌmeɪk ðə 'məʊst əv ɪt]	nütze es so gut wie möglich aus

mother ['mʌðə] — Mutter *f*

motion [məʊʃn] — Bewegung *f*; Antrag *m*; ein Zeichen geben

to make a motion [tʊ ˌmeɪk ə 'məʊʃn] — einen Antrag stellen

motor ['məʊtə] — Motor *m*

motorbike ['məʊtəˌbaɪk] — Motorrad *n*

motorboat ['məʊtəˌbəʊt] — Motorboot *n*

motorist ['məʊtərɪst] — Autofahrer *m*

motorway ['məʊtəˌweɪ] — Autobahn *f*

mount [maʊnt] — besteigen *(Pferd)*; rahmen *(Foto)*

mountain ['maʊntɪn] — Berg *m*; Gebirge *n*

mouse *(pl* mice) [maʊs, maɪs] — Maus *f*

mouth [maʊθ] — Mund *m*; Mündung *f*

they live from hand to mouth [ðeɪ 'lɪv frəm 'hænd tə 'maʊθ] — sie leben von der Hand in den Mund

move [muːv] — bewegen; erregen, antreiben, umziehen; Bewegung *f*

to move along/on [tʊ 'muːv ə'lɒŋ/'ɒn] — weitergehen

to move away [tʊ ˌmuːv ə'weɪ] — fort-, wegziehen

to move in [tʊ ˌmuːv 'ɪn] — einziehen

to move out [tʊ ˌmuːv 'aʊt] — ausziehen

to be deeply moved [tʊ biː 'diːplɪ 'muːvd] — tief ergriffen sein

to be moved to tears [tʊ 'muːvd tʊ 'tɪəz] — zu Tränen gerührt sein

I move we adjourn [aɪ 'muːv wɪ ə'dʒɜːn] — ich beantrage Vertagung

movement ['muːvmənt] — Bewegung *f*

Mr/Mrs (Brown) ['mɪstə/'mɪsɪz 'braʊn] — Herr/Frau (Brown)

Messrs ['mesəz] — *pl von* Mr; an die Herren

much [mʌtʃ] — viel; sehr

thank you very much ['θæŋk jʊ 'verɪ ˌmʌtʃ] — danke sehr

how much is it? [haʊ 'mʌtʃ 'ɪz ˌɪt] — wieviel macht es?

much better ['mʌtʃ ˌbetə] — viel besser

as much as [æz 'mʌtʃ æz] — soviel wie

mud [mʌd] — Schlamm *m*, Schmutz *m*

murder ['mɜːdə] — Mord *m*; ermorden

muscle [mʌsl] Muskel *m*
music ['mjuːzɪk] Musik *f*
must: *I must not* [aɪ 'mʌsnt] ich darf nicht
you must never forget that das dürfen Sie nie vergessen
[juː ˌmʌst 'nevə fə'get ðæt]
he must be sick er muß krank sein
[hiː 'mʌst biː 'sɪk]
my [maɪ] mein
I wash my hands ich wasche mir die Hände
[aɪ 'wɒʃ maɪ 'hændz]
myself [maɪ'self] mich, mir
I can do it by myself ich kann es allein tun
[aɪ ˌkən 'duː ɪt baɪ maɪ'self]
mystery ['mɪstərɪ] Geheimnis *n*; Rätsel *n*
mystery story ['mɪstətrɪ ˌstɔːrɪ] Detektivgeschichte
mysterious [mɪs'tɪərɪəs] geheimnisvoll, rätselhaft

N

nail [neɪl] Nagel *m*; (an)nageln
name [neɪm] Name *m*; benennen
what's the name of this wie heißt der Ort?
place?
[ˌwɒts ðə 'neɪm əv ðɪs 'pleɪs]
he called me names er beschimpfte mich
[hiː kɔːld mɪ 'neɪmz]
Christian name Vorname *m*
['krɪstʃən ˌneɪm]
first name ['fɜːst neɪm] Vorname *m*
narrow ['nærəʊ] eng; knapp; schmal;
   sich verengen; einengen
nasty ['nɑːstɪ] häßlich, ekelhaft, schlimm
nation [neɪʃn] Volk *n*, Nation *f*
national [næʃnl] Staatsangehörige(r) *m*
native ['neɪtɪv] einheimisch;
   Eingeborene(r) *f(m)*
native tongue/land Muttersprache *f* / Heimatland *n*
['neɪtɪv 'tʌŋ/'lænd]
natural ['nætʃrəl] natürlich
nature ['neɪtʃə] Natur *f*; Beschaffenheit *f*
by nature [baɪ 'neɪtʃə] von Natur aus
near [nɪə] nahe

near by [nɪə 'baɪ]	in der Nähe
nearly ['nɪəlɪ]	fast, beinahe
neat [niːt]	ordentlich, sauber
necessary ['nesəsərɪ]	notwendig, nötig
necessity [nɪ'sesɪtɪ]	Notwendigkeit *f*, Bedürfnis *n*
neck [nek]	Hals *m*, Genick *n*
need [niːd]	Not *f*; Bedürfnis *n*; brauchen, benötigen
I need some rest badly [aɪ 'niːd sʌm 'rest 'bædlɪ]	ich habe Ruhe dringend nötig
if need be [ɪf 'niːd biː]	wenn es sein muß
need he do it? ['niːd hɪ 'duː ɪt]	muß er es tun?
to be in need of [tʊ biː ɪn 'niːd əv]	nötig haben, brauchen
needle [niːdl]	Nadel *f*
neglect [nɪ'glekt]	Vernachlässigung *f*, Nachlässigkeit *f*; vernachlässigen; versäumen
neighbour ['neɪbə]	Nachbar(in) *m(f)*
in the neighbourhood [ɪn ðə 'neɪbəhʊd]	in der Nachbarschaft
neighbouring ['neɪbərɪŋ]	angrenzend, benachbart
neither ['naɪðə, *Am* 'niːðə]	keine(r, s)
neither ... nor ['naɪðə ... nɔː]	weder ... noch
in neither case [ɪn 'naɪðə 'keɪs]	in keinem Fall *(von zweien)*
nephew ['nevjuː, 'nefjuː]	Neffe *m*
nerve [nɜːv]	Nerv *m*
nervous ['nɜːvəs]	nervös, reizbar; kräftig
nest [nest]	Nest *n*
net [net]	Netz *n*; netto
network ['netwɜːk]	Netz *n*, Sendenetz *n*
never ['nevə]	nie, niemals; durchaus nicht
never again ['nevər_ə'gen]	nie wieder
nevertheless ['nevəðə'les]	trotzdem, dennoch
new [njuː]	neu
news [njuːz]	Nachricht *f*; Neuigkeit(en) *f (pl)*
the news is important [ðə 'njuːz ɪz ɪm'pɔːtnt]	die Nachricht ist wichtig
that's news to me [ðæts 'njuːz tə 'miː]	das ist mir neu
newspaper ['njuːsˌpeɪpə]	Zeitung *f*
next [nekst]	nächste(r, s); zunächst
next to ['nekst tʊ]	neben, bei

the next but one [ðə 'nekst bət 'wʌn]	der übernächste
what next? [wɒt 'nekst]	was nun?
nice [naɪs]	hübsch, nett; fein
did you have a nice time? [dɪd ju: ˌhæv ə 'naɪs 'taɪm]	haben Sie sich gut unterhalten?
niece [ni:s]	Nichte *f*
night [naɪt]	Nacht *f*
all night/by night [ɔ:l 'naɪt/baɪ 'naɪt]	die ganze Nacht hindurch/ nachts
last night [lɑ:st 'naɪt]	gestern abend
no [nəʊ]	nein; kein(e, er, es)
no smoking ['nəʊ 'sməʊkɪŋ]	Rauchen verboten!
to be no good [tʊ bi: 'nəʊ gʊd]	nichts taugen
no one ['nəʊ wʌn]	niemand
noble [nəʊbl]	adlig; großzügig; edel
nobody ['nəʊbədɪ]	niemand
noise [nɔɪz]	Lärm *m*; Geräusch *n*
noisy ['nɔɪzɪ]	laut, lärmend
none [nʌn]	keine(r, s); gar nicht
that's none of your business [ðæts ˌnʌn əv 'jɔ: 'bɪznɪs]	das geht Sie nichts an
nonsense ['nɒnsəns]	Unsinn *m*
noon [nu:n]	Mittag *m*
nor [nɔ:]	noch; auch nicht
normal [nɔ:ml]	normal
north [nɔ:θ]	Norden *m*; nördlich
northern ['nɔ:ðən]	nördlich
nose [nəʊz]	Nase *f*
just follow your nose! [dʒəst 'fɒləʊ jɔ: 'nəʊz]	immer der Nase nach!
not [nɒt]	nicht
not ... yet [nɒt ... jet]	noch nicht
note [nəʊt]	Anmerkung *f*; Notiz *f*; beachten
to take note of [tʊ 'teɪk 'nəʊt əv]	zur Kenntnis nehmen
to take notes of [tʊ 'teɪk 'nəʊts əv]	sich Aufzeichnungen machen über
notebook ['nəʊtbʊk]	Notizbuch *n*
nothing ['nʌθɪŋ]	nichts
for nothing [fə 'nʌθɪŋ]	umsonst
notice ['nəʊtɪs]	Notiz *f*; Bekanntmachung *f*; (be)merken, beachten

at a moment's notice   jeden Augenblick
[æt ə 'məʊmənts 'nəʊtɪs]

until further notice   bis auf weiteres
[ʌn'tɪl 'fɜːðə 'nəʊtɪs]

without notice   fristlos
[wɪð'aʊt 'nəʊtɪs]

to give notice   kündigen
[tʊ 'gɪv 'nəʊtɪs]

he took no notice   er bemerkte es nicht
[hiː 'tʊk 'nəʊ 'nəʊtɪs]

November [nəʊ'vembə]   November *m*

now [naʊ]   jetzt, nun, eben

by now [baɪ 'naʊ]   jetzt (schon)

from now on [frɒm 'naʊ ˌɒn]   von jetzt an

just now [dʒʌst 'naʊ]   soeben, gerade

up to now [ʌp tʊ 'naʊ]   bis jetzt

now and then [naʊ‿ənd 'ðen]   dann und wann

nowadays ['naʊədeɪz]   heutzutage

nowhere ['nəʊweə]   nirgends

number ['nʌmbə]   Nummer *f*; Zahl *f*; numerieren

quite a number of people   eine ganze Anzahl Leute
['kwaɪt ə 'nʌmbər‿əv 'piːpl]

nurse [nɜːs]   Kranken-/Kinderschwester *f*; pflegen

nut [nʌt]   Nuß *f*; Schraubenmutter *f*

in a nutshell [ɪn ə 'nʌtʃel]   kurz zusammengefaßt

O

oak [əʊk]   Eiche *f*

obey (s.o.) [ə'beɪ 'sʌmwʌn]   (jdm) gehorchen; befolgen

object ['ɒbdʒɪkt]   Gegenstand m, Objekt *n*; Ziel *n*

object (to) [əb'dʒekt tʊ]   Einspruch erheben (gegen)

if you don't object   wenn Sie nichts dagegen haben
[ɪf jʊ 'dəʊnt əb'dʒekt]

objection [əb'dʒekʃn]   Einwand *m*

I have no objections   ich habe nichts einzuwenden
[aɪ hæv 'nəʊ əb'dʒekʃnz]

observation [ɒbzə'veɪʃən]   Beobachtung *f*; Bemerkung *f*

observe [əb'zɜːv]   beobachten, wahrnehmen; bemerken

obviously ['ɒbvɪəslɪ]   offensichtlich

occasion [ə'keɪʒn] Gelegenheit f; Anlaß m
  on several occasions bei verschiedenen Gelegen-
  [ɒn 'sevrəl ə'keɪʒnz] heiten
occasional [ə'keɪʒənl] gelegentlich
occupation [ˌɒkjʊ'peɪʃən] Beruf m; Beschäftigung f;
  Besetzung f
occupy ['ɒkjʊpaɪ] besetzen; in Anspruch nehmen

  to be occupied beschäftigt sein
  [tʊ bi: 'ɒkjʊpaɪd]
ocean ['əʊʃn] Ozean m
o'clock [ə'klɒk] s. clock
October [ɒk'təʊbə] Oktober m
of [ɒv/əv] von; über; aus; vor
  a glass of water ein Glas Wasser
  [ə ˌglɑːs əv 'wɔːtə]
  he died of a heart attack er starb an einem Herzschlag
  [hi: daɪd əv ə 'hɑːt‿ə'tæk]
off [ɒf] fort; weg; von; entfernt
  to take off [tʊ 'teɪk 'ɒf] abnehmen; *(Kleider)* ausziehen
  hands off! [ˌhændz 'ɒf] Hände weg!
  he's well/badly off es geht ihm gut/schlecht
  [hi:z ˌwel/ˌbædlɪ 'ɒf]
  I'm off [aɪm 'ɒf] ich gehe jetzt
  I have a day off ich habe einen Tag frei
  [aɪ hæv ə 'deɪ 'ɒf]
offend [ə'fend] beleidigen
offence [ə'fens] Beleidigung f; Vergehen n
  to take offence at Anstoß nehmen an
  [tʊ 'teɪk ə'fens æt]
offer ['ɒfə] Angebot n; (an)bieten
  to offer resistance Widerstand leisten
  [tʊ 'ɒfə rɪ'zɪstns]
office ['ɒfɪs] Amt n; Dienst m; Büro n
  in office [ɪn 'ɒfɪs] im Amt
officer ['ɒfɪsə] Beamte(r) m; Offizier m
official [ə'fɪʃl] Beamte(r) m; offiziell
often ['ɒfn] oft, häufig
oh [əʊ] ach
oil [ɔɪl] Öl n; ölen
O.K., OK., okay [əʊ'keɪ] einverstanden, in Ordnung
old [əʊld] alt
on [ɒn] auf; in; an; über; bei; nach

on and on [ˈɒn ənd ˈɒn]	in einem fort
on vacation [ɒn vəˈkeɪʃn] *Am*	im Urlaub
on the radio/phone	im Radio/am Telephon
[ɒn ðə ˈreɪdɪəʊ/ˈfəʊn]	
on what day? [ɒn ˈwɒt ˌdeɪ]	an welchem Tag?
he's on duty [hiːz ɒn ˈdjuːtɪ]	er hat Dienst
once [wʌns]	einmal; sobald
once upon a time	es war einmal
[ˈwʌns əˈpɒn ə ˈtaɪm]	
once (and) for all	ein für allemal
[ˈwʌns ənd fərˈɔːl]	
once in a while	hin und wieder
[ˈwʌns ɪn ə ˈwaɪl]	
once more [ˈwʌns ˈmɔː]	noch einmal
at once [ət ˈwʌns]	auf einmal, sofort
one [wʌn]	eins; man
one at a time [ˈwʌn ət ə ˈtaɪm]	einer nach dem andern
one day [wʌn ˈdeɪ]	eines Tages
one another [ˈwʌn əˈnʌðə]	einander
only [ˈəʊnlɪ]	nur; einzig
only yesterday [əʊnlɪ ˈjestədɪ]	erst gestern
not only ... but also	nicht nur ... sondern auch
[nɒt ˈəʊnlɪ ... bʌt ˈɔːlsəʊ]	
onto [ˈɒntʊ]	auf, an
open [ˈəʊpən]	offen; öffnen
to sleep in the open	im Freien schlafen
[tʊ ˈsliːp ɪn ðɪ ˈəʊpən]	
to open up [tʊ əʊpən ʌp]	aufmachen
open from 9 to 6	geöffnet von 9 bis 6
[əʊpən frəm ˈnaɪn tə ˈsɪks]	
opening [ˈəʊpnɪŋ]	(Er-)Öffnung *f*; offene Stelle *f*
operate [ˈɒpəreɪt]	(ein)wirken; handhaben; operieren
operation [ˌɒpəˈreɪʃn]	Operation *f*; Arbeitsgang *m*; Verfahren *n*
to put into operation	in Betrieb setzen
[tʊ ˌpʊt ˌɪntʊ ˌɒpəˈreɪʃn]	
opinion [əˈpɪnjən]	Meinung *f*; Gutachten *n*
in my opinion [ɪn maɪ əˈpɪnjən]	meiner Meinung nach
what's your opinion?	was ist Ihre Ansicht?
[wɒts jɔːrˈəˈpɪnjən]	
he's of another opinion	er ist anderer Meinung
[hiːz əv əˈnʌðərˈəˈpɪnjən]	
opportunity [ˌɒpəˈtjuːnətɪ]	Gelegenheit *f*

to take/to seize an opportunity [tʊ teɪk/tʊ 'si:z ən ˌɒpə'tju:nətɪ]	eine Gelegenheit ergreifen
opposite (to) ['ɒpəzɪt tʊ]	entgegengesetzt; gegenüber; Gegenteil *n*
on the opposite side [ɒn ðɪ 'ɒpəzɪt 'saɪd]	auf der gegenüberliegenden Seite
in the opposite direction [ɪn ðɪ 'ɒpəzɪt daɪ'rekʃn]	in der entgegengesetzten Richtung
opposition [ˌɒpə'zɪʃn]	Widerstand *m*; Gegensatz *m*; Widerspruch *m*
or [ɔ:]	oder
or else [ɔ:r‿'els]	sonst, andernfalls
orange ['ɒrɪndʒ]	Orange *f*
order ['ɔ:də]	Ordnung *f*; Befehl *m*; Auftrag *m*; befehlen; bestellen
by order of [baɪ 'ɔ:dər‿əv]	im Auftrag von
in order to [ɪn 'ɔ:də tʊ]	um ... zu
to be out of order [tʊ bi: 'aʊt əv 'ɔ:də]	nicht in Ordnung/kaputt sein
to make to order [tʊ 'meɪk tʊ 'ɔ:də]	nach Maß machen
ordinary ['ɔ:dnrɪ]	gewöhnlich; alltäglich
organ ['ɔ:gən]	Orgel *f*; Organ *n*
organize ['ɔ:gənaɪz]	organisieren, einrichten, ordnen
organization [ˌɔ:gənaɪ'zeɪʃn]	Organisation *f*
origin ['ɒrɪdʒɪn]	Ursprung *m*
original [ə'rɪdʒənl]	ursprünglich; Original *n*
other ['ʌðə]	andere(r, s)
every other ['evrɪ 'ʌðə]	jeder zweite
somehow or other [sʌmhaʊ ɒr‿'ʌðə]	irgendwie
with each other [wɪð 'i:tʃ 'ʌðə]	miteinander
otherwise ['ʌðəwaɪz]	sonst
ought: *I ought to go* [aɪ 'ɔ:t tə 'gəʊ]	ich sollte gehen
ounce [aʊns]	Unze *f*
our ['aʊə]	unser, unsere
ours ['aʊəz]	unsere, unserer, unseres
ourselves [aʊə'selvz]	uns selbst
out [aʊt]	aus; hinaus; auswärts
out of order [ˌaʊt əv 'ɔ:də]	in Unordnung; außer Betrieb

out of danger [ˌaʊt əv 'deɪndʒə]	außer Gefahr
out of doors [ˌaʊt əv 'dɔ:z]	im Freien
out of town [ˌaʊt əv 'taʊn]	auswärts
that's out of the question [ðæts ˌaʊt əv ðə 'kwestʃən]	das kommt nicht in Betracht
outer ['aʊtə]	äußere
outline ['aʊtlaɪn]	Umriß *m*; Skizze *f*
outside [ˌaʊt'saɪd]	außer; draußen; Äußere(s) *n*
from the outside [frɒm ðɪ ˌaʊt'saɪd]	von außen
over ['əʊvə]	über; hinüber; über
over again ['əʊvər_ə'gen]	nochmals
over and over again ['əʊvər_ənd 'əʊvər_ə'gen]	immer wieder
all over [ˌɔ:l 'əʊvə]	überall; über und über
over and above ['əʊvər_ənd ə'bʌv]	außerdem
the show is over [ðə 'ʃəʊz 'əʊvə]	die Vorstellung ist aus
to stay overnight [tʊ 'steɪ ˌəʊvə'naɪt]	über Nacht bleiben
overcome (-came, -come) [ˌəʊvə'kʌm, -'keɪm, -'kʌm]	überwinden, überwältigen
owe [əʊ]	schulden; verdanken
owing to ['əʊɪŋ tʊ]	wegen, infolge, dank
own [əʊn]	eigen; besitzen; eingestehen, zugeben
I have a room of my own [aɪ ˌhæv ə 'ru:m əv maɪ 'əʊn]	ich habe mein eigenes Zimmer
he is on his own [hi:z ən hɪz 'əʊn]	er steht auf eigenen Füßen
owner ['əʊnə]	Inhaber *m*, Besitzer *m*, Eigentümer *m*
ox (*pl* oxen) [ɒks, ɒksn]	Ochse *m*

P

pack [pæk] — (ein)packen; Pack *m*; Rudel *n*
a pack of cards — ein Spiel Karten
[ə 'pæk əv 'kɑːdz]
packet ['pækɪt] — Paket *n*, Päckchen *n*, Schachtel *f*

page [peɪdʒ] — Seite *f*, Blatt *n*
turn the page ['tɜːn ðə 'peɪdʒ] — blättern Sie um
pain [peɪn] — Schmerz *m*
to take pains [tʊ ˌteɪk 'peɪnz] — sich Mühe geben
painful ['peɪnfʊl] — schmerzhaft
paint [peɪnt] — Farbe *f*;
 (an)streichen, (be)malen
wet paint! [ˌwet 'peɪnt] — frisch gestrichen!
painter ['peɪntə] — Maler *m*
pair [peə] — Paar *n*
a pair of scissors — eine Schere
[ə 'peər‿əv 'sɪsəz]
in pairs [ɪn 'peəz] — paarweise
palace ['pælɪs] — Palast *m*
pale (with) [peɪl wɪð] — blaß, bleich (vor)
to turn pale [tʊ ˌtɜːn 'peɪl] — blaß werden
pan [pæn] — Pfanne *f*
paper ['peɪpə] — Papier *n*; Zeitung *f*; Schriftstück *n*
a sheet of paper — ein Blatt Papier
[ə 'ʃiːt əv 'peɪpə]
paragraph ['pærəgrɑːf] — Paragraph *m*
parcel ['pɑːsl] — Paket *n*
pardon ['pɑːdn] — Verzeihung *f*; Begnadigung *f*
to ask pardon for — um Verzeihung bitten für
[tʊ 'ɑːsk 'pɑːdn fə]
(I) beg (your) pardon! — entschuldigen Sie!
[aɪ 'beg jɔː 'pɑːdn]
pardon? ['pɑːdn] — wie bitte?
parents ['peərənts] — Eltern *pl*
park [pɑːk] — Park *m*; parken
no parking [ˌnəʊ 'pɑːkɪŋ] — Parken verboten!
car park ['kɑː ˌpɑːk] — Parkplatz *m*
part (with) ['pɑːt wɪð] — teilen; sich trennen (von);
 teils; Teil *m*
for my part [fə 'maɪ ˌpɑːt] — meinerseits; meinetwegen

for the most part [fə ðə ˈməʊst ˌpɑːt]	größtenteils; meist
in part/partly [ɪn ˈpɑːt/pɑːtlɪ]	zum Teil, teilweise
to take part in [tʊ ˌteɪk ˈpɑːt ɪn]	teilnehmen/sich beteiligen an
to take s.o.'s part [tʊ ˌteɪk ˌsʌmwʌnz ˈpɑːt]	jds Partei ergreifen
spare parts [ˈspeə ˈpɑːts] *pl*	Ersatzteile *n pl*
part-time [ˈpɑːtˌtaɪm]	Teilzeit *f*
particular [pəˈtɪkjʊlə]	besondere(r, s); Einzelheit *f*
in particular [ɪn pəˈtɪkjʊlə]	insbesondere
he's very particular [hiːz verɪ pəˈtɪkjʊlə]	er ist sehr wählerisch
particularly [pəˈtɪkjʊləlɪ]	besonders
party [ˈpɑːtɪ]	Partei *f*; Gesellschaft *f*; Partie *f*
I won't be a party to that [aɪ ˈwəʊnt biː ə ˈpɑːtɪ tə ˌðæt]	das mache ich nicht mit
pass (by) [pɑːs baɪ]	Paß *m*; Ausweis *m*; Durchgang *m*; vorbeigehen (an); *(Zeit)* verfließen
to pass away/off/for [tʊ pɑːs əˈweɪ/ɒf/fɔː]	sterben/vergehen/gelten als
to pass on [tʊ pɑːs ˈɒn]	weitersagen
to pass sentence [tʊ ˌpɑːs ˈsentns]	ein Urteil fällen
to let pass [tʊ ˌlet ˈpɑːs]	durchlassen
please pass the bread [pliːz ˈpɑːs ðə ˈbred]	bitte, reichen Sie mir das Brot
passage [ˈpæsɪdʒ]	Durchgang *m*; Korridor *m*; *(Buch)* Stelle *f*
passenger [ˈpæsɪndʒə]	Passagier *m*; Reisende(r) *m*
passer-by [ˈpɑːsə ˌbaɪ]	Vorübergehende(r) *m*
passport [ˈpɑːspɔːt]	Paß *m*
past [pɑːst]	Vergangenheit *f*; vergangen; vorüber
in the past [ɪn ðə ˈpɑːst]	früher
to go/to walk past s.o. [tʊ gəʊ/tʊ ˌwɔːk ˈpɑːst ˈsʌmwʌn]	an jdm vorübergehen
path [pɑːθ]	Pfad *m*, Weg *m*
patience [ˈpeɪʃns]	Geduld *f*; Ausdauer *f*
don't lose your patience [ˈdəʊnt luːz jɔː ˈpeɪʃns]	werde nicht ungeduldig
patient [ˈpeɪʃnt]	Patient *m*; geduldig

pause [pɔ:z]
Pause *f*;
pausieren; zögern, verweilen

pay (paid, paid)
[peɪ, peɪd, peɪd]
Bezahlung *f*; Lohn *m*;
(be)zahlen; sich lohnen
to pay attention [tʊ peɪ ə'tenʃn]
aufpassen
to pay a visit to s.o.
[tʊ peɪ ə 'vɪzɪt tʊ 'sʌmwʌn]
jdm einen Besuch machen/
abstatten
to pay back/off
[tʊ peɪ 'bæk/'ɒf]
zurück(be)zahlen/abbezahlen

payment ['peɪmənt]
Bezahlung *f*; Vergütung *f*
payment received
['peɪmənt rɪ'si:vd]
Betrag erhalten

peace [pi:s]
Friede *m*; Ruhe *f*
to make peace [tʊ ˌmeɪk 'pi:s]
Frieden schließen

pear [peə]
Birne *f*; Birnbaum *m*

peculiar [pɪ'kju:ljə]
besonder(s), eigentümlich

pen [pen]
(Schreib-)Feder *f*

pence [pens]
Pence *m*

pencil [pensl]
Bleistift *m*

penny ['penɪ]
Penny *m*, Pfennig *m*

people [pi:pl]
Volk *n*; Leute *pl*
all the peoples of the world
['ɔ:l ðə 'pi:plz əv ðə 'wɜ:ld]
alle Völker der Erde
many people were hurt
['menɪ 'pi:pl wɜ: 'hɜ:t]
viele Leute wurden verletzt

per [pɜ:]
per; pro; für
per cent [pɜ:'sent]
Prozent

perfect ['pɜ:fəkt]
vollkommen, vollendet
it's perfectly silly
[ɪts 'pɜ:fəktlɪ 'sɪlɪ]
es ist völlig töricht

perfect [pə'fekt]
vervollkommnen

perform [pə'fɔ:m]
ausführen, vollbringen; spielen, vortragen

performance [pə'fɔ:məns]
Vorstellung *f*, Aufführung *f*;
Leistung *f*
evening performance
['i:vnɪŋ pə'fɔ:məns]
Abendvorstellung *f*

perhaps [pə'hæps, præps]
vielleicht

permission [pə'mɪʃn]
Genehmigung *f*; Erlaubnis *f*

permit [pə'mɪt]
erlauben
to be permitted
[tʊ bi: pə'mɪtɪd]
dürfen

permit ['pɜ:mɪt]
Erlaubnisschein *m*

person [pɜ:sn]	Person *f; theat* Rolle *f*
in person [ɪn 'pɜ:sn]	persönlich
personal [pɜ:snl]	persönlich
persuade (of, to)	überreden, überzeugen (zu,
[pə'sweɪd əv/tʊ]	von)
petrol ['petrəl]	Benzin *n*
phone [fəʊn]	Telefon *n;*
	telefonieren
photograph ['fəʊtəgrɑ:f]	Photographie *f;*
	photographieren
piano [pɪ'ænəʊ]	Klavier *n*
pick [pɪk]	picken, zupfen; *(Frucht)* pflük-
	ken; auswählen
to pick out/up [tʊ 'pɪk aʊt/ʌp]	aussuchen/aufheben; mit-,
	aufnehmen
to pick a quarrel with	Streit anfangen mit
[tʊ 'pɪk ə 'kwɒrəl wɪð]	
picture ['pɪktʃə]	Bild *n;* Photo *n;* Film *m;*
	darstellen, beschreiben
to take a picture/pictures	Aufnahmen machen, photo-
[tʊ 'teɪk ə 'pɪktʃə/'pɪktʃəz]	graphieren
I go to the pictures	ich gehe ins Kino
[aɪ ˌgəʊ tʊ ðə 'pɪktʃəz]	
piece [pi:s]	Stück *n*
a piece of advice	ein Rat
[ə 'pi:s əv əd'vaɪs]	
to go to pieces	in die Brüche gehen
[tʊ ˌgəʊ tʊ 'pi:sɪz]	
pig [pɪg]	Schwein *n*
pigeon ['pɪdʒɪn]	Taube *f*
pile [paɪl]	Haufen *m;* Stoß *m;* Pfahl *m;*
	stapeln
to pile up [tʊ 'paɪl ʌp]	aufhäufen
pin [pɪn]	Stecknadel *f;* Reißzwecke *f;*
	befestigen, feststecken
I was on pins and needles	ich saß auf glühenden Kohlen
[aɪ 'wəz ən 'pɪnz ənd 'ni:dlz]	
pint (of milk, beer)	Pint *n (f)*
['paɪnt əv 'mɪlk/bɪə]	
pipe [paɪp]	Pfeife *f;* Röhre *f;* pfeifen
pity ['pɪtɪ]	Mitleid *n;* bemitleiden
what a pity! ['wɒt ə 'pɪtɪ]	wie schade!
it's a pity ['ɪts ə 'pɪtɪ]	es ist schade
I pity you [aɪ 'pɪtɪ ju:]	du tust mir leid

place [pleɪs]

Platz *m*, Ort *m*;
setzen, stellen, legen

in place of [ɪn 'pleɪs əv]

an Stelle von

in the first place
[ɪn ðə 'fɜːst ˌpleɪs]

erstens

to be out of place
[tʊ biː 'aʊt əv 'pleɪs]

unangebracht sein

to take place [tʊ ˌteɪk 'pleɪs]

stattfinden

plain [pleɪn]

einfach; flach; einfarbig; ehrlich; Ebene *f*; Fläche *f*

he made it plain to me
[hiː ˌmeɪd ɪt 'pleɪn tə 'miː]

er machte es mir klar

he told me the plain truth
[hiː 'təʊld miː ðə 'pleɪn ˌtruːθ]

er schenkte mir reinen Wein
ein

plan [plæn]

Plan *m*; Entwurf *m*; planen

according to plan
[ə'kɔːdɪŋ tʊ 'plæn]

planmäßig

plane [pleɪn]

Ebene *f*; Flugzeug *n*

plant [plɑːnt]

Pflanze *f*; Fabrikanlage *f*;
pflanzen; errichten, gründen

plastic ['plæstɪk]

Plastik *n*; aus Plastik

plate [pleɪt]

Teller *m*; Tafel *f*; Platte *f*

platform ['plætfɔːm]

Bahnsteig *m*; Plattform *f*

play [pleɪ]

Spiel *n*; Schauspiel *n*; spielen

to play a trick on s.o.
[tʊ 'pleɪ ə 'trɪk ɒn ˌsʌmwʌn]

jdm einen Streich spielen

to play at robbers/cards
[tʊ 'pleɪ æt 'rɒbəz/kɑːdz]

Räuber/Karten spielen

player ['pleɪə]

Spieler *m*

pleasant [pleznt]

angenehm

please [pliːz]

gefallen, erfreuen; bitte

to be pleased with s.th.
[tʊ biː 'pliːzd wɪð 'sʌmθɪŋ]

sich über etw freuen

do as you please
['duː æz jʊ 'pliːz]

tun Sie, was Sie wollen

(if you) please [ɪf jʊ 'pliːz]

bitte!

pleasure ['pleʒə]

Vergnügen *n*

to take much pleasure in
[tʊ ˌteɪk ˌmʌtʃ 'pleʒər‿ɪn]

viel Freude haben an

plenty ['plentɪ]

Fülle *f*, Überfluß *m*

to have plenty of time
[tʊ hæv 'plentɪ əv 'taɪm]

viel Zeit haben

plough, *Am* **plow** [plaʊ]

Pflug *m*; pflügen

plural ['pluərəl]	Plural m
pocket ['pɒkɪt]	Tasche f; einstecken
put it in your pocket [,pʊt ɪt ɪn jɔː 'pɒkɪt]	stecken Sie es in die Tasche
poem ['pəʊɪm]	Gedicht n
poet ['pəʊɪt]	Dichter m
poetry ['pəʊɪtrɪ]	Dichtung f
point (at, to) [pɔɪnt æt/tʊ]	Spitze f; Seite f; zeigen (auf)
to the point [tʊ ðə 'pɔɪnt]	treffend
to be on the point of [tʊ biː ən ðə 'pɔɪnt əv]	im Begriff sein zu
that's beside the point [ðæts bɪ'saɪd ðə 'pɔɪnt]	das gehört nicht zur Sache
there's no point in that [ðeəz 'nəʊ ,pɔɪnt ɪn ,ðæt]	das hat keinen Sinn
point of view ['pɔɪnt əv 'vjuː]	Gesichtspunkt m
poison [pɔɪzn]	Gift n; vergiften
poisonous ['pɔɪznəs]	giftig
police [pə'liːs]	Polizei f
policeman [pə'liːsmən]	Polizist m
polish ['pɒlɪʃ]	Politur f; Creme f; polieren, glätten
he polished his shoes [hiː 'pɒlɪʃt hɪz 'ʃuːz]	er putzte seine Schuhe
polite (to) [pə'laɪt tʊ]	höflich (gegen)
political [pə'lɪtɪkl]	politisch
politician [,pɒlɪ'tɪʃn]	Politiker m, Politikerin f
politics ['pɒlɪtɪks] *pl*	Politik f
pool [puːl]	Teich m, Tümpel m; (Spiel-)Einsatz m
swimming pool ['swɪmɪŋ 'puːl]	Schwimmbad n
poor [pʊə]	arm; armselig, dürftig
the poor [ðə 'pʊə]	die Armen
a poor joke [ə ,pʊə 'dʒəʊk]	ein schwacher Witz
popular ['pɒpjʊlə]	volkstümlich, beliebt
population [,pɒpjʊ'leɪʃn]	Bevölkerung f
port [pɔːt]	Hafen m
porter ['pɔːtə]	Portier m, Träger m
position [pə'zɪʃn]	Lage f; Stellung f; Standpunkt m
to be in a position to [tʊ biː ɪn ə pə'zɪʃn tʊ]	in der Lage sein zu
possess [pə'zes]	besitzen
possession [pə'zeʃn]	Besitz m

to take possession of [tʊ 'teɪk pə'zeʃn əv]	in Besitz nehmen
possibility [ˌpɒsə'bɪlətɪ]	Möglichkeit *f*
possible ['pɒsəbl]	möglich
possibly ['pɒsəblɪ]	möglicherweise
post [pəʊst]	Posten *m*; Stelle *f*; Post *f*; aufstellen; auf die Post geben; *(Brief)* einwerfen
by return of post [baɪ rɪ'tɜːn əv 'pəʊst]	postwendend
post office ['pəʊst ɒfɪs]	Postamt *n*
to post a bill [tʊ pəʊst ə 'bil]	ein Plakat ankleben
postcard ['pəʊstkɑːd]	Postkarte *f*
postman ['pəʊstmən]	Postbote *m*
postage ['pəʊstɪdʒ]	Porto *n*, Postgebühr *f*
pot [pɒt]	Topf *m*; Kanne *f*
potato (*pl* potatoes) [pə'teɪtəʊ, pə'teɪtəʊz]	Kartoffel *f*
pound [paʊnd]	Pfund *n* (*a. Währung*)
pour [pɔː]	gießen, schütten; einschenken
it's pouring with rain [ɪts 'pɔːrɪŋ wɪð 'reɪn]	es gießt in Strömen
powder ['paʊdə]	Staub *m*; Puder *m*; Pulver *n*; pudern
power ['paʊə]	Macht *f*; Kraft *f*
in power [ɪn 'paʊə]	an der Macht
to come into power [tʊ 'kʌm ɪntʊ 'paʊə]	an die Macht kommen
that's beyond my power [ðæts bɪ'jɒnd maɪ 'paʊə]	das steht nicht in meiner Macht
powerful ['paʊəfʊl]	mächtig
practical ['præktɪkl]	praktisch; brauchbar; erfahren
practice ['præktɪs]	Praxis *f*; Übung *f*
to put into practice [tʊ 'pʊt ɪntʊ 'præktɪs]	in die Tat umsetzen
practise, *Am* **practice** ['præktɪs]	(aus)üben; betreiben; trainieren
praise [preɪz]	loben; Lob *n*
to praise to the skies [tʊ 'preɪz tʊ ðə 'skaɪz]	über den grünen Klee loben
pray (to) [preɪ tʊ]	beten (zu)
prayer [preə]	Gebet *n*
preach [priːtʃ]	predigen
precious ['preʃəs]	kostbar

prefer [prɪ'fɜː]
I prefer standing/to stand
[aɪ prɪ'fɜː 'stændɪŋ/tʊ 'stænd]
preference ['prefərəns]
I have no preference
[aɪ ˌhæv 'nəʊ 'prefərəns]
prejudice ['predʒʊdɪs]

to be prejudiced against
[tʊ biː 'predʒʊdɪst ə'genst]
preparation [ˌprepə'reɪʃn]
in preparation for
[ɪn ˌprepə'reɪʃn fə]
to make preparations
[tʊ ˌmeɪk ˌprepə'reɪʃnz]
prepare (for) [prɪ'peə fə]
to be prepared to
[tʊ biː prɪ'peəd tʊ]
prescribe [prɪ'skraɪb]
presence [preznts]
presence of mind
['prezns əv 'maɪnd]
present (at) [preznt ət]

at present [ət 'preznt]
at the present time
[ət ðə 'preznt taɪm]
for the present [fə ðə 'preznt]
present [preznt]
present [prɪ'zent]

president ['prezɪdənt]
press [pres]
to press out the juice
[tʊ 'pres aʊt ðə 'dʒuːs]
pressure ['preʃə]
to put pressure on
[tʊ ˌpʊt 'preʃə‿ɒn]
pretend [prɪ'tend]
he's just pretending
[hiːz 'dʒʌst prɪ'tendɪŋ]
pretty ['prɪtɪ]
it's pretty much the same
[ɪts 'prɪtɪ ˌmʌtʃ ðə 'seɪm]

vorziehen
ich stehe lieber

Vorzug *m*; Vorliebe *f*
das ist mir einerlei

Vorurteil *n*; Voreingenommen-
heit *f*; Schaden *m*
voreingenommen sein gegen

Vor-, Zubereitung *f*; Präparat *n*
als Vorbereitung zu

Vorbereitungen treffen

vorbereiten (auf); zubereiten
bereit sein zu

vorschreiben; verschreiben
Gegenwart *f*; Anwesenheit *f*
Geistesgegenwart *f*

anwesend (bei); gegenwärtig;
Gegenwart
im Augenblick
gegenwärtig

vorläufig
Geschenk *n*
vorstellen; überreichen;
schenken
Vorsitzende(r) *m*; Präsident *m*
Presse *f*; bügeln; drängen
den Saft auspressen

Druck *m*
Druck ausüben auf

vorgeben, heucheln
er tut nur so

hübsch; ziemlich; beträchtlich
es ist so ziemlich das gleiche

prevent (from) [prɪˈvent frəm]	abhalten (von)
price [praɪs]	Preis *m*
(not) at any price [ˌnɒt ət ˈenɪ ˈpraɪs]	um (keinen) jeden Preis
pride [praɪd]	Stolz *m*, Hochmut *m*
to take pride in [tʊ ˌteɪk ˈpraɪd ɪn]	stolz sein auf
priest [priːst]	Priester *m*
prime minister [ˌpraɪm ˈmɪnɪstə]	Premierminister *m*
prince [prɪns]	Fürst *m*; Prinz *m*
princess [prɪnˈses]	Prinzessin *f*
print [prɪnt]	Druck *m*; *(Foto)* Abzug *m*; drucken
prison [prɪzn]	Gefängnis *n*
prisoner [ˈprɪznə]	Gefangene(r) *m*
private [ˈpraɪvɪt]	privat; persönlich; nicht öffentlich
in private [ɪn ˈpraɪvɪt]	unter vier Augen
keep this private [kiːp ðɪs ˈpraɪvɪt]	behalte das für dich
prize [praɪz]	(Sieges-)Preis *m*; schätzen
probable [ˈprɒbəbl]	wahrscheinlich
problem [ˈprɒbləm]	Problem *n*; Aufgabe *f*; Sorge *f*
to solve a problem [tʊ ˈsɒlv ə ˈprɒbləm]	eine Aufgabe lösen
no problem! [ˈnəʊ ˈprɒbləm]	kein Problem!
produce [prəˈdjuːs]	erzeugen, herstellen; vorzeigen
product [ˈprɒdʌkt]	Produkt *n*, Erzeugnis *n*
production [prəˈdʌkʃn]	Produktion *f*; Erzeugnis *n*
profession [prəˈfeʃn]	Beruf *m*; Stand *m*
by profession [baɪ prəˈfeʃn]	von Beruf
professional [prəˈfeʃnl]	beruflich; fachmännisch
professor [prəˈfesə]	Professor *m*, Professorin *f*
profit [ˈprɒfɪt]	Gewinn *m*; Nutzen *m*; Nutzen bringen
at a high profit [æt ə ˌhaɪ ˈprɒfɪt]	mit hohem Gewinn
to yield profit [tʊ ˈjiːld ˈprɒfɪt]	Nutzen abwerfen
program(me) [ˈprəʊɡræm]	Programm *n*
progress [ˈprəʊɡres]	Fortschritt *m*
to be in progress [tʊ biː ɪn ˈprəʊɡres]	durchgeführt werden
progress [prəˈɡres]	Fortschritte machen

promise ['prɒmɪs]   Versprechen *n*; versprechen
   to keep o.'s promise   sein Versprechen halten
   [tʊ 'kiːp wʌnz 'prɒmɪs]
pronounce [prə'naʊns]   aussprechen; verkünden
pronunciation [prəˌnʌnsɪ'eɪʃn]   Aussprache *f*
proof [pruːf]   Beweis *m*; Probeabzug *m*;
   sicher; undurchdringlich
proper ['prɒpə]   passend; richtig; geeignet
   everything at the proper time   alles zu seiner Zeit
   ['evrɪθɪŋ æt ðə 'prɒpə 'taɪm]
   to behave properly   sich anständig benehmen
   [tʊ bɪ'heɪv 'prɒpəlɪ]
property ['prɒpətɪ]   Eigentum *n*; Grundstück *n*;
   Eigenschaft *f*
propose (for) [prə'pəʊz fə]   vorschlagen (zu)
proposal [prə'pəʊzl]   Vorschlag *m*;
   (Heirats-)Antrag *m*
protect (from) [prə'tekt frəm]   (be)schützen (vor)
protection [prə'tekʃn]   Schutz *m*
protest ['prəʊtest]   Einspruch *m*
protest [prə'test]   protestieren
proud (of) [praʊd əv]   stolz (auf); hochmütig
prove [pruːv]   beweisen; erproben; besagen
provide (for) [prə'vaɪd fə]   versorgen; sorgen (für)
   provided that [prə'vaɪdɪd ðæt]   vorausgesetzt, daß
provisions [prə'vɪʒənz]   Lebensmittel *pl*
public ['pʌblɪk]   Publikum *n*;
   öffentlich; allgemein
   bekannt
   in public [ɪn 'pʌblɪk]   in der Öffentlichkeit
pub(lic house) ['pʌblɪk haʊs]   Pub *n*, Wirtshaus *n*
pull [pʊl]   ziehen, reißen, zerren
   to pull down [tʊ ˌpʊl 'daʊn]   niederreißen
   to pull out [tʊ ˌpʊl 'aʊt]   herausreißen
   to pull through [tʊ ˌpʊl 'θruː]   durchkommen
   to pull a tooth [tʊ 'pʊl ə 'tuːθ]   einen Zahn ziehen
pump [pʌmp]   Pumpe *f*; pumpen
punish (for) ['pʌnɪʃ fə]   (be)strafen (für)
punishment ['pʌnɪʃmənt]   Strafe *f*; Bestrafung *f*
pupil ['pjuːpl]   Schüler *m*
pure ['pjʊə]   rein; echt
purpose ['pɜːpəs]   Zweck *m*; Absicht *f*, Vorsatz *m*
   on purpose, purposely   absichtlich
   [ɒn 'pɜːpəs/'pɜːpəslɪ]

to serve the purpose | den Zweck erfüllen
[tʊ 'sɜ:v ðə 'pɜ:pəs]
to no purpose [tʊ 'nəʊ 'pɜ:pəs] | umsonst
purse [pɜ:s] | Geldbörse *f*
push [pʊʃ] | stoßen; schieben; drängen
don't push! ['dəʊnt 'pʊʃ] | nicht drängen!
put (put, put) [pʊt, pʊt, pʊt] | setzen; stellen; legen
to put down [tʊ 'pʊt daʊn] | niederstellen; niederschreiben
to put off [tʊ 'pʊt 'ɒf] | aufschieben
to put on [tʊ 'pʊt 'ɒn] | *(Hut)* aufsetzen; *(Licht)* anmachen; *(Kleid)* anziehen
to put out/up [tʊ 'pʊt aʊt/ʌp] | auslöschen/errichten, bauen
to put up with [tʊ 'pʊt 'ʌp wɪð] | sich abfinden mit
to put an end to | ein Ende machen
[tʊ 'pʊt ən 'end tʊ]
to put in order [tʊ 'pʊt ɪn 'ɔ:də] | in Ordnung bringen
to put to death [tʊ 'pʊt tʊ 'deθ] | hinrichten
put your name here | schreiben Sie Ihren Namen
['pʊt ˌjɔ: 'neɪm 'hɪə] | hierher
puzzle [pʌzl] | Rätsel *n*; verblüffen
it's a puzzle to me | es ist mir ein Rätsel
[ɪts ə 'pʌzl tʊ mi:]
he looked puzzled | er sah verduzt drein
[hi: ˌlʊkt 'pʌzld]

Q

quality ['kwɒlətɪ] | Qualität *f*; Eigenschaft *f*; Beschaffenheit *f*
quantity ['kwɒntətɪ] | Quantität *f*; Menge *f*
in great quantities | in großen Mengen
[ɪn ˌgreɪt 'kwɒntətɪz]
quarrel ['kwɒrəl] | Streit *m*, Zank *m*; streiten, zanken
to start a quarrel with | Streit anfangen mit
[tʊ stɑ:t ə 'kwɒrəl]
quarter ['kwɔ:tə] | Viertel *n*; Gegend *f*; *pl* Quartier *n*; einquartieren
at close quarters | ganz in der Nähe; eng beieinander
[ət ˌkləʊs 'kwɔ:təz]
from all quarters | von überall her
[frəm 'ɔ:l 'kwɔ:təz]

queen [kwi:n]   Königin *f*
question ['kwestʃən]   Frage *f*; bezweifeln; verhören
  beyond question   außer Zweifel
  [bɪ'jɒnd 'kwestʃən]
  to raise a question   eine Frage aufwerfen
  [tʊ 'reɪz ə 'kwestʃən]
  there's no question about it   darüber besteht kein Zweifel
  [ðeəz 'nəʊ 'kwestʃən]
  it's out of the question   es steht außer Frage
  [ɪts 'aʊt əv ðə 'kwestʃən]
queue [kju:]   (Auto-, Menschen-)Schlange *f*
quick [kwɪk]   schnell
  he's quick at learning   er lernt rasch
  [hi:z 'kwɪk æt 'lɜ:nɪŋ]
quiet ['kwaɪət]   ruhig, still; Ruhe *f*
  to quiet down   sich beruhigen
  [tʊ 'kwaɪət ˌdaʊn]
  keep quiet! ['ki:p 'kwaɪət]   sei ruhig!
  quietly ['kwaɪətlɪ]   leise, ruhig
quite [kwaɪt]   ganz; ziemlich
  that's quite possible   das ist leicht möglich
  [ðæts 'kwaɪt 'pɒsɪbl]
  it got quite cold   es wurde ziemlich kalt
  [ɪt gɒt 'kwaɪt ˌkəʊld]
  that's quite enough   das genügt völlig
  [ðæts 'kwaɪt ɪ'nʌf]

R

race [reɪs]   (Wett-)Rennen *n*; Rasse *f*;
     um die Wette rennen
radio ['reɪdɪəʊ]   Radio *n*; Rundfunk *m*
  to announce over the radio   im Radio durchgeben
  [tʊ ə'naʊns ˌəʊvə ðə 'reɪdɪəʊ]
  to hear on the radio   im Rundfunk hören
  [tʊ 'hɪər_ən ðə 'reɪdɪəʊ]
  turn off the radio!   stell das Radio ab!
  [tɜ:n 'ɒf ðə 'reɪdɪəʊ]
rail [reɪl]   Schiene *f*
  by rail [baɪ 'reɪl]   mit der Eisenbahn
  a train ran off the rails   ein Zug entgleiste
  [ə 'treɪn ˌræn 'ɒf ðə 'reɪlz]

railroad ['reɪlrəʊd] *Am* Eisenbahn *f*
railway ['reɪlweɪ] Eisenbahn *f*
rain [reɪn] Regen *m*; regnen
  it's raining hard es regnet stark
  [ɪts 'reɪnɪŋ hɑ:d]
raise [reɪz] hochheben; aufziehen;
    verursachen;
    (Gehalts-)Erhöhung *f*

  to raise money [tʊ 'reɪz 'mʌnɪ] Geld aufbringen
  to raise taxes Steuern erheben
  [tʊ 'reɪz 'tæksɪz]
  to raise o.'s voice against seine Stimme erheben gegen
  [tʊ 'reɪz wʌnz 'vɔɪs ə'genst]
range [reɪndʒ] Raum *m*; Bereich *m*;
    Auswahl *f*; Herd *m*;
    sich erstrecken
  at close range auf nahe Entfernung
  [æt ˌkləʊs 'reɪndʒ]
  a wide range of eine große Auswahl von
  [ə 'waɪd 'reɪndʒ əv]
rank [ræŋk] Rang *m*; Reihe *f*
rare [reə] selten; (Luft) dünn
rate [reɪt] Verhältnis *n*; Anteil *m*; Tarif *m*
  at any rate [ət 'enɪ 'reɪt] auf jeden Fall
  at the rate of [ət ðə 'reɪt əv] mit der Geschwindigkeit von
  first-/second-rate erst-/zweitklassig
  ['fɜ:st/'sekənd 'reɪt]
rather ['rɑ:ðə] eher, lieber; ziemlich
  I had/I would rather wait ich würde lieber warten
  [aɪ hæd/aɪ wʊd 'rɑ:ðə 'weɪt]
  rather ... than ['rɑ:ðə ... ðæn] eher ... als
raw [rɔ:] roh; rauh
reach (for) [ri:tʃ fə] erreichen; greifen (nach); sich
    erstrecken
  to reach out [tʊ 'ri:tʃ 'aʊt] ausstrecken
  when does the train reach wann kommt der Zug in Lon-
  London? ['wen ˌdʌz ðə 'treɪn don an?
  'ri:tʃ 'lʌndən]
  out of reach ['aʊt əv 'ri:tʃ] außer Reichweite, unerreich-
    bar

read (read, read) [ri:d, red, red] lesen
  to read aloud [tʊ 'ri:d ə'laʊd] laut lesen
  to read to s.o. jdm vorlesen
  [tʊ 'ri:d tə 'sʌmwʌn]

ready (for) ['redɪ fə]　fertig; bereit (für, zu)
　get ready at once　mach dich sofort fertig
　[get 'redɪ ət 'wʌns]
　a ready-made suit　ein Konfektionsanzug
　[ə 'redɪˌmeɪd suːt]
real ['rɪəl]　wirklich; tatsächlich; echt
　it really isn't very far　es ist wirklich nicht sehr weit
　[ɪt 'rɪəlɪ ɪznt verɪ 'fɑː]
　that's really too much　das ist wahrhaftig zuviel
　[ðæts 'rɪəlɪ 'tuː 'mʌtʃ]
reality [rɪ'ælətɪ]　Wirklichkeit f
realize ['rɪəlaɪz]　verwirklichen; begreifen;
　　　erkennen
reason [riːzn]　Grund m; Ursache f, Anlaß m;
　　　überlegen, vernünftig reden/
　　　urteilen
　without any reason　grundlos
　[wɪð'aʊt ənɪ 'riːzn]
　to listen to reason　auf die Vernunft hören
　[tʊ 'lɪsn tə 'riːzn]
　for what reason?　aus welchem Grund?
　[fə ˌwɒt 'riːzn]
reasonable ['riːzənəbl]　vernünftig; mäßig; angemes-
　　　sen
receipt [rɪ'siːt]　Empfang m; Erhalt m;
　　　Quittung f
receive [rɪ'siːv]　empfangen, erhalten
recent [riːsnt]　frisch; neu; jüngst
　recently ['riːsntlɪ]　vor kurzem, kürzlich, neulich
reception [rɪ'sepʃn]　Empfang m, Aufnahme f
　the play had a favourable　das Stück fand eine gute Auf-
　reception [ðə 'pleɪ hæd ə　nahme
　'feɪvərəbl rɪ'sepʃn]
recognize ['rekəgnaɪz]　(wieder)erkennen; anerkennen
recommend [ˌrekə'mend]　empfehlen
recommendation　Empfehlung f
　[ˌrekəmen'deɪʃn]
record ['rekɔːd]　Rekord m; Aufzeichnung f;
　　　Schallplatte f
　off the record ['ɒf ðə 'rekɔːd]　nicht offiziell
　he broke/beat all records　er hat alle Rekorde gebrochen
　[hiː brəʊk/biːt 'ɔːl 'rekɔːdz]
　speed record ['spiːd 'rekɔːd]　Geschwindigkeitsrekord m
　record player ['rekɔːd ˌpleɪə]　Plattenspieler m

record [rɪˈkɔːd] — aufzeichnen, protokollieren
recorder [rɪˈkɔːdə] — Kassettenrekorder *m*, Tonbandgerät *n*; Blockflöte *f*

recover [rɪˈkʌvə] — wiedererlangen; sich erholen
red [red] — rot
reduce [rɪˈdjuːs] — herabsetzen; verringern, ermäßigen

at reduced prices — zu herabgesetzten Preisen
[æt rɪˈdjuːsd ˈpraɪsɪz]

refer (to) [rɪˈfɜː tʊ] — verweisen (auf); sich beziehen (auf)

reference [ˈrefrəns] — Empfehlung *f*; Verweisung *f*
with/in reference to — unter Bezugnahme auf
[wɪð/ɪn ˈrefrəns tʊ]

reform [rɪˈfɔːm] — Verbesserung *f*, Reform *f*; verbessern; umgestalten

refuse [rɪˈfjuːz] — abschlagen, verweigern; sich weigern

refusal [rɪˈfjuːzl] — Ablehnung *f*, Absage *f*
regard [rɪˈgɑːd] — Rücksicht *f*; Aufmerksamkeit *f*; betrachten; schätzen; berücksichtigen

in this regard [ɪn ðɪs rɪˈgɑːd] — in dieser Beziehung
in/with regard to — mit Bezug auf
[ɪn/wɪð rɪˈgɑːd tʊ]
give him my best/kind — grüßen Sie ihn schön von mir
regards [ˈgɪv hɪm maɪ
ˈbest/ˈkaɪnd rɪˈgɑːdz]
that doesn't regard you — das geht Sie nichts an
[ðæt ˌdʌznt rɪˈgɑːd ˈjuː]
regarding [rɪˈgɑːdɪŋ] — in bezug auf
regardless of [rɪˈgɑːdlɪs əv] — ohne Rücksicht auf
regret [rɪˈgret] — bedauern; Bedauern *n*
to have regrets — bereuen
[tʊ hæv rɪˈgrets]
regular [ˈregjʊlə] — regelmäßig; normal; regelrecht

related [rɪˈleɪtɪd] — verwandt; zusammenhängend
relation [rɪˈleɪʃn] — Verwandte(r) *f(m)*; Beziehung *f*
in relation to [ɪn rɪˈleɪʃn tʊ] — in bezug auf
relationship [rɪˈleɪʃənʃɪp] — Verwandtschaft *f*; Beziehung *f*
relative [ˈrelətɪv] — relativ; Verwandte(r) *f(m)*
relief [rɪˈliːf] — Erleichterung *f*; Unterstützung *f*, Hilfe *f*

relieve [rɪ'li:v] — erleichtern; befreien; unterstützen

religion [rɪ'lɪdʒən] — Religion f

religious [rɪ'lɪdʒəs] — religiös; fromm; gewissenhaft

remain [rɪ'meɪn] — (ver)bleiben, übrig bleiben

that remains to be seen
[ðæt rɪ'meɪnz tʊ bi: 'si:n] — das wird sich zeigen

nothing else remains to be done
[nʌθɪŋ 'els rɪˌmeɪnz tʊ bi: 'dʌn] — es bleibt nichts anderes übrig

remark [rɪ'mɑ:k] — Bemerkung f; bemerken

remarkable [rɪ'mɑ:kəbl] — bemerkenswert, auffallend

remedy (for) ['remɪdɪ fə] — Mittel (gegen)

remember [rɪ'membə] — sich erinnern an

remember me to your father
[rɪ'membə mɪ tʊ jɔ: 'fɑðə] — grüßen Sie Ihren Vater von mir

remind (of) [rɪ'maɪnd əv] — erinnern (an); mahnen

remove [rɪ'mu:v] — wegschaffen; beseitigen

to remove from office
[tʊ rɪ'mu:v from 'ɒfɪs] — aus dem Dienst entlassen

rent [rent] — Miete f; Pacht f; (ver)mieten

rooms for rent
['ru:mz fə 'rent] *Am* — Zimmer zu vermieten

repair [rɪ'peə] — Ausbesserung f; ausbessern, instandsetzen

the road is under repair
[ðə 'rəʊd ɪz ʌndə rɪ'peə] — die Straße wird eben ausgebessert

repair-shop [rɪ'peəʃɒp] — Reparaturwerkstätte f

repeat [rɪ'pi:t] — wiederholen

repeatedly [rɪ'pi:tɪdlɪ] — zu wiederholten Malen

replace [rɪ'pleɪs] — ersetzen

reply [rɪ'plaɪ] — Antwort f; antworten, erwidern

in reply to your letter of
[ɪn rɪ'plaɪ tə 'jɔ: 'letər_əv] — in Beantwortung Ihres Schreibens vom

he made no reply
[hi: ˌmeɪd 'nəʊ rɪ'plaɪ] — er gab keine Antwort

report (to) [rɪ'pɔ:t tʊ] — Bericht m; berichten; sich melden (bei)

to make a report
[tʊ ˌmeɪk ə rɪ'pɔ:t] — Bericht erstatten

represent ['reprɪzent] — darstellen; vertreten

representative [ˌreprɪ'zentətɪv] — Vertreter m; Abgeordnete(r) f(m); stellvertretend; bezeichnend

request [rɪˈkwest]   Bitte *f*; Gesuch *n*;
                                          bitten, ersuchen
at the request of   auf Bitten von
[æt ðə rɪˈkwest əv]
to make a request   eine Eingabe/ein Gesuch
[tʊ ˌmeɪk ə rɪˈkwest]   machen
you are requested   Sie werden gebeten
[juː ɑː rɪˈkwestɪd]
require [rɪˈkwaɪə]   verlangen, fordern; bedürfen
how much time will that   wieviel Zeit wird dazu nötig
require?   sein?
[haʊ ˌmʌtʃ ˈtaɪm wɪl ðæt
rɪˈkwaɪə]
requirement [rɪˈkwaɪəmənt]   Anforderung *f*; Erfordernis *n*,
                                          Bedürfnis *n*
reserve [rɪˈzɜːv]   reservieren, zurückhalten
to be reserved [tʊ biː rɪˈzɜːvd]   zurückhaltend sein
is this seat reserved?   ist dieser Platz belegt/reser-
[ɪz ðɪs ˈsiːt rɪˈzɜːvd]   viert?
resign [rɪˈzaɪn]   verzichten auf; zurücktreten
to resign from a club   aus einem Verein austreten
[tʊ rɪˈzaɪn frəm ə ˈklʌb]
resignation [rezɪɡˈneɪʃən]   Resignation *f*; Rücktritt *m*
to hand in o.'s resignation   seinen Rücktritt einreichen
[tʊ ˈhænd ɪn ˌwʌnz ˌrezɪɡˈneɪʃn]
resist [rɪˈzɪst]   widerstehen *dat*
resistance (to) [rɪˈzɪstəns tʊ]   Widerstand *m* (gegen)
he made no resistance   er leistete keinen Widerstand
[hiː ˌmeɪd ˈnəʊ rɪˈzɪstəns]
respect [rɪˈspekt]   Achtung *f*; Hinsicht *f*; achten
in every respect   in jeder Hinsicht
[ɪn ˈevrɪ rɪˈspekt]
in many/all respects   in vieler/jeder Hinsicht
[ɪn ˈmenɪ/ˈɔːl rɪˈspekts]
with respect to/in respect of   hinsichtlich, mit Bezug auf
[wɪð rɪˈspekt tʊ/ɪn rɪˈspekt əv]
yours respectfully   hochachtungsvoll
[ˈjɔːz rɪˈspektfʊlɪ]
respectable [rɪˈspektəbl]   ehrbar, angesehen, anständig
responsible [rɪˈspɒnsɪbl]   verantwortlich
to be held responsible for   verantwortlich gemacht wer-
[tʊ biː ˈheld rɪˈspɒnsɪbl fə]   den für
rest [rest]   Rest *m*; Ruhe *f*; Stütze *f*;
                                          (aus)ruhen; bleiben

to be at rest [tʊ biː ət 'rest]	ruhig sein
to take a rest [tʊ ˌteɪk ə 'rest]	sich ausruhen
and all the rest of them [ænd 'ɔːl ðə 'rest əv 'ðəm]	und alle anderen
restaurant ['restərɔːŋ]	Restaurant *n*
result [rɪ'zʌlt]	Ergebnis *n*
as a result of [æz ə rɪ'zʌlt əv]	als Ergebnis *gen*
without (any) result [wɪð'aʊt 'enɪ rɪ'zʌlt]	ergebnislos
retire [rɪ'taɪə]	sich zurückziehen; in den Ruhestand treten
return [rɪ'tɜːn]	zurückkehren; zurückschik-ken, -zahlen; Rückkehr *f*; Ertrag *m*
return ticket [rɪ'tɜːn 'tɪkɪt]	Rückfahrkarte *f*
returns [rɪ'tɜːnz]	Gewinn *m*
review [rɪ'vjuː]	Nachprüfung *f*; Kritik *f*; Parade *f*; besprechen; prüfen, durch-sehen
reward [rɪ'wɔːd]	Belohnung *f*; belohnen, vergelten
as a reward for [æz ə rɪ'wɔːd fə]	zum Dank dafür
ribbon ['rɪbən]	Band *n*
rich (in) [rɪtʃ ɪn]	reich (an); (Boden) fett; (Speisen) schwer
the rich [ðə 'rɪtʃ]	die Reichen
riches ['rɪtʃɪz]	Reichtümer *m pl*
rid of [rɪd əv]	los, befreit von
to get rid of [tʊ ˌget rɪd əv]	loswerden
ride (rode, ridden) [rɪd, rəʊd, rɪdn]	Ritt *m*; Fahrt *f*; reiten; fahren
to ride a bicycle [tʊ 'raɪd ə 'baɪsɪkl]	Fahrrad fahren
he gave me a ride [hiː ˌgeɪv mɪ ə 'raɪd]	er nahm mich (in seinem Wagen) mit
right [raɪt]	recht; richtig; sehr; Recht *n*
all right [ɔːl 'raɪt]	schon gut; in Ordnung
on/to the right [ɒn ðə 'raɪt/tʊ ðə 'raɪt]	rechts
right away ['raɪt ə'weɪ]	sofort
right now [raɪt 'naʊ]	im Augenblick
to be right [tʊ biː 'raɪt]	richtig sein; recht haben

to turn out all right [tu tɜ:n ˌaʊt ɔ:l 'raɪt]	gut ausgehen
he has the right of way [hi: hæz ðə 'raɪt əv 'weɪ]	er hat Vorfahrt
he has no right to [hi: hæz 'nəʊ raɪt tʊ]	er hat kein Recht zu
ring (rang, rung) [rɪŋ, ræŋ, rʌŋ]	Ring *m*; Kreis *m*; Klang *m*; läuten; klingen
to give s.o. a ring/to ring s.o. *up* [tʊ 'gɪv 'sʌmwʌn ə 'rɪŋ/ tʊ rɪŋ 'sʌmwʌn 'ʌp]	jdn anrufen
to ring the bell [tʊ 'rɪŋ ðə 'bel]	klingeln
ripe [raɪp]	reif
rise (rose, risen) [raɪz, rəʊz, rɪzn]	aufstehen; ansteigen; sich erheben
prices are rising ['praɪsɪz ɑ: 'raɪzɪŋ]	die Preise steigen
the curtain will rise at 8 [ðə 'kɜ:tn wɪl 'raɪz ət 'eɪt]	Beginn der Vorstellung um 8
risk [rɪsk]	Wagnis *n*, Risiko *n*; wagen
at the risk of o.'s life [æt ðə 'rɪsk əv ˌwʌnz 'laɪf]	unter Lebensgefahr
to run the risk of [tʊ 'rʌn ðə 'rɪsk əv]	Gefahr laufen zu
risky ['rɪskɪ]	riskant
river ['rɪvə]	Fluß *m*
road [rəʊd]	(Land-)Straße *f; fig* Weg *m*
road accident ['rəʊd ˈæksɪdənt]	Verkehrsunfall *m*
road junction ['rəʊd 'dʒʌŋkʃn]	Wegkreuzung *f*
where does this road go to? [ˌweə dʌz ðɪs 'rəʊd 'gəʊ tʊ]	wohin führt diese Straße?
roar [rɔ:]	Gebrüll *n*; Getöse *n*; brüllen; brausen, tosen
roast [rəʊst]	Braten *m*; braten, rösten
rob [rɒb]	(be)rauben
robber ['rɒbə]	Räuber *m*
robbery ['rɒbərɪ]	Raub *m*, Überfall *m*
rock [rɒk]	Fels *m*; schwanken, schaukeln
roll [rəʊl]	Rolle *f*; Brötchen *n*; rollen, drehen; wickeln
roof [ru:f]	Dach *n*; überdachen
roof of the mouth ['ru:f əf ðə 'maʊθ]	Gaumen *m*

room [ru:m/rʊm]   Zimmer *n*; Raum *m*
 to make room for   Platz machen für
 [tʊ 'meɪk 'ru:m fə]
 to let rooms [tʊ ˌlet ru:mz]   Zimmer vermieten
root [ru:t]   Wurzel *f*; wurzeln
 to take root [tʊ ˌteɪk 'ru:t]   Wurzel schlagen
rope [rəʊp]   Seil *n*, Tau *n*
 to give s.o. plenty of rope   jdm freie Hand lassen
 [tʊ ˌgɪv 'sʌmwʌn 'plentɪ əv rəʊp]
rose [rəʊz]   Rose *f*
rough [rʌf]   rauh; grob; roh
 roughly ['rʌflɪ]   annähernd
round [raʊnd]   rund; ringsherum;
                                        um … herum; Runde *f*
 all the year round   das ganze Jahr hindurch
 ['ɔ:l ðə 'jɪə ˌraʊnd]
 to round off [tʊ ˌraʊnd 'ɒf]   abrunden/vervollständigen
row [rəʊ]   Reihe *f*; rudern
 in a row [ɪn ə rəʊ]   hintereinander
row [raʊ]   Krach *m*
 to make a row [tʊ ˌmeɪk ə 'raʊ]   Krach schlagen
royal ['rɔɪəl]   königlich
rub (against) [rʌb ə'genst]   reiben (an)
 to rub out [tʊ ˌrʌb 'aʊt]   ausradieren
rubber ['rʌbə]   Gummi *m*, Radiergummi *m*
rude [ru:d]   unhöflich
ruin ['rʊɪn]   zugrunde richten, ruinieren;
                                        Ruine *f*; Ruin *m*, Verderben *n*
rule [ru:l]   Regel *f*; Herrschaft *f*;
                                        (be)herrschen; regeln
 as a rule [æz ə 'ru:l]   in der Regel
 to rule out [tʊ ˌru:l 'aʊt]   ausschließen; verdrängen
 to break a rule [tʊ 'breɪk ə 'ru:l] eine Regel verletzen
ruler ['ru:lə]   Herrscher *m*; Lineal *n*
run (ran, run) [rʌn, ræn, rʌn]   rennen, laufen; fließen;
                                        Fahrt *f*; Laufmasche *f*
 in the long run [ɪn ðə 'lɒŋ ˌrʌn] auf die Dauer
 to run across s.o.   jdm begegnen
 [tʊ ˌrʌn ə'krɒs]
 to run after/away   hinterher-/weglaufen
 [tʊ 'rʌn ˌɑ:ftə/ə'weɪ]
 to run down [tʊ ˌrʌn 'daʊn]   überfahren
 to run for [tʊ 'rʌn ˌfə]   kandidieren für
 to run out [tʊ ˌrʌn 'aʊt]   zu Ende gehen

to run over [tʊ ˌrʌn ˈəʊvə]   überfließen; überfahren
to run a business   ein Geschäft führen
[tʊ ˈrʌn ə ˈbɪznɪs]
to run errands [tʊ ˌrʌn ˈerəndz]   Besorgungen machen
to run a machine   eine Maschine bedienen
[tʊ rʌn ə məˈʃiːn]
rush [rʌʃ]   drängen; rasen;
    Eile *f*; Andrang *m*
to be in a rush [tʊ biː ɪn ə ˈrʌʃ]   in Eile sein
to rush to the hospital   schnell ins Krankenhaus
[tʊ ˈrʌʃ tʊ ðə ˈhɒspɪtl]   schaffen
rush hour [ˈrʌʃ aʊə]   Hauptverkehrszeit

S

sack [sæk]   Sack *m*
sacrifice [ˈsækrɪfaɪs]   Opfer *n*; opfern
to sell goods at a sacrifice   Waren mit Verlust verkaufen
[tʊ ˌsel ˈɡʊdz ət ə ˈsækrɪfaɪs]
sad [sæd]   traurig, betrübt; schlimm
saddle [sædl]   Sattel *m*; satteln
safe (from) [seɪf frəm]   sicher (vor); Geldschrank *m*
safe and sound   gesund und munter
[ˈseɪf ənd ˈsaʊnd]
it's safe to say   man kann mit Sicherheit
[ɪts ˈseɪf tə ˈseɪ]   sagen
safety [ˈseɪftɪ]   Sicherheit *f*
sail (for) [seɪl fə]   Segel *n*;
    segeln; abfahren (nach)
sailor [ˈseɪlə]   Matrose *m*
he's a good sailor   er wird nicht seekrank
[hiːz ə ˌɡʊd ˈseɪlə]
saint [seɪnt]   Heilige *m/f*
sake [seɪk]   um ... willen
do it for my sake   tu es mir zuliebe/um meinet-
[duː ɪt fə ˈmaɪ ˌseɪk]   willen
salad [ˈsæləd]   Salat *m*
salary [ˈsælərɪ]   Gehalt *n*
to draw a salary   ein Gehalt beziehen
[tʊ ˌdrɔː ə ˈsælərɪ]

sale [seɪl] Verkauf *m*
 for sale [fə 'seɪl] zu verkaufen
 clearance sale ['klɪərəns seɪl] Ausverkauf *m*
salesman ['seɪlzmən] Verkäufer *m*, Vertreter *m*
salt [sɔːlt] Salz *n*; salzen; einpökeln
same [seɪm] der-, die-, dasselbe
 all the same [ˌɔːl ðə 'seɪm] ganz gleich; trotzdem, dennoch
 at the same time zur gleichen Zeit, gleichzeitig
 [æt ðə 'seɪm 'taɪm]
 thank you, the same to you danke, gleichfalls
 ['θæŋk 'jʊ, ðə 'seɪm tʊ 'juː]
sand [sænd] Sand *m*
sandwich ['sænwɪdʒ] Sandwich *m*
satisfaction [ˌsætɪs'fækʃn] Befriedigung *f*; Zufriedenheit *f*
satisfactory (to) [ˌsætɪs'fæktərɪ] zufriedenstellend (für)
satisfy ['sætɪsˌfaɪ] befriedigen, zufriedenstellen
 to be satisfied zufrieden sein
 [tʊ biː 'sætɪsfaɪd]
 he satisfied me that er überzeugte mich, daß
 [hiː 'sætɪsfaɪd miː ðæt]
Saturday ['sætədɪ] Samstag *m*, Sonnabend *m*
sausage ['sɒsɪdʒ] Wurst *f*
save [seɪv] retten; aufbewahren; sparen; außer, ausgenommen
savings ['seɪvɪŋz] Ersparnisse *f pl*
saw [sɔː] sägen; Säge *f*
say (said, said) [sei, sed, sed] sagen
 to say good-by(e) to sich verabschieden
 [tʊ ˌsei ˌgʊd'baɪ tʊ]
 to say nothing to ganz zu schweigen von
 [tʊ ˌsei 'nʌθɪŋ]
 I say! [aɪ 'seɪ] hören Sie mal! ach was!
 you don't say so! was Sie nicht sagen!
 [juː 'dəʊnt 'seɪ səʊ]
 he has a say/no say in the er hat etwas/nichts dabei zu
 matter [hiː 'hæz ə 'seɪ/ sagen
 nəʊ 'seɪ ɪn ðə 'mætə]
 he's said to be ill er soll krank sein
 [hiːz 'sed tə biː 'ɪl]
scale [skeɪl] Maßstab *m*; Tonleiter *f*; erklettern, ersteigen
 to put on the scales auf die Waage legen
 [tʊ 'pʊt ɒn ðə 'skeɪlz]

on a large scale — in großem Maßstab
[ɒn ə 'lɑːdʒ ˌskeɪl]

scarce [skeəs] — selten, knapp
scarcely ['skeəslɪ] — kaum, schwerlich
scatter ['skætə] — verstreuen; sich zerstreuen
scene [siːn] — Szene f; Schauplatz m, Bühne f
behind the scenes — hinter den Kulissen
[bɪ'haɪnd ðə 'siːnz]

school [skuːl] — Schule f; Unterricht m
he was kept in after school — er mußte nachsitzen
[hiː wɒs ˌkept 'ɪn ˌɑːftə 'skuːl]
to go to school — in die Schule gehen
[tʊ ˌgəʊ tə 'skuːl]

science ['saɪəns] — (Natur-)Wissenschaft f
scientific [saɪən'tɪfɪk] — wissenschaftlich
scientist ['saɪəntɪst] — Wissenschaftler m
scissors ['sɪsəz] pl — Schere f
a pair of scissors — eine Schere
[ə ˌpeər_əv 'sɪsəz]

scrape [skreɪp] — kratzen, schaben
scratch [skrætʃ] — zerkratzen;
   Kratzer m, Schramme f

from scratch [frəm 'skrætʃ] — von Grund auf, ganz von vorne
to scratch out [tʊ 'skrætʃ 'aʊt] — ausstreichen
screen [skriːn] — (Wand-)Schirm m; Leinwand f;
   verdecken; überprüfen

screw [skruː] — Schraube f; schrauben
to screw off [tʊ 'skruː 'ɒf] — abschrauben
sea [siː] — Meer n
at sea [ət 'siː] — zur See, auf See
to go to sea [tʊ 'gəʊ tə 'siː] — zur See gehen
search (for, after) — Suche f; Nachforschung f;
[sɜːtʃ fə/ˌɑːftə] — suchen, forschen (nach);
   durchsuchen

in search of [ɪn 'sɜːtʃ əv] — auf der Suche nach
season ['siːzn] — Jahreszeit f; würzen
out of/in good season — zur Unzeit/zur rechten Zeit
['aʊt əv 'siːzn/ɪn 'gʊd 'siːzn]

seaside: at the ~ — (am) Meer
[ˌæt ðə 'siːsaɪd]
seat [siːt] — Sitz m; Platz m; setzen
to take a seat [tʊ 'teɪk ə 'siːt] — Platz nehmen; sich setzen
keep your seats! [ˌkiːp jɔː 'siːts] — bleiben Sie sitzen!
to be seated [tʊ biː 'siːtɪd] — sitzen

second ['sekənd]   zweite(r, s); Zweite(r *m*, -s *n*) *f*;
                       Sekunde *f*

   to be second to none   allen überlegen sein
   [tʊ biː 'sekənd tʊ 'nʌn]
   second-hand [‚sekənd'hænd]   aus zweiter Hand
   second-rate [‚sekənd'reɪt]   zweitklassig
second [sɪ'kɒnd]   unterstützen, helfen
secret ['siːkrɪt]   geheim, verborgen;
                       Geheimnis *n*

   to keep a secret   ein Geheimnis bewahren
   [tʊ kiːp ə 'siːkrɪt]
   to make no secret of   kein Hehl machen aus
   [tʊ ‚meɪk nəʊ 'siːkrɪt əv]
secretary ['sekrətrɪ]   Sekretär(in) *m(f)*, Schrift-
                       führer *m*

see (saw, seen) [siː, sɔː, siːn]   sehen; zusehen
   to see off [tʊ ‚siː 'ɒf]   verabschieden
   to see over [tʊ 'siː ‚əʊvər]   sich ansehen
   to see through [tʊ 'siː ‚θruː]   durchsehen; durchschauen
   to see to [tʊ 'siː tʊ]   sorgen für, sehen nach
   to come/to go to see   besuchen
   [tʊ kʌm/tʊ gəʊ tə 'siː]
   do you see the point?   verstehen Sie, worauf es
   [dʊ jʊ 'siː ðə 'pɔɪnt]   ankommt?
   see me tomorrow   kommen Sie morgen zu mir
   ['siː mɪ tə'mɒrəʊ]
   see you again!   auf Wiedersehen!
   ['siː jʊ ə'gen]
   I see! [aɪ 'siː]   ich verstehe! aha! ach so!
seed [siːd]   Same(n) *m*, Saat *f*
seek (after, for) (sought,   suchen (nach)
sought) [siːk 'ɑːftə/fɔː, sɔːt, sɔːt]
seem [siːm]   scheinen
   that seems funny to me   das kommt mir komisch vor
   [ðæt 'siːmz fʌnɪ tə miː]
seize [siːz]   ergreifen, packen; beschlag-
                       nahmen

   he seized me by the arm   er packte mich am Arm
   [hiː 'siːzd mɪ baɪ ðɪ 'ɑːm]
seldom ['seldəm] *adv*   selten
self [self]   Ich *n*, Selbst *n*
   he's back to his usual self   er ist wieder ganz der alte
   [hiːz ‚bæk tʊ hɪz 'juːʒʊəl 'self]
selfish ['selfɪʃ]   egoistisch, selbstsüchtig

sell (sold, sold)
[sel, səʊld, səʊld]

verkaufen

to sell out [tʊ ˌsel ˈaʊt]

ausverkaufen

the book sells well
[ðə ˈbʊk ˌselz ˈwel]

das Buch verkauft sich/geht gut

send (sent, sent)
[send, sent, sent]

senden, schicken

to send for [tʊ ˈsend fə]

holen lassen

to send in [tʊ ˌsend ˈɪn]

hereinschicken

to send off [tʊ ˌsend ˈɒf]

absenden

sense [sens]

Sinn *m*; Verstand *m*; Gefühl *n*; empfinden, fühlen; wahrnehmen

in a sense [ɪn ə ˈsens]

in gewisser Hinsicht

that doesn't make sense to me
[ðæt ˌdʌznt meɪk ˈsens tʊ miː]

das leuchtet mir nicht ein

common sense [ˈkɒmən ˌsens]

der gesunde Menschenverstand

senseless [ˈsenslɪs]

sinnlos; bewußtlos

sentence [ˈsentəns]

Satz *m*; Urteil *n*; Ausspruch *m*

separate [ˈsəprət]

getrennt, abgesondert

separate (from) [ˈsepəreɪt frəm]

trennen (von), absondern

September [sepˈtembə]

September *m*

serious [ˈsɪərɪəs]

ernst(haft)

seriously ill [ˈsɪərɪəslɪ ˈɪll]

ernstlich krank

servant [ˈsɜːvənt]

Diener *m*; Dienstmädchen *n*

civil servant [ˌsɪvl ˈsɜːvənt]

Beamte(r) *m*

serve [sɜːv]

(be)dienen; servieren

dinner is served!
[ˈdɪnər ˌɪz sɜːvd]

das Essen ist angerichtet!

that serves him right
[ðæt ˈsɜːvz hɪm ˈraɪt]

das geschieht ihm recht

service [ˈsɜːvɪs]

Bedienung *f*; Kunden-/Gottesdienst *m*

to do/to render a service
[tʊ ˌduː ə ˈsɜːvɪs/tʊ ˈrendr ə ˈsɜːvɪs]

einen Dienst erweisen

set (set, set) [set, set, set]

setzen; stellen; legen; Satz *m*, Reihe *f*, Garnitur *f*; festgesetzt

to set about [tʊ ˈset əˈbaʊt]

sich machen an

to set down [tʊ ˌset ˈdaʊn]

niederstellen; niederschreiben

to set in [tʊ ˌset ˈɪn]

einsetzen, beginnen

to set out for [tʊ ˌset ˈaʊt fə]   sich auf den Weg machen nach

to set up [tʊ ˌset ˈʌp]   sich niederlassen

to be set on [tʊ bi: ˈset ɒn]   erpicht sein auf

to set an example   ein Beispiel geben
[tʊ ˌset ən ɪgˈzɑːmpl]

to set the table   den Tisch decken
[tʊ ˌset ðə ˈteɪbl]

to set to work [tʊ ˌset tʊ ˈwɜːk]   sich an die Arbeit machen

settle [setl]   sich niederlassen; besiedeln; sich vergleichen

that settles the matter   damit ist die Sache erledigt
[ðæt ˈsetlz ðə ˈmætə]

he settled down to work   er setzte sich an die Arbeit
[hi: ˌsetld ˈdaʊn tʊ ˈwɜːk]

he settled the quarrel   er legte den Streit bei
[hi: ˌsetld ðə ˈkwɒrəl]

settlement [ˈsetlmənt]   Siedlung *f*, Niederlassung *f*; Vergleich *m*

several [ˈsevrəl]   mehrere; verschiedene

several times [ˈsevərəl ˌtaɪmz]   ein paarmal, mehrmals

severe [sɪˈvɪə]   streng, hart; *(Schmerzen)* heftig

sew (sewed, sewed *oder* sewn)   nähen
[səʊ, səʊd, səʊn]

to sew on [tʊ ˌsəʊ ˈɒn]   annähen

sex [seks]   Geschlecht *n*

shade [ʃeɪd]   Schatten *m*; Schattierung *f*; beschatten; schattieren

shadow [ˈʃædəʊ]   Schatten

shake (shook, shaken)   *tr* schütteln, erschüttern; *itr* zittern
[ʃeɪk, ʃʊk, ˈʃeɪkən]

to shake hands   sich die Hand geben
[tʊ ˌʃeɪk ˈhændz]

shake well before using   vor Gebrauch gut schütteln
[ˈʃeɪk ˈwel bɪˌfɔː ˈjuːzɪŋ]

shall: *what shall we do now?*   was sollen wir jetzt tun?
[wɒt ˈʃæl wɪ ˈduː naʊ]

shame [ʃeɪm]   Schamgefühl *n*; Schande *f*

it's a shame! [ɪts‿ə ˈʃeɪm]   es ist eine Schande!

what a shame! [wɒt‿ə ˈʃeɪm]   so eine Schande!

shame on you! [ˈʃeɪm ən juː]   schäm dich!

shape [ʃeɪp]   Gestalt *f*; Form *f*; gestalten

to take shape [tʊ ˌteɪk ˈʃeɪp]   Gestalt annehmen

he's in bad shape [ˌhiːz ɪn ˈbæd ˈʃeɪp]	er ist in schlechter Verfassung
in the shape of [ɪn ðə ˈʃeɪp əv]	in Gestalt von
share (in) [ʃeə/ʃeər_ɪn]	Anteil *m* (an); teilen; teilhaben (an)
sharp [ʃɑːp]	scharf; schrill; pünktlich
at ten o'clock sharp [æt ˈten əˈklɒk ˈʃɑːp]	Punkt 10 Uhr
sharpen [ˈʃɑːpən]	schleifen, schärfen
shave [ʃeɪv]	Rasur *f*; (sich) rasieren
shaver [ˈʃeɪvə]	Rasierapparat *m*
she [ʃiː]	sie *(pron f sing)*
sheep [ʃiːp]	Schaf *n*
sheet [ʃiːt]	Blatt *(Papier) n*; Bettuch *n*
rain fell in sheets [ˈreɪn ˌfel ɪn ˈʃiːts]	es goß in Strömen
shelf [ʃelf]	Brett *n*; Bord *n*
shelves [ʃelvz]	Regal *n*
shell [ʃel]	Schale *f*; Muschel *f*; Granate *f*
shelter [ˈʃeltə]	Schutz *m*; beschirmen, beschützen
to take/seek shelter from [tʊ ˌteɪk/ˌsiːk ˈʃeltə ˈfrəm]	Schutz suchen vor
shine (shone, shone) [ʃaɪn, ʃəʊn, ʃɒn]	scheinen; glänzen; Schein *m*
give your shoes a shine [gɪv jɔː ˈʃuːz ə ʃaɪn]	putzen Sie Ihre Schuhe
ship [ʃɪp]	Schiff *n*; verschiffen, versenden
on board a ship [ɒn ˌbɔːd ə ˈʃɪp]	an Bord
shirt [ʃɜːt]	Hemd *n*
shock [ʃɒk]	Schlag *m*, Stoß *m*; erschüttern
to be shocked [tʊ biː ˈʃɒkd]	empört sein
shoe [ʃuː]	Schuh *m*
to put on o.'s shoes [tʊ ˌpʊt ɒn wʌnz ˈʃuːz]	seine Schuhe anziehen
I know where the shoe pinches [aɪ ˈnəʊ ˌweə ðə ˈʃuː ˈpɪntʃɪz]	ich weiß, wo der Schuh drückt
shoot (at) (shot, shot) [ʃuːt, ʃɒt, ʃɒt]	schießen (nach); *(Film)* drehen
to shoot down [tʊ ˌʃuːt ˈdəʊn]	niederschießen
to shoot dead [tʊ ˌʃuːt ˈded]	erschießen
to go shooting [tʊ ˌgəʊ ˈʃuːtɪŋ]	auf die Jagd gehen

shop [ʃɒp] | Laden *m*; einkaufen
to talk shop [tʊ ˌtɔːk ˈʃɒp] | fachsimpeln
I went shopping | ich ging einkaufen
[aɪ ˌwent ˈʃɒpɪŋ]
shop assistant [ˈʃɒp əˈsɪstənt] | Verkäufer *m*, Verkäuferin *f*
shore [ʃɔː] | Ufer *n*, Küste *f*
on shore [ɒn ˈʃɔː] | an der Küste; an Land
short [ʃɔːt] | kurz; klein
short of [ʃɔːt əv] | knapp an
in short [ɪn ˈʃɔːt] | kurzum
to cut short [tʊ ˌkʌt ˈʃɔːt] | abbrechen
to fall short [tʊ ˌfɔːl ˈʃɔːt] | zurückbleiben
to run short [tʊ ˌrʌn ˈʃɔːt] | knapp werden
make it short! [ˌmeɪk ɪt ˈʃɔːt] | fasse dich kurz!
shortly [ˈʃɔːtlɪ] | bald, in Kürze
shorten [ʃɔːtn] | kürzen, verkürzen
shorthand [ˈʃɔːthænd] | Stenographie *f*
shorts [ʃɔːts] | Shorts *pl*, kurze Hose *f*
shot [ʃɒt] | Schuß *m*; *med* Spritze *f*
a big shot [ə bɪg ˈʃɒt] | *fig* ein großes Tier
should [ʃʊd] | *pret von* shall
I should say so! | das will ich meinen!
[aɪ ˌʃʊd ˈseɪ səʊ]
shoulder [ˈʃəʊldə] | Schulter *f*; schultern
to give s.o. the cold shoulder | die kalte Schulter zeigen
[tʊ ˌgɪv ˈsʌmwʌn ðə ˌkəʊld ˈʃəʊldə]
shout [ʃaʊt] | laut schreien; Schrei *m*
to shout down [tʊ ˌʃaʊt ˈdaʊn] | niederbrüllen
he shouted at me | er schrie mich an
[hiː ˈʃaʊtɪd ət ˈmiː]
shout of pain [ˈʃaʊt əv ˈpeɪn] | Schmerzensschrei *m*
show [ʃəʊ] | Schau *f*, Ausstellung *f*; Vorstellung *f*; zeigen
to show off [tʊ ˌʃəʊ ˈɒf] | angeben, prahlen
I showed him into the room | ich führte ihn in das Zimmer
[aɪ ˈʃəʊd hɪm ɪnˈtʊ ðə ˈrʊm]
shower [ˈʃaʊə] | Regenschauer *m*; Dusche *f*; überschütten
shut (shut, shut) [ʃʌt, ʃʌt, ʃʌt] | (ver)schließen; zumachen
to shut off [tʊ ˌʃʌt ˈɒf] | absperren *(Licht, Wasser)*
to shut down a factory | eine Fabrik stillegen
[tʊ ˌʃʌt ˈdaʊn ə ˈfæktərɪ]
shut up! [ˌʃʌt ˈʌp] | halt den Mund!

shy [ʃaɪ]	schüchtern
sick (of, with) [sɪk əv/wɪð]	krank (an; vor); unwohl
to be taken sick	krank werden
[tʊ biː ˌteɪkən 'sɪk]	
I'm sick of it [aɪm 'sɪk əv ɪt]	ich habe es satt
sickness ['sɪknɪs]	Krankheit *f*
side (with) [saɪd wɪð]	Seite *f*; Partei ergreifen (für)
side by side ['saɪd baɪ 'saɪd]	nebeneinander
by my side [baɪ 'maɪ ˌsaɪd]	an meiner Seite
to take sides [tʊ ˌteɪk 'saɪdz]	Partei ergreifen
I'm on his side	ich stehe auf seiner Seite
[aɪm ən 'hɪz ˌsaɪd]	
sigh (at, for) [saɪ ət/fə]	seufzen (über; nach);
	Seufzer *m*
sight [saɪt]	Anblick *m*; Sehkraft *f*; Sehens-
	würdigkeit *f*
at first sight [æt ˌfɜːst 'saɪt]	auf den ersten Blick
in sight [ɪn 'saɪt]	in Sicht
to catch/to lose sight of	erblicken/aus dem Gesicht
[tʊ ˌkætʃ/tʊ ˌluːz 'saɪt əv]	verlieren
sights [saɪts]	Sehenswürdigkeiten *pl f*
sightseeing ['saɪtˌsiːɪŋ]	Sightseeing *n*
sign [saɪn]	Zeichen *n*; Schild *n*;
	unterzeichnen
signal ['sɪgnəl]	Signal *n*; signalisieren
signature ['sɪgnɪtʃə]	Unterschrift *f*
silence ['saɪləns]	Schweigen *n*;
	zum Schweigen bringen
in silence [ɪn 'saɪləns]	schweigend
there was a dead silence	es herrschte Totenstille
[ðeə ˌwɒz ə 'ded 'saɪləns]	
silent ['saɪlənt]	still, schweigsam
silk [sɪlk]	Seide *f*
silly ['sɪlɪ]	dumm, albern
silver ['sɪlvə]	Silber *n*; silbern
similar ['sɪmɪlə]	ähnlich
simple [sɪmpl]	einfach; einfältig
simplicity [sɪm'plɪsətɪ]	Einfachheit *f*
since [sɪns]	seitdem; seit; weil
how long since?	seit wann?
[haʊ 'lɒŋ 'sɪns]	
ever since ['evə 'sɪns]	seitdem
sincere [sɪn'sɪə]	aufrichtig
yours sincerely ['jɔːz ˌsɪn'sɪəlɪ]	hochachtungsvoll

sing (sang, sung)   singen
[sɪŋ, sæŋ, sʌŋ]

single ['sɪŋgl]   einzeln; einzig; unverheiratet
  a single room [ə 'sɪŋgl 'rʊm]   ein Einzelzimmer

singular ['sɪŋgjʊlə]   Singular *m*; sonderbar

sink (sank, sunk)   sinken; nachlassen;
[sɪŋk, sæŋk, sʌŋk]   Spültisch *m*

sir [sɜ:]   Herr *m*

sister ['sɪstə]   Schwester *f*

sit (sat, sat) [sɪt, sæt, sæt]   sitzen
  to sit down/up [tʊ ˌsɪt 'daʊn/'ʌp]   sich hinsetzen/aufrichten
  to sit in on a conference   bei einer Konferenz sein
  [tʊ 'sɪt ɪn ɒn ə 'kɒnfərəns]
  sitting-room ['sɪtɪŋˌrʊm]   Wohnzimmer *n*

situation [sɪtju'eɪʃən]   Lage *f*

size [saɪz]   Größe *f*; Format *n*
  they are about the same size   sie sind ungefähr gleich groß
  [ðeɪ 'ɑ:r‿ə'baʊt ðə 'seɪm 'saɪz]

skill [skɪl]   Geschicklichkeit *f*, Fertigkeit *f*

skilful ['skɪlfʊl]   geschickt, gewandt

skin [skɪn]   Haut *f*; Fell *n*; häuten
  I escaped by the skin of my   ich bin gerade noch davon-
  teeth [aɪ ɪs'keɪpt baɪ ðə 'skɪn   gekommen
  əv maɪ 'ti:θ]

skirt [skɜ:t]   (Damen-)Rock *m*

sky [skaɪ]   Himmel *m*
  stars in the sky   Sterne am Himmel
  [ˌstɑ:z ˌɪn ðə 'skaɪ]
  to praise to the skies   in den Himmel heben
  [tʊ preɪz tʊ ðə 'skaɪz]

slang [slæŋ]   Slang *m*, Jargon *m*

slave [sleɪv]   Sklave *m*

sleep (slept, slept)   schlafen; Schlaf *m*
[sli:p, slept, slept]
  to sleep over/on s.th.   etw überschlafen
  [tʊ 'sli:p 'əʊvə/ən 'sʌmθɪŋ]
  to go to sleep [tʊ ˌgəʊ tə 'sli:p]   schlafen gehen
  he didn't sleep a wink   er hat kein Auge zugetan
  [hɪ 'dɪdnt sli:p ə 'wɪŋk]
  sleeping car ['sli:pɪŋ ˌkɑ:]   Schlafwagen *m*

sleepy ['sli:pɪ]   schläfrig

sleeve [sli:v]   Ärmel *m*
  he laughed up his sleeve   er lachte sich ins Fäustchen
  [hi: ˌlɑ:ft ʌp hɪz 'sli:v]

slide (slid, slid) [slaɪd, slɪd, slɪd]   gleiten; Lichtbild *n*; Gleiten *n*
  to let things slide   die Dinge laufen lassen
  [tʊ ˌlet ˈθɪŋz ˈslaɪd]

slight [slaɪt]   schwach; klein; unbedeutend
  not the slightest hurry   nicht die geringste Eile
  [nɒt ðə ˈslaɪtɪst ˈhʌrɪ]
  slightly [ˈslaɪtlɪ]   etwas, ein bißchen

slim [slɪm]   schlank

slip [slɪp]   schlüpfen; ausrutschen;
    gleiten;
    Fehler *m*; (Kissen-)Über-
    zug *m*; Unterrock *m*
  to slip on/off [tʊ ˌslɪp ˈɒn/ˈɒf]   rasch an-/ausziehen
  the date slipped my mind   das Datum ist mir entfallen
  [ðə ˈdeɪt ˈslɪpt maɪ ˈmaɪnd]

slippery [ˈslɪpərɪ]   glatt, rutschig, glitschig

slope [sləʊp]   Abhang *m*; schief/schräg sein

slow [sləʊ]   langsam
  slow down [ˌsləʊ ˈdaʊn]   langsamer fahren!
  drive slow(ly) [ˌdraɪv ˈsləʊlɪ]   langsam fahren!

small [smɔːl]   klein; gering; unbedeutend
  that's small comfort   das ist ein schlechter Trost
  [ðæts ˈsmɔːl ˈkʌmfət]
  small change [ˌsmɔːl ˈtʃeɪndʒ]   Kleingeld *n*

smell (of) [smel əv]   Geruch *m*; riechen (nach)
  to take a smell at   riechen an
  [tʊ ˌteɪk ə ˈsmel æt]

smile [smaɪl]   Lächeln *n*; lächeln
  to smile at s.o.   jdm zulächeln; über jdn
  [tʊ ˈsmaɪl ət ˈsʌmwʌn]   lächeln
  he was all smiles   er lachte übers ganze Gesicht
  [ˌhiː wɒz ˈɔːl ˈsmaɪlz]

smoke [sməʊk]   Rauch *m*; rauchen

smooth [smuːð]   glatt; mild; glätten
  to smooth down/out   glattstreichen
  [tʊ ˌsmuːð ˈdaʊn/ˈaʊt]

snack [snæk]   Imbiß *m*; Kleinigkeit zu essen

snackbar [ˈsnækbɑː]   Snackbar *f*, Imbißstube *f*

snake [sneɪk]   Schlange *f*

snow [snəʊ]   Schnee *m*; schneien
  to be snowed in/up   eingeschneit sein
  [tʊ biː ˌsnəʊd ˈɪn/ˈʌp]

so [səʊ]   so, also; so, daher
  I hope so [aɪ ˈ həʊp ˌsəʊ]   ich hoffe es

so did I ['səʊ dɪd 'aɪ]	ich auch
even so/quite so	selbst dann/ganz recht
['i:vn səʊ/ˌkwaɪt 'səʊ]	
and so on [ænd 'səʊ ˌɒn]	und so weiter
if so [ɪf 'səʊ]	wenn ja
soap [səʊp]	Seife *f*; einseifen
social ['səʊʃl]	sozial; gesellschaftlich; gesellig
society [sə'saɪətɪ]	Gesellschaft *f*; Verein *m*
sock [sɒk]	Socke *f*
soft [sɒft]	weich; *(Licht)* matt
soft drink [sɒft 'drɪŋk]	alkoholfreie(s) Getränk *n*
soil [sɔɪl]	(Erd-)Boden *m*; schmutzig machen
soldier ['səʊldʒə]	Soldat *m*
solemm ['sɒlem]	feierlich, ernst
solid ['sɒlɪd]	fest; solid; zuverlässig
a solid hour [ə 'sɒlɪd 'aʊə]	eine geschlagene Stunde
solve [sɒlv]	auflösen
some [sʌm]	irgendein, -etwas; einige
some day ['sʌm ˌdeɪ]	eines Tages
some place ['sʌm ˌpleɪs]	irgendwo
somebody ['sʌmbədɪ]	(irgend) jemand
somehow ['sʌmhaʊ]	irgendwie
somehow or other	auf irgendeine Art
['sʌmhaʊ ɔːr‿'ʌðə]	
someone ['sʌmwʌn]	(irgend) jemand
something ['sʌmθɪŋ]	(irgend) etwas
sometimes ['sʌmtaɪmz]	manchmal, zuweilen
sometime or other	gelegentlich einmal
['sʌmtaɪm ɒr‿'ʌðə]	
somewhat ['sʌmwɒt]	etwas
somewhere ['sʌmweə]	irgendwo
son [sʌn]	Sohn *m*
song [sɒŋ]	Gesang *m*; Lied *n*
for a song [fər‿ə 'sɒŋ]	um einen Spottpreis
soon [su:n]	bald; früh
as soon as possible	sobald als möglich
[əz 'su:n əz 'pɒsɪbl]	
all too soon [ˌɔːl tʊ 'su:n]	viel zu schnell
sooner or later	früher oder später
['su:nər‿ɔː 'leɪtə]	
no sooner said than done	gesagt, getan
[nəʊ 'su:nə 'sed ðən 'dʌn]	

sore [sɔ:] — wund; weh
he has touched a sore point — er hat einen wunden Punkt
[hi:z 'tʌtʃt ə ˌsɔ: 'pɔɪnt] — berührt
sorrow ['sɒrəʊ] — Sorge *f*; Schmerz *m*; Kummer *m*

sorry ['sɒrɪ] — betrübt, traurig
sorry! ['sɒrɪ] — Verzeihung!
I'm sorry to say — leider muß ich sagen
[ˌaɪm 'sɒrɪ tə 'seɪ]
I'm sorry for her — sie tut mir leid
[ˌaɪm 'sɒrɪ fə 'hɜ:]
I'm really sorry — es tut mir wirklich leid
[aɪm 'rɪəlɪ 'sɒrɪ]
you'll be sorry for this! — das wird dir noch leid tun!
[ju:l bi: 'sɒrɪ fə ˌðɪs]
sort [sɔ:t] — Sorte *f*, Art *f*; Gattung *f*; sortieren

all sorts of things — alles mögliche
[ˌɔ:l 'sɔ:ts əv θɪŋz]
nothing of the sort — nichts dergleichen
['nʌθɪŋ əv ðə 'sɔ:t]
I'm sort of glad — ich bin eigentlich froh
[aɪm 'sɔ:t əv 'glæd] *fam*

soul [səʊl] — Seele *f*
he put his heart and soul in it — er war mit Leib und Seele
[hɪ 'pʊt hɪz 'hɑ:t ənd 'səʊl ɪn ɪt] — dabei
sound [saʊnd] — gesund; vernünftig; einwandfrei; Ton *m*, Schall *m*; klingen

that sounds funny to me — das kommt mir komisch vor
[ðæt ˌsaʊndz 'fʌnɪ tʊ ˌmi:]
soup [su:p] — Suppe *f*
sour ['saʊə] — sauer
source [sɒ:s] — Quelle *f*; Ursprung *m*
to have its source — entspringen
[tʊ ˌhæv ɪts 'sɔ:s]
south [saʊθ] — Süden *m*; südlich
southern ['sʌðən] — südlich
sow (sowed, sown) — säen
[səʊ, səʊd, səʊn]
space [speɪs] — Raum *m*; Zeitraum *m*
to lack space [tʊ ˌlæk 'speɪs] — nicht genug Platz haben
in the space of [ɪn ðə 'speɪs əv] — innerhalb von

spare [speə] — sparen; verschonen; sparsam

spare time ['speə 'taɪm] — Freizeit *f*

can you spare a minute? — haben Sie eine Minute Zeit?
[ˌkæn ju: 'speər_ə 'mɪnɪt]

I've enough and to spare — ich habe mehr als genug
[aɪv ɪ'nʌf ənd tʊ 'speə]

speak (to) (spoke, spoken) — sprechen (mit)
[spi:k, spəʊk, 'spəʊkən]

speak up! [spi:k 'ʌp] — sprich lauter!

generally speaking — im großen und ganzen
['dʒenərəlɪ 'spi:kɪŋ]

so to speak [ˌsəʊ tʊ 'spi:k] — sozusagen

strictly speaking — genaugenommen
['strɪktlɪ 'spi:kɪŋ]

speech [spi:tʃ] — Sprache *f*; Rede *f*

to make a speech on/about — eine Rede halten über
[tʊ meɪk ə 'spi:tʃ ɒn/ə'baʊt]

speechless ['spi:tʃlɪs] — sprachlos

special ['speʃl] — besondere(r, s); außergewöhnlich; Sonderausgabe *f*; Sonderangebot *n*

specialist ['speʃəlɪst] — Spezialist *m*, Spezialistin *f*

speed (sped, sped) — Eile *f*; Geschwindigkeit *f*; rasch fahren
[spi:d, sped, sped]

to speed up [tʊ ˌspi:d 'ʌp] — beschleunigen

at a great speed — mit großer Geschwindigkeit
[æt ə 'greɪt 'spi:d]

at full speed [æt 'fʊl 'spi:d] — mit Höchstgeschwindigkeit

spell [spel] — buchstabieren; Zauber *m*

a dizzy spell [ə 'dɪzɪ 'spel] — ein Schwächeanfall

a long spell of fine weather — eine lange Schönwetterperiode
[ə 'lɒŋ ˌspel əv faɪn 'weðə]

spend (spent, spent) — ausgegeben; verbringen
[spend, spent, spent]

to spend time on — Zeit verwenden auf
[tʊ 'spend 'taɪm ɒn]

spirit ['spɪrɪt] — Geist *m*; Seele *f*; Gespenst *n*; Spiritus *m*

to be in good spirits — guter Laune sein
[tʊ bi: ɪn gʊd 'spɪrɪts]

to be in low spirits — niedergeschlagen sein
[tʊ bi: ɪn ˌləʊ 'spɪrɪts]

to be in high spirits — in gehobener Stimmung sein
[tʊ biː ɪn 'haɪ 'spɪrɪts]
spite: *in spite of* [ɪn 'spaɪt əv] — trotz
splendid ['splendɪd] — glänzend; prächtig
split (split, split) — spalten; aufteilen; zersplittern;
[splɪt, splɪt, splɪt] — Riß *m*, Spaltung *f*
don't split hairs! — keine Haarspalterei!
[ˌdəʊnt 'splɪt 'heəz]
splitting headache — rasende Kopfschmerzen
['splɪtɪŋ 'hedeɪk]
spoil [spɔɪl] — verderben; verwöhnen;
plündern

spoon [spuːn] — Löffel *m*
sport [spɔːt] — Sport *m*; Scherz *m*
be a sport [ˌbiː ə 'spɔːt] — sei ein netter Kerl
don't be a poor sport — sei kein Spielverderber
[ˌdəʊnt biː ə 'pɔː 'spɔːt]
sportsman ['spɔːtsmən] — Sportler *m*
spot [spɒt] — Platz *m*; Fleck *m*; Stelle *f*;
beflecken; herausfinden

on the spot [ɒn ðə 'spɒt] — auf der Stelle, sogleich
spot of ink ['spɒt əv 'ɪŋk] — Tintenfleck *m*
spread (spread, spread) — ausbreiten; verteilen;
[spred, spred, spred] — Ausbreitung *f*; Spannweite *f*
spring (from) (sprang, sprung) — springen; herstammen (von);
[sprɪŋ frəm, spræŋ, sprʌŋ] — Sprung *m*; Frühling *m*;
Quelle *f*; Feder *f*

to spring up like mushrooms — wie Pilze aus der Erde
[tʊ ˌsprɪŋ ʌp laɪk 'mʌʃrʊmz] — schießen
square [skweə] — Viereck *n*; öffentliche(r) Platz;
quadratisch; anständig;
vierschrötig; ausgleichen

a square deal [ə skweə 'diːl] — eine reelle Sache
to meet with a square refusal — eine glatte Ablehnung erfah-
[tʊ 'miːt wɪð ə 'skweə rɪ'fjuːzl] — ren
staff [stɑːf] — Stab *m*; Stock *m*; Personal *n*
stage [steɪdʒ] — Bühne *f*; Stadium *n*;
inszenieren

at this stage [æt ðɪs 'steɪdʒ] — in diesem Stadium
stain [steɪn] — Flecken *m*; beflecken
stairs [steəz] *pl* — Treppe *f*
stamp [stæmp] — Stempel *m*; Briefmarke *f*;
stempeln; prägen; frankie-
ren

to collect stamps [tʊ kəˈlekt ˈstæmps]	Briefmarken sammeln
stand (stood, stood) [stænd, stʊd, stʊd]	stehen; ausstehen; aushalten; Stand *m*; Stillstand *m*
to stand aside/for [tʊ ˈstænd əˈsaɪd/fə]	beiseite treten/eintreten für
to stand by [tʊ ˌstænd ˈbaɪ]	dabeistehen; unterstützen
to stand up/up for [tʊ ˈstænd ˈʌp/ˈʌp fə]	aufstehen/eintreten für
I can't stand it any longer [aɪ ˈkɑːnt stænd ɪt ˈenɪ ˈlɒŋgə]	ich kann es nicht mehr aushalten
you don't stand a chance [juː ˈdəʊnt stænd ə ˈtʃɑːns]	Sie haben keine Chance
standard [ˈstændəd]	Standard *m*; Maßstab *m*; maßgebend; mustergültig
standard of living [ˈstændəd əv ˈlɪvɪŋ]	Lebensstandard *m*
star [stɑː]	Stern *m*
start (for) [stɑːt fə]	*tr* anfangen, beginnen; *itr* aufbrechen (nach); Anfang *m*
from start to finish [frəm ˈstɑːt tʊ ˈfɪnɪʃ]	vom Anfang bis zum Ende
to start off/out [tʊ ˌstɑːt ˈɒf/ˈaʊt]	anfangen/sich aufmachen, beginnen
to start up [tʊ ˌstɑːt ˈʌp]	aufspringen; in Gang setzen
to start a fire [tʊ ˈstɑːt ə ˈfaɪə]	ein Feuer machen
to start a motor [tʊ ˈstɑːt ə ˈməʊtə]	einen Motor anlassen
state [steɪt]	Zustand *m*; Staat *m*; festsetzen; erklären, darlegen
statement [ˈsteɪtmənt]	Darstellung *f*; Behauptung *f*; (Bank-)Abrechnung *f*
to make a statement [tʊ ˌmeɪk ə ˈsteɪtmənt]	eine Erklärung abgeben
station [ˈsteɪʃn]	Bahnhof *m*; Station *f*; stationieren
petrol station [ˈpetrəl ˈsteɪʃn]	Tankstelle
stay [steɪ]	Aufenthalt *m*; (stehen)bleiben; s. aufhalten
to stay away [tʊ ˌsteɪ əˈweɪ]	wegbleiben
to stay up [tʊ ˌsteɪ ˈʌp]	aufbleiben
to stay with [tʊ ˈsteɪ wɪð]	wohnen bei

to stay in bed [tʊ 'steɪ ɪn 'bed]	im Bett bleiben
to stay at a hotel [tʊ 'steɪ æt ə həʊ'tel]	in einem Hotel absteigen/übernachten
steady ['stedi]	fest; standhaft; langsam
a steady rise in prices [ə 'stedɪ 'raɪz ɪn 'praɪsɪz]	ein beständiges Ansteigen der Preise
steak [steɪk]	Steak *n*
steal (stole, stolen) [sti:l, stəʊl, 'stəʊlən]	stehlen
to steal away [tʊ 'sti:l ə'weɪ]	sich wegschleichen
steam [sti:m]	Dampf *m*; dampfen
full steam ahead [ˌfʊl 'sti:m ə'hed]	Volldampf voraus
steel [sti:l]	Stahl *m*
steer [stɪə]	steuern
steering-wheel ['stɪərɪŋwi:l]	Steuerrad *n*
step (into) [ˌstep 'ɪntʊ]	Sprosse *f*; Schritt *m*; Stufe *f*; treten (in)
step by step ['step baɪ 'step]	Schritt für Schritt
to step aside [tʊ step ə'saɪd]	beiseite treten
to step in [tʊ step 'ɪn]	hereinkommen
to step off/up [tʊ, step 'ɒf/'ʌp]	aussteigen/beschleunigen
to take steps [tʊ 'teɪk 'steps]	Maßnahmen ergreifen
to keep step with [tʊ 'ki:p 'step wɪð]	Schritt halten mit
stick (stuck, stuck) [stɪk, stʌk, stʌk]	Stock *m*; stechen; stecken; befestigen; *itr* steckenbleiben;
to stick into [tʊ ˌstɪk 'ɪntʊ]	hineinstecken
to stick together [tʊ ˌstɪk tə'geðə]	zusammenhalten
to stick up/out [tʊ ˌstɪk 'ʌp/'aʊt]	herausstehen, herausragen
to be stuck [tʊ bi: 'stʌk]	festsitzen
to get stuck [tʊ get 'stʌk]	festfahren
I stick to it [aɪ 'stɪk tʊ ɪt]	ich bleibe dabei
sticky ['stɪkɪ]	klebrig; schwül; verschwitzt
stiff [stɪf]	steif; schwierig; *(Ablehnung)* scharf
to keep a stiff upper lip [tʊ ki:p ə 'stɪf 'ʌpə 'lɪp]	sich nicht erschüttern lassen
still [stɪl]	still, ruhig; (immer) noch; doch, dennoch

to keep still [tʊ ˌkiːp ˈstɪl]	(still) schweigen
stir [stɜː]	Bewegung *f*; Aufregung *f*; (sich) rühren; sich regen
to stir o.'s tea [tʊ ˈstɜː wʌnz ˈtiː]	den Tee umrühren
stock [stɒk]	Vorrat *m*; Lager *n*; *pl* Aktien *f pl*
not in stock [nɒt ɪn ˈstɒk]	nicht vorrätig
out of stock [aʊt əv ˈstɒk]	vergriffen
to take stock [tʊ ˌteɪk ˈstɒk]	Inventur machen
stocking [ˈstɒkɪŋ]	Strumpf *m*
stomach [ˈstʌmək]	Magen *m*
stone [stəʊn]	Stein *m*; (Obst-)Kern *m*
we left no stone unturned [wiː ˌleft nəʊ ˈstəʊn ʌnˈtɜːnd]	wir haben nichts unversucht gelassen
stop [stɒp]	Haltestelle *f*; Aufenthalt *m*; Pause *f*; anhalten; aufhören
to bring to a stop [tʊ brɪŋ tʊ ə ˈstɒp]	zum Halten bringen
to put a stop to s.th. [tʊ ˌpʊt ə ˈstɒp tʊ ˈsʌmθɪŋ]	einer Sache ein Ende machen
to stop short [tʊ ˌstɒp ˈʃɔːt]	plötzlich anhalten
he stops at nothing [hiː ˈstɒps ət ˈnʌθɪŋ]	er schreckt vor nichts zurück
stop talking [stɒp ˈtɔːkɪŋ]	hör auf zu reden
full stop [ˌfʊl ˈstɒp]	Punkt *m*
store [stɔː]	Vorrat *m*; Lager *n*; aufbewahren
in store [ɪn ˈstɔː]	vorrätig
to store up [tʊ ˈstɔːr ˌʌp]	aufspeichern
to be in store for [tʊ biː ɪn ˈstɔː fə]	bevorstehen
to set no great store by [tʊ ˌset nəʊ ˌɡreɪt ˈstɔː baɪ]	keinen großen Wert legen auf
storm [stɔːm]	Sturm *m*; stürmen
story [ˈstɔːrɪ]	Geschichte *f*; Stockwerk *n*
a two-story building [ə ˈtuː ˌstɔːrɪ ˈbɪldɪŋ]	ein zweistöckiges Haus
to make a long story short [tʊ ˌmeɪk ə ˈlɒŋ ˌstɔːrɪ ˈʃɔːt]	kurz gesagt
that's another story [ðæts əˈnʌðə ˈstɔːrɪ]	das ist ein Kapitel für sich
straight [streɪt]	gerade; unmittelbar; geradewegs
straight ahead [streɪt əˈhed]	geradeaus

keep straight on — gehen Sie geradeaus
[ˌkiːp 'streɪt ɒn]

he put it straight — er hat es klargestellt
[hiː ˌpʊt ɪt 'streɪt]

strange [streɪndʒ] — fremd; sonderbar

stranger ['streɪndʒə] — Fremde(r) *f(m)*

I'm a stranger here — ich bin hier fremd
[ˌaɪm ə 'streɪndʒə ˌhɪə]

straw [strɔː] — Stroh *n*; Strohhalm *m*

he doesn't care a straw — er kümmert sich keinen Deut
[hiː dʌznt 'keər‿ə 'strɔː]   darum

stream [striːm] — Strom *m*; Fluß *m*;
   strömen; flattern

up-/downstream — stromaufwärts/-abwärts
['ʌpstriːm/'daʊnstriːm]

street [striːt] — Straße *f*

the man in the street — der Mann auf der Straße
[ðə 'mæn ɪn ðə 'striːt]

dead-end street — Sackgasse *f*
['dedˌend 'striːt]

one-way street ['wʌnweɪ 'striːt] — Einbahnstraße *f*

strength [streŋθ] — Kraft *f*, Stärke *f*

on the strength of — aufgrund *gen*
[ɒn ðə 'streŋθ əv]

stretch [stretʃ] — Strecke *f*; Ausdehnung *f*

to stretch out [tʊ ˌstretʃ 'aʊt] — sich ausdehnen

at a stretch [ət ə 'stretʃ] — ohne Unterbrechung

strict [strɪkt] — streng; genau

strike (struck, struck) — Streik *m*;
[straɪk, strʌk, strʌk]   schlagen; streiken

to strike out [tʊ 'straɪk ˌaʊt] — ausstreichen

to go on strike — streiken, in Streik treten
[tʊ gəʊ ən 'straɪk]

he struck him a blow — er versetzte ihm einen Schlag
[hɪ 'strʌk hɪm ə 'bləʊ]

he was struck by a car — er wurde von einem Wagen
[hɪ ˌwəz 'strʌk baɪ ə 'kɑː]   angefahren

striking ['straɪkɪŋ] — auffallend, eindrucksvoll

string (strung, strung) — Schnur *f*; Saite *f*;
[strɪŋ, strʌŋ, strʌŋ]   aufreihen

a string of cars — eine Reihe Wagen
[ə 'strɪŋ əv 'kɑːz]

strip [strɪp] — schmale(r) Streifen *m*;
   abstreifen

stripe [straɪp]	Streifen m; streifen
stroke [strəʊk]	Schlag m; Hieb m; Stoß m; Strich m; streicheln
on the stroke of five [ɒn ðə ˈstrəʊk əv ˈfaɪv]	Schlag 5 Uhr
a stroke of luck [ə ˈstrəʊk əv ˈlʌk]	ein Glücksfall
strong [strɒŋ]	stark; kräftig
that's not his strong point [ðæts ˈnɒt hɪz ˈstrɒŋ ˌpɔɪnt]	das ist nicht seine starke Seite
struggle (for) [strʌgl fə]	Kampf m; kämpfen (um)
student [ˈstjuːdənt]	Student m, Studentin f
study [ˈstʌdɪ]	Studium n; Studie f; Studierstube f; studieren
studies [ˈstʌdɪz]	Studium n
African studies (Univ) [ˈæfrɪkən ˈstʌdɪz]	afrikanische Sprache und Kultur
stuff [stʌf]	Zeug n; Gewebe n; (voll)stopfen
stupid [ˈstjuːpɪd]	dumm
subject [ˈsʌbdʒɪkt]	Gegenstand m; unterworfen
subject to [ˈsʌbdʒɪkt tʊ]	vorbehaltlich
he is subject to colds [hiːz ˈsʌbdʒɪkt tʊ ˈkəʊldz]	er neigt zu Erkältungen
subject [səbˈdʒekt]	unterwerfen
suburb [ˈsʌbɜːb]	Vorort m
succeed [səkˈsiːd]	folgen; Erfolg haben
he succeeded in overcoming the difficulties [hiː səkˈsiːdɪd ɪn ˌəʊvəˈkʌmɪŋ ðə ˈdɪfɪkəltɪz]	es gelang ihm, die Schwierigkeiten zu überwinden
success [səkˈses]	Erfolg m
to meet with success [tʊ ˈmiːt wɪð ˌsəkˈses]	Erfolg haben
successful [ˌsəkˈsesfʊl]	erfolgreich
such [sʌtʃ]	solche(r, s)
such a long time [ˈsʌtʃ ə ˈlɒŋ ˈtaɪm]	so lange
such a thing [ˈsʌtʃ ə ˈθɪŋ]	so etwas
such as [ˈsʌtʃ əz]	wie z. B.
don't be in such a hurry [ˈdəʊnt biː ɪn sʌtʃ ə ˈhʌrɪ]	nur keine solche Eile
sudden [sʌdn]	plötzlich
all of a sudden [ˈɔːl əv ə ˈsʌdn]	ganz plötzlich
suffer (from) [ˈsʌfə frɒm]	leiden (an)

sugar [ˈʃʊgə]	Zucker *m*
suggest [səˈdʒest]	vorschlagen; andeuten; nahelegen
suggestion [səˈdʒestʃən]	Vorschlag *m*; Andeutung *f*, Wink *m*
I did it at his suggestion [aɪ ˈdɪd ɪt æt ˈhɪz ˌsəˈdʒestʃən]	ich tat es auf seine Anregung hin
suit (to) [sjuːt/suːt tʊ]	Anzug *m*; Prozeß *m*; anpassen (an)
to be suited for [tʊ biː ˈsjuːtɪd fɔː]	sich eignen für
does this suit your taste? [dʌz ðɪs ˈsjuːt jɔː ˈteɪst]	entspricht das Ihrem Geschmack?
suitable [ˈsuːtəbl]	geeignet, passend
suitcase [ˈsuːtkeɪs]	Koffer *m*
sum [sʌm]	Summe *f*; Betrag *m*
to sum up [tʊ ˈsʌm ˈʌp]	zusammenfassen
summer [ˈsʌmə]	Sommer *m*
summer-resort [ˈsʌmərɪˈsɔt]	Sommerfrische *f*
sun [sʌn]	Sonne *f*
a place in the sun [ə ˈpleɪs ɪn ðə ˈsʌn]	ein Platz an der Sonne
sunbeam [ˈsʌnˌbiːm]	Sonnenstrahl *m*
Sunday [ˈsʌndɪ]	Sonntag *m*
sunny [ˈsʌnɪ]	sonnig, heiter
sunrise [ˈsʌnraɪz]	Sonnenaufgang *m*
sunset [ˈsʌnset]	Sonnenuntergang *m*
sunshine [ˈsʌnʃaɪn]	Sonnenschein *m*
super [ˈsuːpə]	phantastisch, hervorragend
supermarket [ˈsuːpəˌmɑːkɪt]	Supermarkt *m*
supper [ˈsʌpə]	Abendessen *n*
supply (with) [səˈplaɪ wɪð]	Versorgung *f*; Vorrat *m*; liefern; versorgen (mit)
supply and demand [səˈplaɪ ənd dɪˈmɑːnd]	Angebot und Nachfrage
to supply the demand/the need [tʊ səˈplaɪ ðə dɪˈmɑːnd/ðə ˈniːd]	die Nachfrage/den Bedarf decken
we are running out of supplies [ˈwɪ ɑː ˈrʌnɪŋ aʊt əv səˈplaɪz]	unsere Vorräte gehen zu Ende
support [səˈpɔːt]	Unterstützung *f*; Stütze *f*; (unter)stützen; ernähren
in support of [ɪn səˈpɔːt əv]	zur Unterstützung/zugunsten *gen*

suppose [sə'pəʊz] — voraussetzen; vermuten, annehmen

I suppose so [ˌaɪ sə'pəʊz ˌsəʊ] — ich nehme es an

let's suppose that I'm right [ˌlets sə'pəʊz ðæt ˌaɪm 'raɪt] — gesetzt den Fall, ich habe recht

he's supposed to be rich [hiːz sə'pəʊzd tə biː 'rɪtʃ] — er soll reich sein

supposing [sə'pəʊzɪŋ] — angenommen

sure [ʃʊə/ʃɔː] — sicher, gewiß; zuverlässig

for sure [fə 'ʃʊə] — ganz bestimmt

sure enough ['ʃʊər_ɪ'nʌf] — wirklich, ganz gewiß

to be sure [tʊ biː 'ʃʊə] — wohl; zwar; selbstverständlich

to make sure [tʊ ˌmeɪk 'ʃʊə] — sich vergewissern; dafür sorgen

I'm sure he will come [aɪm 'ʃʊə hɪ wɪl 'kʌm] — sicherlich wird er kommen

surely ['ʃʊəlɪ] — sicherlich; bestimmt

surface ['sɜːfɪs] — Oberfläche f

surname ['sɜːneɪm] — Familienname m

surprise [sə'praɪz] — Überraschung f; überraschen

to take by surprise [tʊ 'teɪk baɪ sə'praɪz] — überraschen

to be surprised at [tʊ biː sə'praɪzd æt] — sich wundern über

to the surprise of all [tʊ ðə sə'praɪz əv 'ɔːl] — zur Überraschung aller

surround [sə'raʊnd] — umgeben; einschließen

suspicious [sə'spɪʃəs] — argwöhnisch, mißtrauisch

swallow ['swɒləʊ] — verschlucken

I had to swallow a lot [ˌaɪ hæd tʊ 'swɒləʊ ə lɒt] — ich mußte viel hinunterschlucken

swallow ['swɒləʊ] — Schwalbe f

swear (at) (swore, sworn) [sweər_æt/swɔː, swɔːn] — schwören; fluchen (über)

can you swear to that? [ˌkæn ˌjʊ 'sweə tə ðæt] — können Sie das beschwören?

sweat [swet] — Schweiß; schwitzen

sweep (swept, swept) [swiːp, swept, swept] — fegen, kehren; dahinsausen; Fegen n; Schwung m; Kaminfeger m

to make a clean sweep of [tʊ ˌmeɪk ə 'kliːn swiːp əv] — reinen Tisch machen mit

sweet [swiːt] — süß

sweets [swiːts] — Süßigkeiten f pl

swell (swelled, swollen)   (an)schwellen
[swel, sweld, 'swəʊlən]

swim (swam, swum)   schwimmen
[swɪm, swæm, swʌm]

to take a swim   schwimmen
[tʊ 'teɪk ə 'swɪm]

I go for a swim   ich gehe schwimmen
[aɪ 'gəʊ fər‿ə 'swɪm]

swimming pool ['swɪmɪŋ puːl]   Schwimmbad *n*

swing (swung, swung)   Schaukel *f*; Schwingen *n*;
[swɪŋ, swʌŋ, swʌŋ]   schwingen; schaukeln

to be in full swing   in vollem Gang sein
[tʊ biː ɪn 'fʊl 'swɪŋ]

switch [swɪtʃ]   Schalter *m*; Weiche *f*;
    verschieben; umschalten

to switch off/on   ab-/andrehen
[tʊ 'swɪtʃ ɒf/ɒn]

sword [sɔːd]   Schwert *n*; Säbel *m*

sympathy ['sɪmpəθɪ]   Sympathie *f*; Mitleid *n*

system ['sɪstəm]   System *n*; Methode *f*

systematic [ˌsɪstə'mætɪk]   systematisch

T

table ['teɪbl]   Tisch *m*; Tabelle *f*

table of contents   Inhaltsverzeichnis *n*
['teɪbl əv 'kɒntents]

to be at table [tʊ biː æt 'teɪbl]   bei Tisch sitzen

tail [teɪl]   Schwanz *m*

the dog wagged its tail   der Hund wedelte mit dem
[ðə 'dɒg 'wægd ɪts 'teɪl]   Schwanz

tailor ['teɪlə]   Schneider *m*; schneidern

take (took, taken)   (weg-, ein)nehmen, ergreifen
[teɪk, tʊk, 'teɪkən]

to take after [tʊ 'teɪk ɑːftə]   geraten nach

to take along [tʊ ˌteɪk ə'lɒŋ]   mitnehmen

to take away [tʊ ˌteɪk ə'weɪ]   wegnehmen

to take back [tʊ ˌteɪk 'bæk]   zurücknehmen

to take down [tʊ ˌteɪk 'daʊn]   herunternehmen; aufschrei-
    ben

to take for [tʊ 'teɪk fə]   halten für

to take in [tʊ ˌteɪk 'ɪn]   einnehmen; enger machen

to take off [tʊ ˌteɪk ˈɒf]	weg-/abnehmen; *(Kleider)* aus- ziehen
to take on [tʊ teɪk ˈɒn]	übernehmen, auf sich nehmen
to take out/over [tʊ ˌteɪk ˈaʊt/ˈəʊvə]	herausnehmen/übernehmen
to take to [tʊ ˈteɪk tʊ]	die Gewohnheit annehmen
to take a chance [tʊ ˌteɪk ə ˈtʃɑːns]	wagen
to take a nap [tʊ ˌteɪk ə ˈnæp]	ein Schläfen machen
to take revenge [tʊ ˌteɪk rɪˈvendʒ]	sich rächen
to take time [tʊ ˌteɪk ˈtaɪm]	Zeit brauchen
to take a walk [tʊ ˌteɪk ə ˈwɔːk]	spazierengehen
all seats are taken [ˈɔːl ˈsiːts ɑː ˈteɪkən]	alle Plätze sind besetzt
why should I take the blame? [ˈwaɪ ʃʊd ˈaɪ teɪk ðə ˈbleɪm]	warum sollte ich die Schuld auf mich nehmen?
take my advice [ˌteɪk maɪ ədˈvaɪs]	hören Sie auf meinen Rat
he took leave [hiː ˌtʊk ˈliːv]	er verabschiedete sich
talk (to) [tɔːk tʊ]	reden (zu), sprechen (mit); Gespräch *n*
to talk over with [tʊ ˈtɔːk ˈəʊvə wɪð]	besprechen mit
what are they talking about? [ˈwɒt ɑː ðeɪ ˈtɔːkɪŋ əˈbaʊt]	worüber reden sie?
tall [tɔːl]	groß; schlank
tame [teɪm]	zahm; zähmen
tape [teɪp]	Band *n*; Tonband *n*
tape-recorder [ˈteɪprɪˈkɔːdə]	Tonbandgerät *n*
task [tɑːsk]	Aufgabe *f*; Schularbeit *f*
to take s.o. to task [tʊ ˈteɪk ˈsʌmwʌn tʊ ˈtɑːsk]	jdn tadeln
taste (of) [teɪst əv]	schmecken (nach); kosten; Geschmack *m*;
in bad taste [ɪn ˈbæd ˈteɪst]	geschmacklos
what does it taste of? [ˈwɒt dʌz ɪt ˈteɪst əv]	wonach schmeckt es?
tax (on) [tæks ɒn]	besteuern; Steuer *f*, Abgabe *f* (auf)
taxi [ˈtæksɪ]	Taxi *n*
tea [tiː]	Tee *m*
teach (taught, taught) [tiːtʃ, tɔːt, tɔːt]	lehren, unterrichten

teacher ['ti:tʃə] — Lehrer m, Lehrerin f
team [ti:m] — Team n, Mannschaft f
tear (tore, torn) [teə, tɔ:, tɔ:n] — zerreißen; zerren
  to tear down [tʊ ˌteə 'daʊn] — abbrechen
  to tear off/out/up — ab-, weg-/heraus-/zerreißen
  [tʊ ˌteər ˌ'ɒf/'aʊt/'ʌp]
  to tear a hole in — ein Loch reißen in
  [tʊ 'teər ə 'həʊl ɪn]
tear [tɪə] — Träne f
  her eyes were filled with tears — ihre Augen standen voller
  [hɜr ˌ'aɪz ˌwɜ: 'fɪld wɪð 'tɪəz] — Tränen
telegram ['telɪgræm] — Telegramm n
telegraph ['telɪgrɑ:f] — Telegraph m; Telegramm n;
  telegraphieren
telephone ['telɪfəʊn] — Telephon n; telephonieren
  by telephone [baɪ 'telɪfəʊn] — telephonisch
television ['telɪvɪʒən] — Fernsehen n
tell (told, told) [tel, təʊld, təʊld] — erzählen, berichten; sagen
  all told ['ɔ:l 'təʊld] — alles in allem
  I told you so [aɪ 'təʊld ju: səʊ] — ich habe es Ihnen gesagt
temper ['tempə] — Temperament n; Stimmung f
  in a good/bad temper — in guter/schlechter Laune
  [ɪn ə 'gʊd/bæd 'tempə]
  to lose o.'s temper — wütend werden
  [tʊ 'lu:z wʌnz 'tempə]
temperature ['temprɪtʃə] — Temperatur f
  he has a temperature — er hat Fieber
  [hɪ ˌhæz ə 'temprɪtʃə]
tendency ['tendənsɪ] — Tendenz f; Absicht f; Neigung f
tender ['tendə] — zart; weich; empfindlich
tent [tent] — Zelt n
term [tɜ:m] — Termin m; Semester n;
  Fachausdruck m; pl Bedingungen f pl
  to be on good/bad terms — auf gutem/schlechtem Fuß
  [tʊ bi: ɒn 'gʊd tɜ:mz/'bæd — stehen
  tɜ:mz]
  to come to terms — sich einigen
  [tʊ ˌkʌm tə 'tɜ:mz]
terrible ['terɪbl] — schrecklich, furchtbar
test [test] — Untersuchung f; Prüfung f;
  prüfen
text [tekst] — Text m
textbook ['tekstbʊk] — Lehrbuch n

than [ðæn/ðən]	als *(nach Komparativ)*
thank [θæŋk]	danken
thank you very much	danke sehr!
['θæŋk ˌjuː verɪ 'mʌtʃ]	
thanks [θæŋks]	Dank *m*
thanks to ['θæŋks tʊ]	wegen
that [ðæt]	der-, die-, dasjenige;
	daß
I'm sorry about that	das tut mir leid
[aɪm 'sɒrɪ əˈbaʊt 'ðæt]	
I don't want that much	ich möchte nicht so viel
[aɪ 'dəʊnt 'wɒnt ðæt 'mʌtʃ]	
that is [ðæt 'ɪz]	das heißt
how about that?	wie steht's damit?
[haʊ əˈbaʊt 'ðæt]	
theatre ['θɪətə]	Theater *n*; Schauplatz *m*
the [ðə/ðiː]	der, die, das
the ... the [ðə ... ðə]	je ... desto
the only one [ðiː 'əʊnlɪ wʌn]	der, die, das einzige
their [ðeə]	ihr
theirs [ðeəz]	ihr(e, er, es)
it's theirs [ɪts 'ðeəz]	es gehört ihnen
them [ðəm]	sie; ihnen
among themselves	untereinander
[əˈmʌŋ ðəmˈselvz]	
then [ðen]	dann; folglich; damalig
now then ['naʊ ˌðen]	nun also
then and there ['ðen ˌənd 'ðeə]	sogleich; auf der Stelle
every now and then	hin und wieder
['evrɪ 'naʊ ənd 'ðen]	
before then [bɪˈfɔː 'ðen]	vorher, zuvor
by then [baɪ 'ðen]	bis dahin
there [ðeə]	da; dort; dorthin
there is/are [ðeər ˈɪz/ðeər ˈɑː]	es gibt
here and there	hier und dort
['hɪər ənd 'ðeə]	
therefore ['ðeəfɔː]	deshalb
these [ðiːz]	diese
these days [ðiːz 'deɪz]	heutzutage
they [ðeɪ]	sie *pl*
they say [ˌðeɪ 'seɪ]	man sagt, es heißt
thick [θɪk]	dick; dicht
thief (*pl* **thieves**) [θiːf, θiːvz]	Dieb *m*
thin [θɪn]	dünn; dünn werden

thing [θɪŋ]   Ding *n*; Sache *f*
  how are things? [ˌhaʊ ˈɑ: ˈθɪŋz]   wie geht's?
  I don't know a thing about it   ich weiß kein Wort davon
  [aɪ ˈdəʊnt ˌnəʊ ə ˈθɪŋ əˈbaʊt ɪt]
think (of) (thought, thought)   denken (an); meinen, glauben
  [θɪŋk əv, θɔ:t, θɔ:t]
  to think over/out   sich überlegen/ausdenken
  [tʊ ˈθɪŋk ˌəʊvə/ˈaʊt]
  what are you thinking about?   worüber denkst du nach?
  [ˌwɒt ɒ: ju: ˈθɪŋkɪŋ əˈbaʊt]
  he thinks nothing of it   er hält nichts davon
  [hi: ˌθɪŋks ˈnʌθɪŋ əv ɪt]
thirst [θɜ:st]   Durst *m*
thirsty [ˈθɜ:stɪ]   durstig
this [ðɪs]   diese(r, s)
  this won't do [ðɪs ˈwəʊnt ˈdu:]   das genügt nicht
  this and that [ðɪs_ənd ˈðæt]   dies und jenes
  this minute [ðɪs ˈmɪnɪt]   augenblicklich
  this time [ˈðɪs taɪm]   diesmal
thorough [ˈθʌrə]   gründlich
those [ðəʊz]   jene(r, s)
though [ðəʊ]   obgleich
  as though [əz ˈðəʊ]   als ob
  even though [ˈi:vn ˈðəʊ]   obwohl
thought [θɔ:t]   Gedanke *m*
  at the thought of   bei dem Gedanken an
  [æt ðə ˈθɔ:t əv]
  on second thoughts   bei reiflichem Überlegen
  [ɒn ˈsekənd θɔ:ts]
  to be lost in thought   in Gedanken versunken sein
  [tʊ bi: ˈlɒst ɪn ˈθɔ:t]
thousand [ˈθaʊzənd]   tausend
thread [θred]   Faden *m*, Zwirn *m*
threaten [θretn]   (be-, an)drohen
throat [θrəʊt]   Hals *m*, Kehle *f*
  to clear o.'s throat   sich räuspern
  [tʊ ˈklɪə wʌnz ˈθrəʊt]
through [θru:]   durch; durch, zu Ende
  through and through   durch und durch
  [ˈθru:_ənd ˈθru:]
  throughout the whole year   das ganze Jahr hindurch
  [θrʊˈaʊt ðə ˈhəʊl ˈjɪə]
throw (threw, thrown)   Wurf *m*; werfen
  [θrəʊ, θru:, θrəʊn]

to throw away/down
[tʊ 'θrəʊ ə'weɪ/'daʊn] wegwerfen/hinwerfen

to throw in [tʊ 'θrəʊ ˌɪn] als Zugabe geben

to throw out/over/up hinaus-/hinüber-/in die Höhe
[tʊ θrəʊ 'aʊt/'əʊvə/'ʌp] werfen

to throw light on Licht werfen auf
[tʊ ˌθrəʊ 'laɪt ən]

he threw an angry look at me er warf mir einen wütenden
[hi: θru: ən 'æŋgrɪ 'lʊk ət mi:] Blick zu

thunder ['θʌndə] Donner *m*; donnern

thunderstorm ['θʌndəstɔ:m] Gewitter *n*

Thursday ['θɜ:zdɪ] Donnerstag *m*

thus [ðʌs] so; auf diese Weise

ticket ['tɪkɪt] (Eintritts-)Karte *f*; Fahrkarte *f*

single/return (Am one-way/ einfache/Rückfahrkarte *f*
round-trip) ticket
[sɪŋgl/rɪ'tɜ:n ('wʌn weɪ/'raʊnd
trɪp) 'tɪkɪt]

tidy ['taɪdɪ] ordentlich, gepflegt;
  saubermachen, aufräumen

tie [taɪ] Krawatte *f*; binden

to tie o.s. down sich festlegen
[tʊ taɪ wʌnˌself 'daʊn]

to tie up [tʊ ˌtaɪ 'ʌp] zusammenbinden, -schnüren

my hands are tied mir sind die Hände gebunden
[maɪ 'hændz ɑ: 'taɪd]

the game ended in a tie das Spiel endete unentschie-
[ðə 'geɪm 'endɪd ɪn ə 'taɪ] den

tight [taɪt] dicht; fest; eng

to hold tight [tʊ ˌhəʊld 'taɪt] festhalten

money is tight ['mʌnɪ ɪz 'taɪt] Geld ist knapp

tights: a pair of ~ Strumpfhose *f*
[ə 'peər‿əv 'taɪts]

till [tɪl] bis (zu)

not till ['nɒt 'tɪl] nicht vor

time [taɪm] Zeit *f*; Takt *m*; Mal *n*; Tempo *n*

time and (time) again wieder und wieder, immer wie-
['taɪm‿ənd ə'gen] der

at times [ət 'taɪmz] zeitweise; hin und wieder

all the time ['ɔ:l ðə taɪm] die ganze Zeit

at that time [ət 'ðæt taɪm] damals

at the same time gleichzeitig
[ət ðə 'seɪm taɪm]

for a long time [fr‿ə 'lɒŋ taɪm] lange

for the time being   vorläufig
[fə ðə 'taɪm 'biːɪŋ]

from time to time   von Zeit zu Zeit
[ˌfrɒm 'taɪm tʊ 'taɪm]

in good time [ɪn gʊd 'taɪm]   beizeiten

in no time [ɪn 'nəʊ taɪm]   im Nu

next time ['nekst taɪm]   das nächste Mal

on time [ɒn 'taɪm]   pünktlich

several times ['sevərəl taɪmz]   mehrmals

to have a good/bad time   sich gut/schlecht unterhalten
[tʊ 'hæv ə 'gʊd/'bæd taɪm]

it's merely a matter of time   es ist nur eine Frage der Zeit
[ɪts 'mɪəlɪ ə 'mætər‿əv 'taɪm]

tin [tɪn]   Zinn *n*; Konservenbüchse *f*

tinned [tɪnd]   Büchsen-, Dosen-

tip [tɪp]   Spitze *f*; Trinkgeld *n*; Tip *m*;
    ein Trinkgeld geben

tip of the finger   Fingerspitze *f*
['tɪp əv ðə 'fɪŋgə]

tired [tɪəd]   müde

to be tired of s.th.   einer Sache überdrüssig sein
[tʊ biː 'tɪəd əv 'sʌmθɪŋ]

I feel tired out [aɪ ˌfiːl 'tɪəd aʊt]   ich bin ganz erledigt

title [taitl]   Titel *m*

to [tuː/tʊ/tə]   zu; an; auf; zu

to date [tʊ 'deɪt]   bis heute; zeitgemäß

to my surprise [tʊ maɪ sə'praɪz]   zu meiner Überraschung

to and fro [tʊ: ənd 'frəʊ]   hin und her

that's not to our taste   das ist nicht nach unserem
[ðæts 'nɒt tʊ 'aʊə teɪst]   Geschmack

keep to your right   halten Sie sich rechts
['kiːp tə jɔː 'raɪt]

let's go to London   gehen wir nach London
[lets 'gəʊ tʊ 'Lʌndən]

nothing to speak of   nicht der Rede wert
['nʌθɪŋ tʊ 'spiːk əv]

tobacco [tə'bækəʊ]   Tabak *m*

today [tə'deɪ]   heute

toe [təʊ]   Zehe *f*

together [tə'geðə]   zusammen, zugleich

for hours together   stundenlang
[fər‿'aʊəz tə'geðə]

to get together   zusammenkommen
[tʊ 'get tə'geðə]

toilet ['tɔɪlət]	Toilette *f*
tomorrow [tə'mɒrəʊ]	morgen
ton [tʌn]	Tonne *f*
tongue [tʌŋ]	Zunge *f*; Sprache *f*
hold your tongue!	halt den Mund!
['həʊld jɔ: 'tʌŋ]	
tonight [tə'naɪt]	heute abend
too [tu:]	auch; allzu, überdies
too long ['tu: lɒŋ]	zu lange
tool [tu:l]	Werkzeug *n*; Gerät *n*
tooth (*pl* teeth) [tu:θ, ti:θ]	Zahn *n*
to have a sweet tooth	gerne naschen
[tʊ ˌhæv ə 'swi:t tu:θ]	
toothache ['tu:θˌeɪk]	Zahnschmerzen *pl m*
toothbrush ['tu:θˌbrʌʃ]	Zahnbürste *f*
toothpaste ['tu:θˌpeɪst]	Zahnpasta *f*
top [tɒp]	Gipfel *m*; Spitze *f*; übersteigen
at the top of [ət ðə 'tɒp əv]	oben
from top to bottom	von oben bis unten
[frəm 'tɒp tʊ 'bɒtəm]	
on top [ɒn 'tɒp]	obenauf
at top speed [ət 'tɒp spi:d]	mit Höchstgeschwindigkeit
I slept like a top	ich schlief wie ein Murmeltier
[aɪ 'slept ˌlaɪk ə 'tɒp]	
total [təʊtl]	ganz; Gesamtbetrag *m*;
	sich belaufen auf
touch [tʌtʃ]	Berührung *f*; Stil *m*;
	berühren; rühren
to get in touch with	sich in Verbindung setzen mit
[tʊ get ɪn 'tʌtʃ wɪð]	
to keep in touch with	in Verbindung bleiben mit
[tʊ 'ki:p ɪn 'tʌtʃ wɪð]	
tough [tʌf]	zäh, hartnäckig; schwierig
tour [tʊə]	Tour *f*, Fahrt *f*, Reise *f*
tourist ['tʊərɪst]	Tourist *m*, Touristin *f*
toward(s)	gegen
[tə'wɔ:d(z)/twɔ:d(z)/tɔ:d(z)]	
towards evening	gegen Abend
[tə'wɔ:dz 'i:vnɪŋ]	
towel ['taʊəl]	Handtuch *n*
tower ['taʊə]	Turm *m*
town [taʊn]	Stadt *f*
to be in/out of town	da/verreist sein
[tʊ 'bi: ɪn 'taʊn/aʊt əv 'taʊn]	

toy [tɔɪ]	Spielzeug *n*
trace [treɪs]	Spur *f*; nachspüren; durchpausen
to trace back to [tʊ 'treɪs 'bæk tʊ]	zurückgehen auf
track [træk]	Fußspur *f*; *Am* Bahnsteig *m*; Geleise *n*; verfolgen
to be off the track [tʊ biː 'ɒf ðə 'træk]	auf dem Holzweg sein
trade (for) [treɪd fə]	Handel *m*; Geschäft *n*; Beruf *m*; eintauschen (für)
by trade [baɪ 'treɪd]	von Beruf
to learn a trade [tʊ 'lɜːn ə 'treɪd]	ein Handwerk lernen
trade union [treɪd 'juːnjən]	Gewerkschaft *f*
to trade in s.th. [tʊ ˌtreɪd 'ɪn 'sʌmθɪŋ]	etw in Zahlung geben
to trade (up)on [tʊ ˌtreɪd (ə'p)ɒn]	ausnützen
traffic ['træfɪk]	Verkehr *m*
traffic light ['træfɪk 'laɪt]	Verkehrsampel *f*
train [treɪn]	Zug *m*; trainieren; dressieren
to go by train [tʊ 'gəʊ baɪ 'treɪn]	mit der Bahn fahren
training ['treɪnɪŋ]	Ausbildung *f*
tram [træm]	Straßenbahn *f*
translate into [trɑns'leɪt 'ɪntʊ]	übersetzen in
translation [trɑːns'leɪʃn]	Übersetzung *f*
travel [trævl]	Reise *f*; reisen
traveller's cheque ['trævləz 'tʃek]	Reisescheck *m*
treasure ['treʒə]	Schatz *m*
treat [triːt]	behandeln; freihalten; Vergnügen *n*
to treat lightly [tʊ 'triːt 'laɪtlɪ]	auf die leichte Schulter nehmen
treatment ['triːtment]	Behandlung *f*; Verfahren *n*
tree [triː]	Baum *m*
tremble [trembl]	zittern
trial ['traɪəl]	Prüfung *f*, Probe *f*; Verhandlung *f*; Prozeß *m*
on trial [ɒn 'traɪəl]	auf Probe
to give s.th. a trial [tʊ ˌgɪv 'sʌmθɪŋ ə 'traɪəl]	etw ausprobieren
tribe [traɪb]	Stamm *m*; Sippe *f*

trick [trɪk] — List *f*, Kniff *m*; Streich *m*; hereinlegen; betrügen

trip [trɪp] — Reise *f*; Fahrt *f*; stolpern; trippeln

trouble [trʌbl] — beunruhigen; stören; Unruhe *f*; Schwierigkeit *f*

to be in trouble [tʊ bi: ɪn 'trʌbl] — in Schwierigkeiten sein

to give trouble [tʊ 'gɪv 'trʌbl] — Mühe machen

to take the trouble [tʊ ˌteɪk ðə 'trʌbl] — sich die Mühe machen

may I trouble you for a match? [meɪ aɪ 'trʌbl ju: fər‿ə 'mætʃ] — darf ich Sie um ein Streichholz bitten?

what's the trouble? [wɒts ðə 'trʌbl] — was ist los?

troublesome ['trʌblsʌm] — lästig, schwierig

trousers ['traʊzəz] *pl* — lange Hose *f*

a pair of trousers [ə 'peər‿əv 'traʊzəz] — eine Hose

true [tru:] — wahr; echt; treu

to come true [tʊ 'kʌm 'tru:] — sich bewahrheiten

yours truly ['jɔ:z 'tru:lɪ] — hochachtungsvoll

trunk [trʌŋk] — (Baum-)Stamm *m*; Rumpf *m*; Koffer *m*

trust (in) [trʌst ɪn] — Vertrauen *n*; vertrauen, sich verlassen (auf)

I put/have no trust in his words [aɪ ˌpʊt/ˌhæv 'nəʊ 'trʌst ɪn ˌhɪz 'wɜ:dz] — ich traue seinen Worten nicht

try [traɪ] — versuchen; sich bemühen; aburteilen

to try on [tʊ ˌtraɪ 'ɒn] — anprobieren

truth [tru:θ] — Wahrheit *f*

to tell the truth [tʊ 'tel ðə 'tru:θ] — ehrlich gesagt

tube [tju:b] — Rohr *n*; Schlauch *m*; Untergrundbahn *f*

Tuesday ['tju:zdɪ] — Dienstag *m*

tune [tju:n] — Melodie *f*; Lied *n*; Stimmung *f*

out of tune [aʊt əv 'tju:n] — verstimmt

to tune in/up [tʊ tju:n 'ɪn/'ʌp] — einstellen/stimmen (*Instrument*)

turn [tɜ:n] — drehen; (um)wenden; Drehung *f*, Wendung *f*

to turn back/down [tʊ ˌtɜ:n ˈbæk/ˈdaʊn]	umkehren/ablehnen; leiser stellen
to turn in/off/on [tʊ ˌtɜ:n ˈɪn/ˈɒf/ˈɒn]	einreichen/abstellen/andrehen
to turn out [tʊ ˌtɜ:n ˈaʊt]	hinauswerfen; produzieren; ausfallen
to turn over/up [tʊ ˌtɜ:n ˈəʊvə/ˈʌp]	übergeben/auftauchen, erscheinen
to turn the corner [tʊ ˌtɜ:n ðə ˈkɔ:nə]	um die Ecke biegen
to turn upside down [tʊ ˈtɜn ˈʌpsaɪd ˈdaʊn]	auf den Kopf stellen
at every turn [ət ˈevrɪ ˈtɜ:n]	auf Schritt und Tritt
to take turns [tʊ ˌteɪk ˈtɜ:nz]	abwechseln
make a left turn [ˌmeɪk ə ˈleft ˈtɜ:n]	fahren Sie nach links
it's your turn [ɪts ˈjɔ: ˈtɜ:n]	Sie sind dran/an der Reihe
turning [ˈtɜ:nɪŋ]	Abzweigung *f*
twice [twaɪs]	zweimal; doppelt
twice as much [ˈtwaɪs əz ˈmʌtʃ]	noch einmal soviel
twist [twɪst]	drehen; verflechten; Drehung *f*, Windung *f*
type [taɪp]	Art *f*; Typ *m*; mit der Maschine schreiben
typewriter [ˈtaɪpˌraɪtə]	Schreibmaschine *f*
typist [ˈtaɪpɪst]	Schreibkraft *f*
tyre [ˈtaɪə]	Reifen *m*

U

ugly [ˈʌgli]	häßlich
umbrella [ʌmˈbrelə]	Regenschirm *m*
unable [ˈʌneɪbl]	unfähig
uncle [ʌŋkl]	Onkel *m*
unconscious [ʌnˈkɒnʃəs]	unbewußt, bewußtlos
under [ˈʌndə]	unter; unten; darunter
under these circumstances [ʌndə ðiːz ˈsɜ:kəmstənsɪz]	unter diesen Umständen
under repair [ˈʌndə rɪˈpeə]	in Reparatur
under medical treatment [ʌndə ˈmedɪkl ˈtri:tment]	in ärztlicher Behandlung

underground [ˈʌndəgraʊnd]　U-Bahn *f*; unterirdisch
underground [ˌʌndəˈgraʊnd]　unter der Erde
underneath [ˌʌndəˈniːθ]　unter, darunter
understand (-stood, -stood)　verstehen; begreifen
　[ˌʌndəˈstænd, -ˈstʊd, -ˈstʊd]
as I understand it　wie ich es auffasse
　[æz ˈaɪ ˌʌndəˈstænd ɪt]
it's understood [ɪts ˌʌndəˈstʊd]　es ist selbstverständlich
understanding [ˌʌndəˈstændɪŋ]　Verstehen *n*; verständnis-
　　voll

unemployed [ˈʌnɪmˌplɔɪd]　arbeitslos
unfavourable [ʌnˈfeɪvərəbl]　ungünstig
unhappy [ʌnˈhæpɪ]　unglücklich
unhealthy [ʌnˈhelθɪ]　ungesund
union [ˈjuːnjən]　Gewerkschaft *f*; Verein *m*;
　　Einigkeit *f*
unite [juːˈnaɪt]　(sich) vereinigen
university [juːnɪˈvɜːsɪtɪ]　Universität *f*
unknown [ˌʌnˈnəʊn]　unbekannt
unless [ənˈles]　wenn nicht
unload [ˌʌnˈləʊd]　abladen
unpleasant [ʌnˈpleznt]　unangenehm, unfreundlich
until [ənˈtɪl]　bis; bis (daß); erst wenn
until further notice　bis auf weiteres
　[ənˈtɪl ˈfɜːðə ˈnəʊtɪs]

unusual [ʌnˈjuːʒʊəl]　ungewöhnlich
up [ʌp]　auf; hinauf; aufwärts; oben
up and down [ˈʌp ənd ˈdaʊn]　auf und ab
up to [ˈʌp tʊ]　bis zu
up to now [ˈʌp tʊ ˈnaʊ]　bis jetzt
he isn't up yet [hiː ˌɪznt ˈʌp ˌjet]　er ist noch nicht auf
his time is up [hɪz ˈtaɪm ɪz ˈʌp]　seine Zeit ist abgelaufen
it's up to him [ɪts ˈʌp tʊ ˈhɪm]　es hängt von ihm ab
he's hard up [hiːz ˈhɑːd ˈʌp]　es geht ihm schlecht
what's up? [ˈwɒts ˈʌp]　was ist los?
upper [ˈʌpə]　obere(r, s); höhere(r, s)
upper hand [ˈʌpə ˌhænd]　Oberhand
upright [ˈʌpraɪt]　aufrecht; rechtschaffen
upset [ʌpˈset]　umstoßen, durcheinander-
　　bringen
upstairs [ʌpˈsteəz]　oben; obere(r, s)
to go upstairs　die Treppe hinaufgehen
　[tʊ ˈgəʊ ʌpˈsteəz]
up-to-date [ˈʌptʊˈdeɪt]　modern

upwards [ˈʌpwədz]	aufwärts
urge [ɜːdʒ]	drängen; dringend bitten
urgent [ˈɜːdʒənt]	dringend
us [ʌs]	uns
use [juːz]	gebrauchen; benutzen; anwenden
to use up [tʊ ˌjuːz ˈʌp]	aufbrauchen
use [juːs]	Gebrauch *m*; Benutzung *f*; Anwendung *f*
to make use of [tʊ ˌmeɪk ˈjuːs əv]	Gebrauch machen von
it's no use [ɪts ˈnəʊ ˈjuːs]	es nützt nichts
what's the use of it? [ˈwɒts ðə ˈjuːs əv ɪt]	wozu ist es gut?
used [juːzd]	gebraucht, benutzt
used [juːst]	
to be used to [tʊ biː ˈjuːst tʊ]	gewohnt sein an
to get used to [tʊ get ˈjuːst tʊ]	sich gewöhnen an
he used to come [hiː ˈjuːstə ˈkʌm]	er kam gewöhnlich
useful/useless [ˈjuːsfʊl/ˈjuːslɪs]	nützlich/nutzlos
usual [ˈjuːʒʊəl]	gewöhnlich
as usual [əz ˈjuːʒʊəl]	wie gewöhnlich
usually [ˈjuːʒʊəlɪ]	normalerweise

V

vain (of) [ˈveɪn əv]	eitel (auf); leer
in vain [ɪn ˈveɪn]	vergeblich
valley [ˈvæli]	Tal *n*
valuable [ˈvæljʊəbl]	wertvoll
value [ˈvæljuː]	Wert *m*; schätzen; bewerten
to attach value to [tʊ əˈtætʃ ˈvæljuː tʊ]	Bedeutung beimessen
variety [vəˈraɪətɪ]	Vielfalt *f*; Auswahl *f*; Art *f*
various [ˈveərɪəs]	verschieden, mannigfaltig
for various reasons [fə ˈveərɪəs ˈriːznz]	aus verschiedenen Gründen
vegetables [ˈvedʒɪtəblz] *pl*	Gemüse *n*
veil [veil]	Schleier *m*; verhüllen
verse [vɜːs]	Vers *m*; Strophe *f*

very ['verɪ] — sehr; wirklich
the very thought of it — der bloße Gedanke daran
[ðə 'verɪ 'θɔːt əv ɪt]
the very same [ðə ˌverɪ 'seɪm] — genau derselbe
the very best [ðə ˌverɪ 'best] — der allerbeste
vessel [vesl] — Gefäß *n*; Schiff *n*
victory ['vɪktərɪ] — Sieg *m*
view [vjuː] — Blick *m*; Aussicht *f*;
Auffassung *f*;
betrachten; prüfen

in view of [ɪn 'vjuː əv] — im Hinblick auf
village ['vɪlɪdʒ] — Dorf *n*
violent ['vaɪələnt] — heftig; ungestüm; gewalttätig
virtue ['vɜːtjuː] — Tugend *f*
by/in virtue of — kraft *gen*
[baɪ/ɪn 'vɜːtjuː əv]

visit ['vɪzɪt] — Besuch *m*; besuchen
to pay a visit [tʊ 'peɪ ə 'vɪzɪt] — einen Besuch abstatten
he's on a visit [ˌhiːz ɒn ə 'vɪzɪt] — er ist auf Besuch
visitor ['vɪzɪtə] — Besucher *m*, Besucherin *f*,
Gast *m*

voice [vɔɪs] — Stimme *f*; äußern
vote [vəʊt] — (Wahl-)Stimme *f*;
Abstimmung *f*;
stimmen für, wählen;
abstimmen

to vote down [tʊ ˌvəʊt 'daʊn] — überstimmen
voyage ['vɔɪɪdʒ] — Seereise *f*

W

wage(s) [weɪdʒ/'weɪdʒɪz] — Lohn *m*
wage-earner ['weɪdʒ ˌɜːnə] — Lohnempfänger *m*
wait (for) [weɪt fə] — warten (auf)
to wait on s.o. — jdn bedienen
[tʊ 'weɪt ɒn 'sʌmˌwʌn]
to keep waiting — warten lassen
[tʊ ˌkiːp 'weɪtɪŋ]
wait and see! ['weɪt ənd 'siː] — nur abwarten!
that can wait till tomorrow — das hat bis morgen Zeit
[ðæt 'kən ˌweɪt tɪl tə'mɒrəʊ]
waiter ['weɪtə] — Kellner *m*

waitress ['weɪtrɪs]	Kellnerin f
wake [weɪk]	(er)wachen
to wake up [tʊ 'weɪk ʌp]	aufwecken
walk [wɔːk]	(spazieren)gehen; Spaziergang m
to walk down/up [tʊ ˌwɔːk 'daʊn/'ʌp]	hinunter-/hinaufgehen
wall [wɔːl]	Wand f; Mauer f
wallet ['wɒlɪt]	Brieftasche f
wander ['wɒndə]	wandern
want [wɒnt]	Mangel m; Bedarf m, Bedürfnis n; wünschen; wollen
for want of [fə 'wɒnt əv]	in Ermangelung gen
this wants cleaning [ðɪs ˌwɒnts 'kliːnɪŋ]	das muß gereinigt werden
war [wɔː]	Krieg m
at war [æt wɔː]	im Krieg
to make war on [tʊ ˌmeɪk 'wɔːr‿ən]	Krieg führen gegen
warm [wɔːm]	warm; (sich) erwärmen
to warm up [tʊ 'wɔːm ʌp]	aufwärmen
warn (of) [wɔːn əv]	warnen (vor)
warning ['wɔːnɪŋ]	Warnung f
wash [wɒʃ]	(sich) waschen; Wäsche f
to wash away [tʊ 'wɒʃ ə'weɪ]	wegschwemmen
to give a wash [tʊ ˌgɪv ə 'wɒʃ]	(ab)waschen
waste [weɪst]	wüst, öde; unbrauchbar; verbrauchen, verschwenden; Abfall m; Verschwendung f
to go to waste [tʊ ˌgəʊ tə 'weɪst]	umkommen, verderben
to waste time [tʊ 'weɪst 'taɪm]	Zeit vergeuden
watch [wɒtʃ]	(Armband-)Uhr f; beobachten; bewachen; aufpassen
to watch out (for) [tʊ ˌwɒtʃ 'aʊt (fə)]	aufpassen; Ausschau halten (nach)
to watch children [tʊ ˌwɒtʃ 'tʃɪldrən]	auf Kinder aufpassen
watch your step! [ˌwɒtʃ jɔː 'step]	Vorsicht! Stufe!
water ['wɔːtə]	Wasser n; begießen, bewässern

he kept his head above water   er hielt sich über Wasser
[hi: ˌkept hɪz ˈhed əˈbʌv wɔːtə]
wave [weɪv]   Welle *f*, Woge *f*;
                                        wehen, flattern; winken mit
way [weɪ]   Weg *m*, Straße *f*; Strecke *f*;
                                        Art und Weise *f*
a long way off [ə ˈlɒŋ ˌweɪ ˈɒf]   weit weg
by the way [ˈbaɪ ðə ˌweɪ]   nebenbei bemerkt; übrigens
in a way [ɪn ə ˈweɪ]   in gewisser Hinsicht
in no way   in keiner Weise
[ɪn ˈnəʊ ˈweɪ]
on the way [ˈɒn ðə ˈweɪ]   unterwegs
that way [ˈðæt weɪ]   auf diese Weise; so
to get under way   in Gang kommen
[tʊ ˌget ˈʌndə ˈweɪ]
to give way   nachgeben
[tʊ ˌgɪv ˈweɪ]
to make way [tʊ ˌmeɪk ˈweɪ]   Platz machen
have it your own way   machen Sie, was Sie wollen
[ˈhæv ɪt ˌjɔːr‿ˈəʊn ˈweɪ]
that's the way he wants it   so will er es haben
[ˈðæts ðə ˈweɪ hɪ ˈwɒnts ɪt]
this way in, please   hier herein, bitte!
[ˈðɪs weɪ ˈɪn, pliːz]
ways and means   Mittel und Wege
[ˈweɪz ənd ˈmiːnz]
we [wiː]   wir
weak [wiːk]   schwach
weakness [ˈwiːknɪs]   Schwäche *f*
wealth [welθ]   Reichtum *m*, Wohlstand *m*
wealthy [ˈwelθɪ]   reich
weapon [ˈwepən]   Waffe *f*
wear (wore, worn)   Haltbarkeit *f*; Kleidung *f*;
[wɛə, wɔː, wɔːn]   tragen, anhaben
to wear away/off/out   abnutzen
[tʊ wɛər‿əˈweɪ/ˈɒf/ˈaʊt]
to wear down [tʊ ˈweə ˌdaʊn]   mürbe machen
to be worn out   ganz erschöpft sein
[tʊ biː ˈwɔːn ˈaʊt]
men's wear [ˈmenz weə]   Herrenkleidung *f*
weather [ˈweðə]   Wetter *n*; Witterung *f*
weave (wove, woven)   weben
[wiːv, wəʊv, ˈwəʊvən]
Wednesday [ˈwenzdɪ]   Mittwoch *m*

week [wi:k]
  by the week [baɪ ðə 'wi:k]
  week-end [ˌwi:k'end]
weekday ['wi:kdeɪ]
weekly ['wi:klɪ]
weep [wi:p]
weigh (on) [weɪ ɒn]
  to weigh anchor
  [tʊ 'weɪ 'æŋkə]

weight [weɪt]
  to carry weight [tʊ ˌkærɪ 'weɪt]
  to lose weight [tʊ 'lu:z 'weɪt

welcome ['welkəm]

well [wel]

  as well as [əz 'wel əz]
  you might as well
  [ˌju: 'maɪt əz 'wel]
  you'll soon get well
  [ˌju:l 'su:n get 'wel]
  well then? ['wel ˌðen]
  well-being ['wel'bi:ɪŋ]
west [west]
western ['westən]
wet [wet]
  to be wet through
  [tʊ ˌbi: 'wet 'θru:]
what [wɒt]

  what about me?
  ['wɒt ə'baʊt 'mi:]
  what if ['wɒt 'ɪf]
  what is more [wɒts 'mɔ:]
  what next? [wɒt 'nekst]
  what nonsense!
  [wɒt 'nɒnsens]
  what's the news?
  [wɒts ðə 'nju:z]
whatever [ˌwɒt'evə]
wheat [wi:t]

Woche *f*
wöchentlich
Wochenende *n*
Wochentag *m*
wöchentlich
weinen
wiegen; abwägen; lasten (auf)
den Anker lichten

Gewicht *n*; Bedeutung *f*
ins Gewicht fallen
abnehmen, an Gewicht ver-
  lieren
willkommen;
  willkommen heißen;
  Willkomm *m*
wohl; gänzlich; wohl, gesund;
  nun!;
  Brunnen *m*
sowohl ... als auch
Sie könnten ebensogut

Sie werden bald gesund sein

und nun?
Wohl *n*, Wohlergehen *n*
Westen *m*; westlich
Western *m*; westlich
naß; feucht; anfeuchten
durchnäßt sein

was? wieviel? wie? was für?
  das, was
und ich?

und was geschieht, wenn
außerdem
was sonst noch?
was für ein Unsinn!

was gibt es Neues?

was auch immer
Weizen *m*

wheel [wi:l]	Rad *n*
when [wen]	wann; wenn, als; während
whenever [wen'evə]	wann auch immer
where [weə]	wo?
whereas [weər'æz]	wohingegen
wherever [weər'evə]	wo auch immer
whether ['weðə]	ob
which [wɪtʃ]	welche(r, s); der, die, das
while [waɪl]	während; solange als; Weile *f*, Zeit *f*
a short while ago ['ə ʃɔ:t waɪl ə'gəʊ]	vor kurzem
for a while [fər_ə 'waɪl]	eine Zeitlang
once in a while ['wʌns ɪn ə 'waɪl]	gelegentlich
to be worth while [tʊ bi: 'wɜ:θ 'waɪl]	der Mühe wert sein
to while away o.'s time [tʊ 'waɪl ə'weɪ ˌwʌnz 'taɪm]	seine Zeit vertrödeln
whip [wɪp]	Peitsche *f*; peitschen
whisper ['wɪspə]	flüstern; Geflüster *n*
whistle [wɪsl]	pfeifen; Pfeife *f*; Pfiff *m*
white [waɪt]	weiß
who [hu:]	welche(r, s); der, die, das; wer?
whoever [hu:'evə]	wer auch immer
whole [həʊl]	ganz
on the whole [ˌɒn ðə 'həʊl]	im großen und ganzen
wholly ['həʊlɪ]	gänzlich
whom [hu:m]	wem; wen; der, die, das; dem, der, dem
whose [hu:z]	wessen; dessen, deren
why [waɪ]	warum? weshalb? nun! ja!
why, yes/no [waɪ ˌjes/nəʊ]	aber ja/nein!
that's why [ðæts 'waɪ]	deswegen
wide [waɪd]	weit; breit
he's wide awake [hi:z waɪd ə'weɪk]	er ist hellwach
far and wide ['fɑ:r_ənd 'waɪd]	weit und breit
a wide difference [ə 'waɪd 'dɪfərəns]	ein großer Unterschied
widely ['waɪdlɪ]	weit, weit und breit
widow ['wɪdəʊ]	Witwe *f*
widower ['wɪdəʊə]	Witwer *m*
width [wɪdθ]	Breite *f*, Weite *f*

wife (*pl* wives) [waɪf, waɪvz]   (Ehe-)Frau *f*
wild [waɪld]   wild; ausgelassen; stürmisch
will (would) [wɪl, wʊd]   werden
  I am sure he will come   ich bin sicher, daß er kommmt
  [aɪm ˈʃɔ: hi: wɪl kʌm]
  I would rather [aɪ wʊd ˈrɑːðə]   ich möchte lieber
will [wɪl]   Wille *m*;
     vermachen
  at will [ət ˈwɪl]   nach Belieben
willing [ˈwɪlɪŋ]   bereit, gewillt
win (won, won) [wɪn, wʌn, wʌn]   gewinnen; erlangen
  they won by three goals to   sie haben 3:1 gewonnen
  one
  [ðeɪ wʌn baɪ ˈθriː gəʊlz tʊ ˈwʌn]
wind [wɪnd]   Wind *m*
  to get wind of [tʊ get ˈwɪnd əv]   Wind bekommen von
  s.th. is in the wind   es liegt was in der Luft
  [ˈsʌmθɪŋ ɪz ɪn ðə ˈwɪnd]
wind (wound, wound)   sich winden; aufwickeln;
  [waɪnd, waʊnd, waʊnd]   *(Horn)* blasen
  to wind up affairs   Geschäfte abwickeln
  [tʊ ˈwaɪnd ʌp əˈfeəz]
  to wind up a watch   eine Uhr aufziehen
  [tʊ ˈwaɪnd ʌp ə ˈwɒtʃ]
window [ˈwɪndəʊ]   Fenster *n*
windy [ˈwɪndɪ]   windig; langatmig
wine [waɪn]   Wein *m*
wing [wɪŋ]   Flügel *m*; Tragfläche *f*
  to take s.o. under o.'s wing   jdn unter seine Fittiche
  [tə ˈteɪk ˈsʌmwʌn ˈʌndə ˌwʌnz   nehmen
  ˈwɪŋ]
winter [ˈwɪntə]   Winter *m*
wipe [waɪp]   (ab)wischen; abtrocknen
  to wipe off/out/up   weg-/aus-/aufwischen
  [tʊ waɪp ˈɒf/ˈaʊt/ʌp]
wire [ˈwaɪə]   Draht *m*; Telegramm *n*
  by wire [baɪ ˈwaɪə]   telegraphisch
  hold the wire [ˈhəʊld ðə ˈwaɪə]   bleiben Sie am Apparat!
wireless [ˈwaɪəlɪs]   Rundfunkgerät *n*; funken
wisdom [ˈwɪzdəm]   Weisheit *f*, Klugheit *f*
wise [waɪz]   weise; verständig
wish [wɪʃ]   Wunsch *m*; wünschen
  I wish I could stay   ich wünschte, ich könnte
  [aɪ ˈwɪʃ aɪ kʊd ˈsteɪ]   bleiben

with [wɪð] — mit
he's staying with me — er wohnt bei mir
['hi:z 'steɪɪŋ wɪð 'mi:]
I don't have it with me — ich habe es nicht bei mir
[aɪ 'dəʊnt ˌhæv ɪt 'wɪð mi:]
it's pouring with rain — es gießt in Strömen
[ɪts 'pɔ:rɪŋ wɪð 'reɪn]
within [wɪð'ɪn] — drin; im Innern; innerhalb
it's within walking distance — man kann zu Fuß hingehen
[ɪts wɪð'ɪn 'wɔ:kɪŋ 'dɪstəns]

without [wɪð'aʊt] — ohne
witness ['wɪtnɪs] — Zeuge *m*; bezeugen
to hear a witness — einen Zeugen vernehmen
[tʊ 'hɪərə 'wɪtnɪs]
wolf (*pl* wolves) [wʊlf, wʊlvz] — Wolf *m*
woman (*pl* women) — Frau *f*
['wʊmən, 'wɪmɪn]
wonder (at) ['wʌndə ət] — Wunder *n*; Verwunderung *f*;
sich wundern (über); gern
wissen wollen

I wonder who he is — ich möchte gern wissen, wer
[aɪ 'wʌndə ˌhu: hi: 'ɪz] — er ist
he worked wonders — er vollbrachte Wunder
[hi: 'wɜ:kt 'wʌndəz]
wonderful ['wʌndəfʊl] — wunderbar
wood [wʊd] — Wald *m*; Holz *n*
wooden [wʊdn] — hölzern
wool [wʊl] — Wolle *f*
woollen ['wʊlən] — wollen, aus Wolle
word [wɜ:d] — Wort *n*; formulieren
in a word [ɪn ə 'wɜ:d] — mit einem Wort
in other words — mit anderen Worten
[ɪn 'ʌðə 'wɜ:dz]
to have word from — Nachricht haben von
[tʊ ˌhæv 'wɜ:d frɒm]
to put into words — in Worte kleiden
[tʊ ˌpʊt ɪntʊ 'wɜ:dz]
take him at his word — nimm ihn beim Wort
[ˌteɪk hɪm ət hɪz 'wɜ:d]
work [wɜ:k] — Arbeit *f*; Erzeugnis *n*;
arbeiten; funktionieren
to work in/out — ein-/ausarbeiten
[tʊ ˌwɜ:k 'ɪn/'aʊt]
to go to work [tʊ ˌgəʊ tʊ 'wɜ:k] — an die Arbeit gehen

he's out of work [hi:z 'aʊt əv 'wɜ:k]	er ist arbeitslos
at work [ət 'wɜ:k]	bei der Arbeit
works [wɜ:ks] *pl*	Betrieb *m*, Fabrik *f*
worker ['wɜ:kə]	Arbeiter *m*
workman ['wɜ:kmən]	Arbeiter *m*
workshop ['wɜ:kʃɒp]	Werkstatt *f*; Workshop *m*
world [wɜ:ld]	Welt *f*; Erde *f*
for the world [fə ðə 'wɜ:ld]	um alles in der Welt
he thinks the world of you [hi: 'θɪŋks ðə 'wɜ:ld əv ˌju:]	er hält große Stücke auf dich
worm [wɜ:m]	Wurm *m*
worry ['wʌri]	quälen; sich sorgen; Ärger *m*; Sorge *f*
to worry about [tʊ 'wʌrɪ ə'baʊt]	befürchten; sich kümmern um
don't worry! [ˌdəʊnt 'wʌrɪ]	machen Sie sich keine Sorgen!
worse [wɜ:s]	schlechter; schlimmer
all the/so much the worse ['ɔːl ðə 'wɜ:s/səʊ ˌmʌtʃ ðə 'wɜ:s]	um so schlimmer
from bad to worse [frəm 'bæd tʊ 'wɜ:s]	immer schlechter
to be worse off [tʊ bi: 'wɜ:s 'ɒf]	schlimmer dran sein
worst [wɜ:st]	schlechteste(r); schlimmste(r)
at the worst [æt ðə 'wɜ:st]	schlimmstenfalls
the worst is yet to come [ðə 'wɜ:st ɪz jet tʊ 'kʌm]	das Schlimmste kommt noch
worth [wɜ:θ]	Wert *m*; wert
it's worth the trouble [ɪts 'wɜ:θ ðə 'trʌbl]	es ist der Mühe wert
was it worth while? [ˌwɒz ɪt ˌwɜ:θ 'waɪl]	hat es sich gelohnt?
it's worth reading [ɪts 'wɜ:θ 'ri:dɪŋ]	es ist lesenswert
worthless ['wɜ:θlɪs]	wertlos
would [wʊd]	*pret von* will
wound [wu:nd]	Wunde *f*; verwunden
wrap [ræp]	einpacken, einwickeln
wrapping paper ['ræpɪŋ ˌpeɪpə]	Packpapier *n*
wreck [rek]	Wrack *n*; Schiffbruch *m*; Unglück *n*; zugrunde richten

write (wrote, written)   schreiben
[raɪt, rəʊt, rɪtn]
to write down/off   auf-/abschreiben
[tʊ 'raɪt 'daʊn/'ɒf]
to write out [tʊ 'raɪt 'aʊt]   herausschreiben, ausfertigen
in writing [ɪn 'raɪtɪŋ]   schriftlich
written examination   schriftliche Prüfung
['rɪtn ɪgˌzæmɪ'neɪʃn]
writer ['raɪtə]   Schriftsteller *m*
wrong [rɒŋ]   Unrecht *n*; falsch
to be wrong [tʊ bi: 'rɒŋ]   unrecht haben
to do s.th. wrong   etw verkehrt machen
[tʊ du: 'sʌmθɪŋ 'rɒŋ]
is anything wrong with you?   fehlt Ihnen etwas?
[ɪz 'ænɪθɪŋ 'rɒŋ wɪð ˌju:]
everything went wrong   alles ist schiefgegangen
['evrɪθɪŋ went rɒŋ]

Y

yard [jɑ:d]   Hof *m*
year [jɪə]   Jahr *n*
yearly ['jɪəlɪ]   jährlich
yellow ['jeləʊ]   gelb
yes [jes]   ja; Ja *n*
yesterday ['jestədɪ]   gestern
yet [jet]   schon; sogar; jedoch
as yet [əz 'jet]   bis jetzt
not yet [ˌnɒt 'jet]   noch nicht
yield [ji:ld]   nachgeben; einbringen,
    abwerfen; Ertrag *m*
you [ju:]   du; ihr; Sie; man; euch
you never know   man weiß nie
[ju: 'nevə nəʊ]
young [jʌŋ]   jung
in my younger days   in meiner Jugend
[ɪn maɪ 'jʌŋgə ˌdeɪz]
the young [ðə 'jʌŋ]   die Jungen
your [jɔ:/jʊə]   dein; euer; Ihr
this is yours [ðɪs ɪz 'jɔ:z]   das gehört dir
yourself [jɔ:'self]   dich; dir; euch
youth [ju:θ]   Jugend *f*

Z

zero [ˈzɪərəʊ] Null *f*
  above/below zero über/unter Null
  [əˈbʌv/bɪˈləʊ ˈzɪərəʊ]
zone [zəʊn] Zone *f*

Kurzgrammatik

Bestimmter und unbestimmter Artikel

Der **bestimmte Artikel** ist in der Einzahl und Mehrzahl immer gleich:

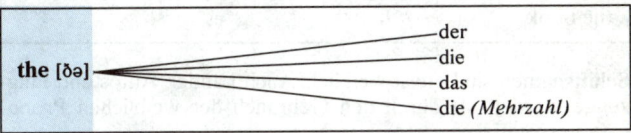

Vor Vokalen und stummem *h* ist die Aussprache [ði]:

the [ðə]	boy	der Junge
the [ðə]	lady	die Dame
the [ðə]	book	das Buch
	aber:	
the [ði]	hour ['auə]	die Stunde
the [ði]	olive	die Olive

Der **unbestimmte Artikel** ist vor Konsonanten (Mitlauten)

a [ə] (*betont:* [ei])	ein, eine

und vor Vokalen (Selbstlauten) und stummem *h*

an [ən] (*betont:* [æn])	ein, eine

a [ə] boy	ein Junge
a [ə] lady	eine Dame
aber:	
an [ən] hour ['auə]	eine Stunde
an [ən] olive	eine Olive

Substantiv (Hauptwort)

Das **Geschlecht** der Substantive stimmt im Englischen mit dem natürlichen Geschlecht überein. Da der Artikel immer gleich ist, erkennt man es nur an dem Pronomen (persönliches Fürwort):

▶ Personalpronomen s. S. 180

the boy	**he**	er
the lady	**she**	sie
the book	**it**	es

Schiffsnamen sind meist weiblich. Auch Länder, Autos und Flugzeuge werden oft durch den Gebrauch der weiblichen Pronomen personifiziert.

Im **Plural** (Mehrzahl) wird an den Singular (Einzahl) eines Substantivs ein -s angehängt. Dieses s wird stimmhaft [z] gesprochen nach Vokalen und stimmhaften Konsonanten

days	[deiz]	Tage
dogs	[dɔgz]	Hunde
boys	[bɔiz]	Jungen

und stimmlos nach allen stimmlosen Konsonanten

books	[buks]	Bücher
hats	[hæts]	Hüte

Bei Wörtern, die auf -ce, -ge, -se, -ze enden, wird das im Singular stumme -e wie [i] ausgesprochen:

pieces	['pi:siz]	Stücke
sizes	['saiziz]	Größen

Auf einen Zischlaut (s, ss, sh, ch, x, z) endende Wörter bekommen -es [iz] angehängt:

boxes	['bɔksiz]	Schachteln
bosses	['bɔsiz]	Chefs

auch Wörter, die auf -*o* enden, und einen Konsonanten vorange-
stellt haben, bekommen oft -*es*:

tomatoes	[tə'mɑːtəuz]	Tomaten
negroes	['niːgrəuz]	Neger

Auslautendes *y*, dem ein Konsonant vorausgeht, wird im Plural
zu -*ies* [iz]:

lady	Dame	ladies	['leidiz]
body	Körper	bodies	['bɔdiz]

Einige auf -*f* oder -*fe* endende Wörter erhalten im Plural die Endung -*ves*:

Singular			Plural		
half	[hɑːf]	Hälfte	halves	[hɑːvz]	Hälften
knife	[naif]	Messer	knives	[naivz]	Messer
leaf	[liːf]	Blatt	leaves	[liːvz]	Blätter
wife	[waif]	Ehefrau	wives	[waivz]	Frauen

Andere ändern ihren Vokal bzw. ihre Vokale:

Singular			Plural		
foot	[fut]	Fuß	feet	[fiːt]	Füße
man	[mæn]	Mann	men	[men]	Männer
woman	['wumən]	Frau	women	['wimin]	Frauen

Nominativ / Akkusativ / Dativ / Genitiv
(Die vier Fälle)

Nominativ (1. Fall) und Akkusativ (4. Fall) haben dieselbe Form.
Der Genitiv (2. Fall) wird meist mit Hilfe von *of*, der Dativ
(3. Fall) mit *to* ausgedrückt.

	Singular	Plural
Nominativ (Wer? Was?)	the house das Haus	the houses die Häuser
Akkusativ (Wen? Was?)	the house das Haus	the houses die Häuser
Genitiv (Wessen?)	of the house des Hauses	of the houses der Häuser
Dativ (Wem?)	to the house dem Haus	to the houses den Häusern

● Im Unterschied zum Deutschen wird auch bei folgenden Ausdrücken die Form des **Genitivs** mit *of* gebraucht:

a cup of coffee	eine Tasse Kaffee
the city of London	die Stadt London
the Isle of Wight	die Insel Wight

● Der **Dativ** kann auch ohne *to* gebildet werden, wenn das Dativobjekt unbetont ist. Das Dativobjekt steht dann direkt hinter dem Verb:

	He gives the porter the ticket.
anstelle von:	He gives the ticket to the porter.
	Er gibt den Schein dem Gepäckträger.

● Der **sächsische Genitiv,** der häufig bei Personen und personifizierten Begriffen zur Bezeichnung des Besitzes verwendet wird und vor dem Substantiv steht, das er näher bestimmt, ist ähnlich wie im Deutschen: „Vaters Hut". Er wird im Singular durch Apostroph und -s gekennzeichnet

my sister's room	das Zimmer meiner Schwester

und im Plural durch Apostroph allein

my sisters' room	das Zimmer meiner Schwestern

Wörter wie z. B. *shop* (Geschäft), *church* (Kirche), *cathedral* (Kathedrale) entfallen oft nach dem sächsischen Genitiv.

at the butcher's	*statt:*	at the butcher's shop	beim Metzger
St. Paul's	*statt:*	St. Paul's Cathedral	die St.-Pauls-Kathedrale

Adjektiv (Eigenschaftswort)

Das Adjektiv bleibt nach Geschlecht und Zahl unverändert.

Steigerung

Bei der **regelmäßigen Steigerung** erhalten einsilbige Adjektive im Komparativ die Endung *-er* [ə] und im Superlativ *-est* [ist].

great	greater (than)	greatest
groß	größer (als)	am größten

Zwei- und mehrsilbige Adjektive werden im Komparativ mit *more* [mɔː] (mehr) und im Superlativ mit *most* [məust] (meist) gesteigert. Ausnahme: Zweisilbige Adjektive auf *-y*.

difficult	more difficult (than)	most difficult
schwierig	schwieriger (als)	am schwierigsten
easy	easier	easiest
leicht	leichter	am leichtesten

Unregelmäßige Steigerung

good	better	best
gut	besser	am besten
bad	worse	worst
schlecht	schlechter	am schlechtesten
much/many	more	most
viel/viele	mehr	am meisten
little	less	least
wenig	weniger	am wenigsten

Adverb (Umstandswort)

Adverbien werden gebildet, indem man an ein Adjektiv *-ly* anhängt.

slow	slowly	He speaks slowly.	Er spricht langsam.
quick	quickly	He runs quickly.	Er läuft schnell.

● Ein Sonderfall ist *well*, das Adverb zu *good* (gut).

He speaks English well.	Er spricht gut Englisch.

● Adverbien mit der Endung *-ly* werden mit *more* und *most* gesteigert.

slowly	more slowly	most slowly
langsam	langsamer	am langsamsten

Verb (Zeitwort)

Präsens (Gegenwart)

Infinitiv: (Grundform)		to knock klopfen	to call rufen	to go gehen	to wash waschen	to study studieren
I	(ich)	knock	call	go	wash	study
you	(du, Sie)	knock	call	go	wash	study
he	(er)	knocks	calls	goes	washes	studies
she	(sie)	[nɔks]	[kɔːlz]	[gəuz]	['wɔʃiz]	['stʌdiz]
it	(es)					
we	(wir)	knock	call	go	wash	study
you	(ihr, Sie)	knock	call	go	wash	study
they	(sie)	knock	call	go	wash	study

Nur die 3. Person Singular wird verändert.

Das *-s* ist stimmlos nach Konsonanten (*he knocks* [nɔks]) und stimmhaft nach Vokalen (*he goes* [gəuz]) sowie stimmhaften Konsonanten (*he calls* [kɔːlz]).

● Im Englischen wird — anders als im Deutschen — kein Unterschied zwischen „du" und „Sie" gemacht. Im Englischen ist beides *you.*

▶ Personalpronomen s. S. 180

Präteritum und Partizip Perfekt
(Vergangenheit und Mittelwort der Vergangenheit)

Die Vergangenheitsform wird gebildet, indem man *-ed* an die Grundform des Verbs anhängt.

Infinitiv:	to open öffnen	to arrive ankommen	to stop anhalten	to carry tragen
I	open**ed** ['əupənd]	arriv**ed** [ə'raivd]	stop**ped** [stɔpt]	carr**ied** ['kærid]
you, he, she, it, we, you, they	open**ed**	arriv**ed**	stop**ped**	carr**ied**

● Bei Verben, die auf *-e* enden, entfällt ein *e:* agreed, arrived.

● Ein auslautendes *-y* verwandelt sich in *-ied:* carried.

● Auslautendes *b, d, g, m, n, p, s, t* wird verdoppelt, wenn es nach kurzem, betonten Vokal steht: stopped, fitted.

● Bei mehrsilbigen Verben, die auf *-l* enden, wird im britischen Englisch dieses meist verdoppelt: travel, travelled.

● Das Partizip Perfekt ist gleich dem Präteritum:

opened	arrived	stopped	carried
geöffnet	angekommen	angehalten	getragen

● Da alle Formen gleich sind, erkennt man die Person nur an dem betreffenden Personalpronomen (persönliches Fürwort).

Die Formen der **unregelmäßigen Verben** können Sie der Liste auf den Seiten 174—176 entnehmen.

Die Hilfsverben (Hilfszeitwörter)

Präsens und Partizip Präsens
(Gegenwart und Mittelwort der Gegenwart)

Infinitiv:	to be sein	to have haben	to do tun, machen
I	am [æm] ich bin	have [hæv] ich habe	do [du:] ich tue
you	are [ɑ:] du bist	have du hast	do du tust
he, she, it	is [iz] er, sie, es ist	has [hæz] er, sie, es hat	does [dʌz] er, sie, es tut
we	are wir sind	have wir haben	do wir tun
you	are ihr seid; Sie sind	have ihr habt; Sie haben	do ihr tut; Sie tun
they	are sie sind	have sie haben	do sie tun
Partizip:	being ['bi:iŋ] seiend	having ['hæviŋ] habend	doing ['du:iŋ] tuend

Im gesprochenen Englisch werden häufig Kurzformen gebraucht:

am	→	'm	I'm [aim]
are	→	're	you're [juə]
is	→	's	he's [hi:z]
have	→	've	I've [aiv]
has	→	's	he's [hi:z]

Verneinung	Kurzform
are not	aren't [ɑ:nt]
is not	isn't [iznt]
have not	haven't [hævnt]
has not	hasn't [hæznt]
do not	don't [dəunt]
does not	doesn't [dʌznt]

▶ Verneinung mit *to do* s. S. 172.

Präteritum und Partizip Perfekt
(Vergangenheit und Mittelwort der Vergangenheit)

Infinitiv:	to be sein	to have haben	to do tun, machen
I	was [wɔz] ich war	had [hæd] ich hatte	did [did] ich tat
you	were [wɛə] du warst	had du hattest	did du tatest
he, she, it	was er, sie, es war	had er, sie, es hatte	did er, sie, es tat
we	were wir waren	had wir hatten	did wir taten
you	were ihr wart; Sie waren	had ihr hattet; Sie hatten	did ihr tatet; Sie taten
they	were sie waren	had sie hatten	did sie taten
Partizip:	been [bi:n] gewesen	had [hæd] gehabt	done [dʌn] getan
Kurz- form:		'd: I'd [aid]	
Vernei- nung:	wasn't [wɔznt] weren't [wɛənt]	hadn't [hædnt]	didn't [didnt]

Perfekt (Vollendete Gegenwart)

Das Perfekt bildet man im Unterschied zum Deutschen immer mit *to have* (haben) + Partizip Perfekt.

I have had	ich habe gehabt
I have been	ich bin gewesen
I have done	ich habe getan
I have called	ich habe gerufen
I have arrived	ich bin angekommen
I have gone	ich bin gegangen

Plusquamperfekt (Vorvergangenheit)

Das Plusquamperfekt wird mit *to have* (haben) + Partizip Perfekt gebildet.

I had had	ich hatte gehabt
I had been	ich war gewesen
I had done	ich hatte getan
I had called	ich hatte gerufen
I had arrived	ich war angekommen
I had gone	ich war gegangen

Unselbständige Hilfsverben

Sie können nicht selbständig auftreten, sondern müssen immer von einem anderen Verb (im Infinitiv ohne *to*) begleitet werden.

I you he, she, it we you they	can [kæn] können	may [mei] mögen, dürfen	shall [ʃæl] sollen	will [wil] wollen, werden	must [mʌst] müssen
Verneinung:	cannot can't [kɑːnt]	may not	shall not shan't [ʃɑːnt]	will not won't [wəunt]	must not mustn't ['mʌsnt]

Diese Verben sind bei allen Personen gleich; die dritte Person Singular hat kein *-s.*
Außer im Präsens (Gegenwart) gibt es diese Verben noch im Präteritum (Vergangenheit). In allen anderen Zeiten und Formen werden sie ersetzt:

Präteritum		Ersatz	
could [kud]	konnte	to be able (to)	können, imstande sein (zu)
might [mait]	möchte	to be allowed (to)	mögen, dürfen, können
would [wud]	würde	to want, to wish	wollen, wünschen
should [ʃud]	sollte	to be obliged (to)	verpflichtet sein (zu)

Verneinung:	could not couldn't ['kudnt]	might not mightn't ['maitnt]	would not wouldn't	should not shouldn't ['ʃudnt]

● Die Formen des Präteritums, die denen des Konditionals gleich sind, findet man oft in Höflichkeitswendungen:

Could you give me … ?	Könnten Sie mir … geben?
Would you . . ., please.	Würden Sie bitte … .
Would you like … ?	Wollen/Möchten Sie … ?
I should like … .	Ich möchte … .

Futur und Konditional (Zukunft und Bedingungsform)

Das Futur wird mit Hilfe von *shall/will* (1. Person Singular und Plural) und *will* in den übrigen Personen und das Konditional mit *should/would* (1. Person Singular und Plural) und *would* in den übrigen Personen gebildet.
In der gesprochenen Sprache wird fast nur die Kurzform verwendet.

Futur		Konditional	
I shall/will go	ich werde gehen	I should/would go	ich würde gehen
you will go	du wirst gehen	you would go	du würdest gehen
he, she, it will go	er, sie, es wird gehen	he, she, it would go	er, sie, es würde gehen
we shall/will go	wir werden gehen	we should/would go	wir würden gehen
you will go	ihr werdet gehen, Sie werden gehen	you would go	ihr würdet gehen, Sie würden gehen
they will go	sie werden gehen	they would go	sie würden gehen
Kurzform:	I'll go, you'll go, he'll go, we'll go, you'll go, they'll	I'd go, you'd go, he'd go, we'd go, you'd go, they'd go	

Frage und Verneinung mit *to do*

▶ Präsens, Präteritum und Partizip von *to do* s. S. 168.

Das Hilfsverb *to do* wird zur Bildung der fragenden und der mit *not* verneinten Form der selbständigen Verben verwendet.

Do you speak German?	Sprechen Sie Deutsch?
Does he know?	Weiß er?
Did you call?	Haben Sie gerufen?

I do not (don't) speak German.	Ich spreche nicht Deutsch.
He does not (doesn't) know.	Er weiß nicht.
I did not (didn't) call.	Ich habe nicht gerufen.

Didn't he come?	Ist er nicht gekommen?
Didn't she call?	Hat sie nicht gerufen?

● *to do* wird nicht verwendet in Fragesätzen, in denen ein Fragewort selbst das Subjekt (Satzgegenstand) ist:

Who wrote the letter?	Wer schrieb den Brief?
Which of these trains goes to London?	
Welcher dieser Züge fährt nach London?	

und auch nicht in Sätzen mit den Hilfsverben:

am, are, is, was, were, can, could, may, might, must, shall, should, will, would

Verlaufsform

Die Verlaufsform wird mit dem Hilfsverb *to be* und dem Partizip Präsens *(-ing)* gebildet. Mit der Verlaufsform wird eine Handlung ausgedrückt, die gerade abläuft, noch andauert, noch nicht abgeschlossen ist, war oder sein wird.

I am working.	Ich arbeite gerade. / Ich bin am Arbeiten.
I was working.	Ich arbeitete gerade.
I shall be working.	Ich werde gerade arbeiten.
It is raining.	Es regnet gerade.

● Die Form *to be going to* bezeichnet die gegenwärtige Gewißheit über eine beabsichtigte Handlung, die in naher Zukunft stattfinden wird.

I am going to London next week.	Ich werde nächste Woche nach London fahren.
She is going to buy a new dress.	Sie wird ein neues Kleid kaufen.

Gerundium

Das Gerundium (Verb + *-ing*) ist die substantivierte Form des Infinitivs und steht nach Präpositionen. Im Deutschen dagegen steht anstelle des Gerundiums der Infinitiv.

Instead of writing I'd rather go for a walk.
Anstatt zu schreiben, würde ich lieber spazierengehen.
He left without giving me his address.
Er ging, ohne mir seine Adresse zu geben.

Passiv (Leideform)

Zur Bildung des Passivs verwendet man das Hilfsverb *to be* und das Partizip Perfekt.

I am loved.	Ich werde geliebt.
I was loved.	Ich wurde geliebt.

● von = *by* [bai]

a novel by Dickens	ein Roman von Dickens

Liste der unregelmäßigen Verben

Infinitiv	Präteritum	Partizip Perfekt	
arise [əˈraiz]	arose [əˈrəuz]	arisen [əˈrizn]	entstehen
awake [əˈweik]	awoke [əˈwəuk]	awoke [əˈwəuk], awaked [əˈweikt]	erwachen, -wecken
be (am, is, are)	was, were	been [bi(:)n]	sein
bear [bɛə]	bore [bɔ:]	borne [bɔ:n]	tragen
beat [bi:t]	beat [bi:t]	beaten [bi:tn]	schlagen
become [biˈkʌm]	became [biˈkeim]	become [biˈkʌm]	werden
begin [biˈgin]	began [biˈgæn]	begun [biˈgʌn]	beginnen
bend [bend]	bent [bent]	bent [bent]	biegen
bind [baind]	bound [baund]	bound [baund]	binden
bite [bait]	bit [bit]	bitten [bitn], bit	beißen
break [breik]	broke [brəuk]	broken [brəukn]	zerbrechen
bring [briŋ]	brought [brɔ:t]	brought [brɔ:t]	bringen
build [bild]	built [bilt]	built [bilt]	bauen
burn [bə:n]	burnt [bə:nt]	burnt [bə:nt]	brennen
burst [bə:st]	burst [bə:st]	burst [bə:st]	bersten
buy [bai]	bought [bɔ:t]	bought [bɔ:t]	kaufen
cast [kɑ:st]	cast [kɑ:st]	cast [kɑ:st]	werfen
catch [kætʃ]	caught [kɔ:t]	caught [kɔ:t]	fangen
choose [tʃu:z]	chose [tʃəuz]	chosen [tʃəuzn]	wählen
come [kʌm]	came [keim]	come [kʌm]	kommen
cost [kɔst]	cost [kɔst]	cost [kɔst]	kosten
cut [kʌt]	cut [kʌt]	cut [kʌt]	schneiden
do [du:]	did [did]	done [dʌn]	tun
draw [drɔ:]	drew [dru:]	drawn [drɔ:n]	ziehen
drink [driŋk]	drank [dræŋk]	drunk [drʌŋk]	trinken
drive [draiv]	drove [drəuv]	driven [drivn]	fahren, treiben
eat [i:t]	ate [et]	eaten [i:tn]	essen
fall [fɔ:l]	fell [fel]	fallen [fɔ:ln]	fallen
feel [fi:l]	felt [felt]	felt [felt]	fühlen
fight [fait]	fought [fɔ:t]	fought [fɔ:t]	kämpfen
find [faind]	found [faund]	found [faund]	finden
fly [flai]	flew [flu:]	flown [fləun]	fliegen
forbid [fəˈbid]	forbade [fəˈbæd]	forbidden [fəˈbidn]	verbieten
forget [fəˈget]	forgot [fəˈgɔt]	forgotten [fəˈgɔtn]	vergessen
forgive [fəˈgiv]	forgave [fəˈgeiv]	forgiven [fəˈgivn]	vergeben
get [get]	got [gɔt]	got [gɔt]	bekommen
give [giv]	gave [geiv]	given [givn]	geben

go [gəu]	went [went]	gone [gɔn]	gehen
grow [grəu]	grew [gru:]	grown [grəun]	wachsen, werden
hang [hæŋ]	hung [hʌŋ]	hung [hʌŋ]	hängen
hear [hiə]	heard [hə:d]	heard [hə:d]	hören
hide [haid]	hid [hid]	hidden [hidn]	verbergen
hold [həuld]	held [held]	held [held]	halten
hurt [hə:t]	hurt [hə:t]	hurt [hə:t]	verletzen
keep [ki:p]	kept [kept]	kept [kept]	(be)halten
know [nəu]	knew [nju:]	known [nəun]	wissen
lay [lei]	laid [leid]	laid [leid]	legen
lead [li:d]	led [led]	led [led]	führen
leap [li:p]	leapt [lept]	leapt [lept]	springen
learn [lə:n]	learnt [lə:nt]	learnt [lə:nt]	lernen
leave [li:v]	left [left]	left [left]	(zurück-)lassen, verlassen
lend [lend]	lent [lent]	lent [lent]	leihen
let [let]	let [let]	let [let]	lassen
lie [lai]	lay [lei]	lain [lein]	liegen
light [lait]	lit [lit]	lit [lit]	anzünden
lose [lu:z]	lost [lɔst]	lost [lɔst]	verlieren
make [meik]	made [meid]	made [meid]	machen
mean [mi:n]	meant [ment]	meant [ment]	bedeuten
meet [mi:t]	met [met]	met [met]	treffen
pay [pei]	paid [peid]	paid [peid]	bezahlen
put [put]	put [put]	put [put]	setzen, legen
read [ri:d]	read [red]	read [red]	lesen
ride [raid]	rode [rəud]	ridden [ridn]	reiten, fahren
ring [riŋ]	rang [ræŋ]	rung [rʌŋ]	läuten
rise [raiz]	rose [rəuz]	risen [rizn]	sich erheben
run [rʌn]	ran [ræn]	run [rʌn]	laufen
say [sei]	said [sed]	said [sed]	sagen
see [si:]	saw [sɔ:]	seen [si:n]	sehen
sell [sel]	sold [səuld]	sold [səuld]	verkaufen
send [send]	sent [sent]	sent [sent]	schicken
set [set]	set [set]	set [set]	setzen
sew [səu]	sewed [səud]	sewn [səun], sewed [səud]	nähen
shake [ʃeik]	shook [ʃuk]	shaken [ʃeikn]	schütteln, erschüttern
shine [ʃain]	shone [ʃɔn]	shone [ʃɔn]	scheinen
shoot [ʃu:t]	shot [ʃɔt]	shot [ʃɔt]	schießen
show [ʃəu]	showed [ʃəud]	shown [ʃəun]	zeigen

shut [ʃʌt]	shut [ʃʌt]	shut [ʃʌt]	schließen
sing [siŋ]	sang [sæŋ]	sung [sʌŋ]	singen
sink [siŋk]	sank [sæŋk]	sunk [sʌŋk]	sinken
sit [sit]	sat [sæt]	sat [sæt]	sitzen
sleep [sli:p]	slept [slept]	slept [slept]	schlafen
smell [smel]	smelt [smelt]	smelt [smelt]	riechen
speak [spi:k]	spoke [spəuk]	spoken [spəukn]	sprechen
spend [spend]	spent [spent]	spent [spent]	ausgeben
spring [spriŋ]	sprang [spræŋ]	sprung [sprʌŋ]	springen
stand [stænd]	stood [stud]	stood [stud]	stehen
steal [sti:l]	stole [stəul]	stolen [stəuln]	stehlen
sting [stiŋ]	stung [stʌŋ]	stung [stʌŋ]	stechen
strike [straik]	struck [strʌk]	struck [strʌk]	schlagen
swim [swim]	swam [swæm]	swum [swʌm]	schwimmen
take [teik]	took [tuk]	taken [teikn]	nehmen
teach [ti:tʃ]	taught [tɔ:t]	taught [tɔ:t]	lehren
tear [tɛə]	tore [tɔ:]	torn [tɔ:n]	zerreißen
tell [tel]	told [təuld]	told [təuld]	sagen
think [θiŋk]	thought [θɔ:t]	thought [θɔ:t]	denken
throw [θrəu]	threw [θru:]	thrown [θrəun]	werfen
wake [weik]	woke [wəuk]	woken [wəukn]	wachen
wear [wɛə]	wore [wɔ:]	worn [wɔ:n]	tragen
weep [wi:p]	wept [wept]	wept [wept]	weinen
win [win]	won [wʌn]	won [wʌn]	gewinnen
write [rait]	wrote [rəut]	written [ritn]	schreiben

Wortstellung

Die regelmäßige Wortstellung im Aussagesatz ist:

Subjekt (Satzgegenstand)	Prädikat (Satzaussage)	Objekt (Ergänzung)
Many people	speak	English.
Viele Leute sprechen Englisch.		

In Fragesätzen:

Fragewort	Verb	Objekt	
Where	is	the key?	Wo ist der Schlüssel?

Frage-wort	Hilfsverb	Subjekt	Haupt-verb	Objekt
Where	did	you	buy	the suit?
Wo haben Sie den Anzug gekauft?				

Verneinter Aussagesatz:

Subjekt	Hilfsverb (+ not, + n't)	Hauptverb	Objekt
I	do not (don't)	know	him.
Ich kenne ihn nicht.			

▶ Stellung bei Dativobjekt s. S. 180 unter „Personalpronomen".

Präpositionen (Verhältniswörter)

a) Präpositionen, die einen Ort bezeichnen (Wo?)

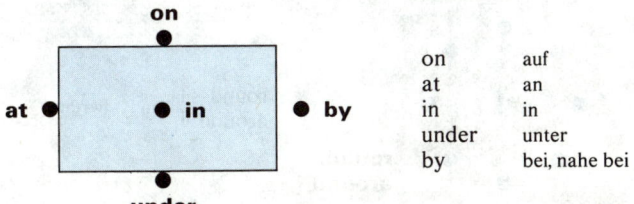

on	auf
at	an
in	in
under	unter
by	bei, nahe bei

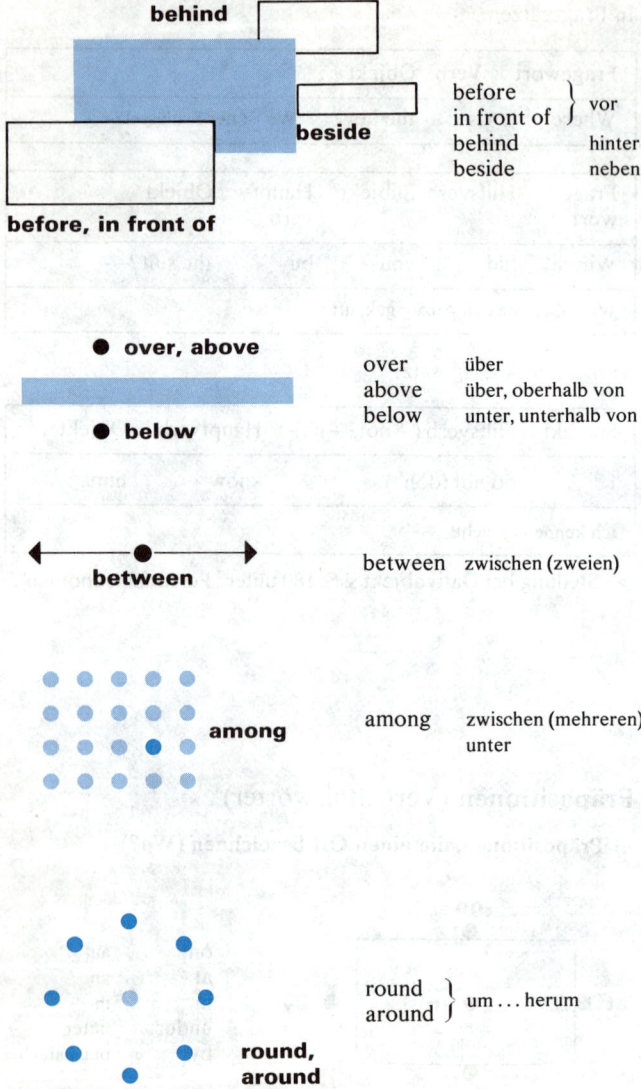

behind

beside

before, in front of

before		
in front of	}	vor
behind		hinter
beside		neben

● **over, above**

● **below**

over	über
above	über, oberhalb von
below	unter, unterhalb von

between

between   zwischen (zweien)

among

among   zwischen (mehreren), unter

round, around

round } um … herum
around

b) Präpositionen, die eine Richtung bezeichnen (Wohin? Woher?)

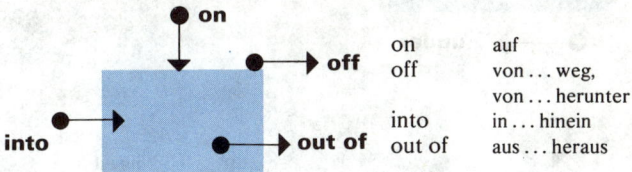

on	auf
off	von ... weg, von ... herunter
into	in ... hinein
out of	aus ... heraus

to	zu ... hin
towards	auf ... zu, gegen
from	von ... her

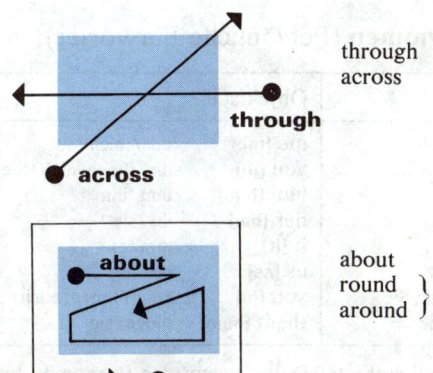

through	durch
across	(quer) über

about	in ... umher
round / around	um ... herum

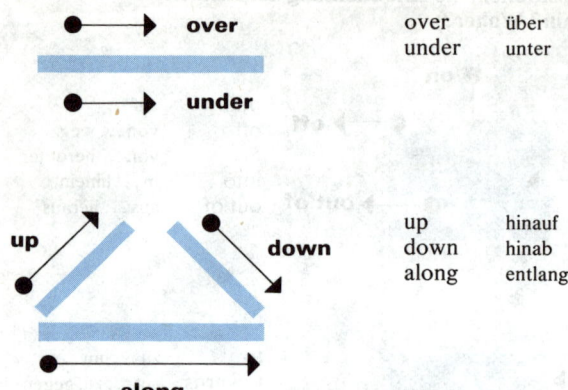

| over | über |
| under | unter |

up	hinauf
down	hinab
along	entlang

Personalpronomen (Persönliche Fürwörter)

Subjektsfall		Objektsfall	
I [ai]	ich	me [mi:]	mir / mich
you [ju]	du, Sie	you [ju]	dir / Ihnen; dich / Sie
he [hi:]	er	him [him]	ihm / ihn
she [ʃi:]	sie	her [hə:]	ihr / sie
it [it]	es	it [it]	ihm / es
we [wi:]	wir	us [ʌs]	uns / uns
you [ju]	ihr, Sie	you [ju]	euch / Ihnen; euch / Sie
they [ðei]	sie	them [ðem]	ihnen / sie

● Im Objektsfall steht *to* (Dativ), wenn das Pronomen besonders hervorgehoben werden soll:

| I gave the book to him. | Ich gab ihm *(betont)* das Buch. |
| *anstatt:* I gave him the book. | Ich gab ihm *(unbetont)* das Buch. |

Possessivpronomen (Besitzanzeigende Fürwörter)

Das Possessivpronomen ist für Singular und Plural gleich. Es hat adjektivische und substantivische Formen.

Adjektivisch (verbunden)

my [mai]	book	mein Buch	my	books	meine Bücher
your [jɔ:]	book	dein / Ihr Buch	your	books	deine / Ihre Bücher
his [hiz]	book	sein Buch	his	books	seine Bücher
her [hə:]	book	ihr Buch	her	books	ihre Bücher
its [its]	book	sein Buch	its	books	seine Bücher
our ['auə]	car	unser Auto	our	cars	unsere Autos
your [jɔ:]	car	euer / Ihr Auto	your	cars	euere / Ihre Autos
their [ðɛə]	car	ihr Auto	their	cars	ihre Autos

Substantivisch (alleinstehend)

mine [main]	meines / der, die, das meinige / die meinigen
yours [jɔ:z]	deines / Ihres; der, die, das deinige / Ihrige; die deinigen / Ihrigen
his [hiz]	seines / der, die, das seinige / die seinigen
hers [hə:z]	ihres / der, die, das ihrige / die ihrigen
ours ['auəz]	unseres / der, die, das unsrige / die unsrigen
yours [jɔ:z]	eueres / Ihres; der, die, das eurige / Ihrige; die eurigen / Ihrigen
theirs [ðɛəz]	ihres / der, die, das ihrige / die ihrigen

It's not my book. It's yours. Es ist nicht mein Buch. Es ist deines.

● Sonderfall: Possessivpronomen mit *own* [əun]: Es steht im Sinne von „eigen" oder im Sinne von „selbst".

This is our own home. Dies ist *unser eigenes* Haus.
We've got a house of our own. Wir haben ein *eigenes* Haus.
She makes her own dresses. Sie macht *ihre* Kleider *selbst*.

Demonstrativpronomen (Hinweisende Fürwörter)

Singular: **this** [ðis]	Plural: **these** [ði:z]
dieser, diese, dieses	diese
that [ðæt]	**those** [ðəuz]
jener, jene, jenes	jene

This is an English book and that is a German book.
Dies ist ein Englischbuch und jenes ist ein Deutschbuch.

These pictures are nicer than those.
Diese Bilder sind schöner als jene.

Reflexivpronomen (Rückbezügliche Fürwörter)

myself [mai'self]	mich	ourselves [ˌauə'selvz]	uns
yourself [jɔ:'self]	dich, sich	yourselves [jɔ:'selvz]	euch, sich
himself [him'self]	sich	themselves [ðəm'selvz]	sich
herself [hə:'self]	sich		
itself [it'self]	sich		

I enjoy myself.	Ich freue mich.
You enjoy yourself.	Du freust dich. / Sie freuen sich.
He enjoys himself.	Er freut sich.
She enjoys herself.	Sie freut sich.
We enjoy ourselves.	Wir freuen uns.
You enjoy yourselves.	Ihr freut euch. / Sie freuen sich.
They enjoy themselves.	Sie freuen sich.

Relativpronomen (Bezügliche Fürwörter)

	Personen	Sachen	Personen und Sachen
Nominativ (Wer? Was?)	who [hu:]	which [witʃ]	that [ðæt]

	Personen	Sachen	Personen und Sachen
Genitiv (Wessen)	whose [hu:z]	of which [ɔv witʃ]	
Dativ (Wem?)	to whom [tu hu:m]	to which [tu witʃ]	
Akkusativ (Wen? Was?)	whom [hu:m]/ who	which [witʃ]	that [ðæt]

Das Relativpronomen hat im Singular und im Plural die gleiche Form.

● Im Akkusativ kann *that* auch wegfallen:

This is the strangest book (that) I have ever read.
Das ist das merkwürdigste Buch, das ich je gelesen habe.

Interrogativpronomen (Fragewörter)

Substantivisch (alleinstehend)

who [hu:]	wer?	Who are you?	Wer sind Sie?
whose? [hu:z]	wessen?	Whose car is this?	Wessen Auto ist das?
whom? [hu:m]/ who?	wem/wen?	Who(m) did you help? Who(m) did you see?	Wem hast du geholfen? Wen hast du gesehen?
what? [wɔt]	was?	What is that?	Was ist das?
which? [witʃ]	welche/ welcher/ welches?	Which is the quickest way?	Welches ist der kürzeste Weg?

184

who/whose/whom fragen nach Personen, *what* nach Sachen und *which* nach Personen oder Sachen aus einer bestimmten Anzahl.

● Präpositionen im Fragesatz werden nachgestellt:

<u>Where</u> do you come <u>from</u>?	woher?
<u>What</u> are you looking <u>for</u>?	wonach?
<u>What</u> do you want this <u>for</u>?	wofür?
<u>What</u> are you laughing <u>at</u>?	worüber?
<u>Who</u> are you speaking <u>to</u>?	mit wem?

Adjektivisch (verbunden)

What book?	*Was für ein* Buch?
What English songs?	*Was für* englische Lieder?
Which book?	*Welches* Buch? (von mehreren Büchern)

Weitere Fragen

when? [wen]	wann?	When do you arrive? Wann kommen Sie an?
what time? ['wɔt 'taim]	um wieviel Uhr?	What time does the train leave? Um wieviel Uhr fährt der Zug ab?
how long? ['hau 'lɔŋ]	wie lang?	How long do I have to wait? Wie lange muß ich warten?
how often? ['hau 'ɔfn]	wie oft?	How often does the bus stop? Wie oft hält der Bus?
how much? ['hau 'mʌtʃ]	wie viel?	How much is it? Wieviel kostet es?
how many? ['hau 'meni]	wie viele?	How many do you want? Wie viele möchten Sie?
how? [hau]	wie?	How does this work? Wie funktioniert das?
why? [wai]	warum?	Why don't you come? Warum kommen Sie nicht?

Die indefiniten Pronomen: *some* und *any*
(unbestimmte Fürwörter)

some / somebody / someone / something
[sʌm] ['sʌmbədi] ['sʌmwʌn] ['sʌmθiŋ]

some und seine Zusammensetzungen stehen
1. in bejahenden Sätzen,
2. in Fragesätzen, wenn darauf eine bejahende Antwort erwartet wird.

---

1. I'd like some jam. Ich möchte etwas Marmelade.
   Give me some stamps, please.
   Bitte geben Sie mir einige / ein paar Briefmarken.
   Somebody / Someone has stolen my purse.
   Jemand hat meinen Geldbeutel gestohlen.
   I'd like something to drink. Ich möchte etwas zu trinken.

---

2. — May I have some more tea, please? — Yes, of course.
   — Kann ich noch etwas Tee haben? — Aber selbstverständlich.

---

any / anybody / anyone / anything
['eni] ['eni,bɔdi] ['eniwʌn] ['eniθiŋ]

any und seine Zusammensetzungen werden verwendet in
1. verneinten Sätzen,
2. in Fragesätzen, auf welche die Antwort ungewiß ist,
3. in Bedingungssätzen.

---

1. I haven't got any friends in London.
   Ich habe keine Freunde in London.

---

2. Is there anybody / anyone who speaks German?
   Spricht hier jemand Deutsch?
   Have you got any stamps?
   Haben Sie vielleicht ein paar Briefmarken?
   Can I do anything for you?
   Kann ich irgend etwas für Sie tun?

---

3. If I had any stamps I would post the letter.
   Wenn ich (ein paar) Briefmarken hätte, würde ich den Brief
   einwerfen.